Annette Grossbongardt,
Uwe Klussmann und Joachim Mohr (Hg.)

Der Erste Weltkrieg
Die Geschichte einer Katastrophe

Georg Bönisch, Thomas Darnstädt,
Erich Follath, Hans Hoyng, Romain Leick,
Kristina Maroldt, Matthias Matussek, Herfried Münkler,
Bettina Musall, Christian Neef, Sönke Neitzel,
Thorsten Oltmer, Norbert F. Pötzl, Simone Salden,
Hubertus J. Schwarz, Michael Sontheimer,
Gerhard Spörl, Hans-Ulrich Stoldt, Thilo Thielke,
Rainer Traub, Andreas Wassermann

Deutsche Verlags-Anstalt

Die Texte dieses Buches sind erstmals in dem Heft
»Der Erste Weltkrieg, 1914–1918. Als Europa im Inferno versank« (Heft 5/2013)
aus der Reihe SPIEGEL GESCHICHTE erschienen.

Verlagsgruppe Random House FSC® N001967
Das für dieses Buch verwendete FSC®-zertifizierte Papier
Munken Premium Cream liefert Arctic Paper Munkedals AB, Schweden.

1. Auflage
Copyright © 2014 Deutsche Verlags-Anstalt, München,
in der Verlagsgruppe Random House GmbH
und SPIEGEL-Verlag, Hamburg
Alle Rechte vorbehalten
Typografie und Satz: DVA/Brigitte Müller
Gesetzt aus der Garamond
Druck und Bindung: GGP Media GmbH, Pößneck
Printed in Germany
ISBN 978-3-421-04642-0

www.dva.de

Inhalt

11 **Vorwort**

TEIL I
DIE GROSSE KRISE

19 **»Es gab keinen Alleinschuldigen«**
Ein Gespräch mit dem Militärhistoriker Sönke Neitzel
über die Totalität des Weltkriegs und das Versagen
der politischen Eliten
Von Annette Großbongardt und Uwe Klußmann

32 **Am Tag, als das Feuer kam**
Das Attentat auf Erzherzog Franz Ferdinand
in Sarajevo
Von Erich Follath

41 **Abschied vom Frieden**
Die zweifelhafte Strategie Berlins in der Julikrise 1914
Von Andreas Wassermann

47 **Grenzwall des Westens**
Der Zerfall der Vielvölkermonarchie Österreich-Ungarn
Von Georg Bönisch

58 **»Tod und Verderben«**
Mein Großvater erlebte die Hölle von Verdun
Von Joachim Mohr

68 **Unter slawischem Kommando**
Als Artillerieoffizier kämpfte mein Großvater
an der Front in Mazedonien
Von Uwe Klußmann

TEIL II
IM KRIEG

79 **»Zur Hölle mit euch!«**
Der qualvolle Sieg wurde für Frankreich
zum Nationalmythos
Von Romain Leick

94 **Torpedo an Steuerbord**
Beim Untergang der Lusitania im Mai 1915 starben
fast 1200 Menschen
Von Thorsten Oltmer

96 **»Horde von Barbaren«**
Die Zerstörung von Löwen im August 1914
Von Simone Salden

99 **»Ein Desaster kann man nicht feiern«**
Interview mit dem französischen Historiker
Stéphane Audoin-Rouzeau
Von Romain Leick

104 **»Wie ein Kind geweint«**
Täglich wurden Millionen Feldpostbriefe
in die Heimat geschickt
Von Hubertus J. Schwarz

112 **»We not shoot, you not shoot!«**
Zu Weihnachten 1914 kam es an der Westfront
zu überraschenden Verbrüderungen
Von Thorsten Oltmer

114 **Besiegte Sieger**
»The Great War« einte Großbritannien,
doch am Ende war es keine Weltmacht mehr
Von Hans Hoyng

127 **Körper im Eisenstrudel**
Kreative Rüstungstechniker versorgten die Armeen
mit neuen, fürchterlichen Waffen
Von Georg Bönisch

135 **Die Herren der Blutpumpe**
In der deutschen Obersten Heeresleitung
herrschten Inkompetenz und Größenwahn
Von Michael Sontheimer

145 **Der Krieg der Dichter**
Das erste Opfer des Krieges war die deutsche Intelligenz
Von Matthias Matussek

153 **Volk im Taumel**
Die brüchige Euphorie bei Kriegsausbruch
Von Bettina Musall

TEIL III
E POCHENWENDE

157 **Kreuzzug der Demokraten**
1917 schickten die USA ihre Truppen
auf das große europäische Schlachtfeld
Von Gerhard Spörl

168 **Hilfloses Wimmern**
Not herrschte auch an der Heimatfront,
Hunderttausende starben an Unterernährung
Von Joachim Mohr

181 **Die Bestie von Berlin**
Alle Kriegsparteien betrieben in großem Stile
Propaganda
Von Christoph Gunkel

187 **Manipulierte Wirklichkeit**
Falsche Bilder vom Krieg
Von Annette Großbongardt

190 **Schwankende Existenz**
Wo waren Hitler, Stalin und Churchill
im Ersten Weltkrieg?
Von Norbert F. Pötzl

198 **»Zerstörende Ströme und Explosionen«**
Der Schriftsteller Walter Benjamin machte
1912 in Berlin Abitur – fast die gesamte Klasse
zog in den Krieg
Von Kristina Maroldt

201 Sommer der Anarchie
Mit dem Krieg zerfiel das Zarenreich –
bis zur Revolution
Von Uwe Klußmann

214 Die große Irreführung
Mit der Notwehr-Lüge wurden Arbeiterschaft
und SPD getäuscht
Von Rainer Traub

222 Schleichender Tod
An der Spanischen Grippe starben Millionen Menschen
Von Hubertus J. Schwarz

224 »Um Frieden kämpfen«
Rosa Luxemburgs Briefe aus dem Gefängnis

227 »Löwe von Afrika«
Mit schwarzen Soldaten schlug der deutsche General
Lettow-Vorbeck sinnlose Schlachten in Ostafrika
Von Thilo Thielke

TEIL IV
DER LANGE WEG ZUM FRIEDEN

239 Gefangene der Propaganda
Die halbherzige Suche nach Frieden
Von Christian Neef

247 Funke der Empörung
Der Weg in die Revolution
Von Rainer Traub

252 Stunde der Abrechnung
Der Friedensvertrag von Versailles,
eine verpasste Chance
Von Thomas Darnstädt

266 »Schamloser Verrat!«
Kaiser Wilhelm II. im niederländischen Exil
Von Hans-Ulrich Stoldt

274 Zerfall der Imperien
Wurzeln für den Zweiten Weltkrieg
Von Herfried Münkler

ANHANG
285 Chronik
291 Buchhinweise
293 Autorenverzeichnis
295 Dank
297 Personenregister

Vorwort

Vater, was hast Du im Krieg gemacht? Es war diese Frage, die viele Nachkriegsgeborene in ihren Familien stellten, wenn auch häufig verspätet. Es ging um Schuld und Verstrickung in den Nationalsozialismus und den Völkermord an den europäischen Juden. Ausführlich war der Zweite Weltkrieg auch Thema im Schulunterricht. Der Erste Weltkrieg dagegen, der doch als Urkatastrophe des 20. Jahrhunderts gilt, wurde eher am Rande gestreift.

Doch was haben eigentlich unsere Großväter getan? Das fragten wir uns in der Redaktion von SPIEGEL Geschichte, als wir begannen, uns mit dem Inferno von 1914 bis 1918 zu beschäftigen, dessen Beginn nun genau 100 Jahre zurückliegt. Wie konnte es zu diesem ersten totalen Krieg überhaupt kommen, mit Millionen von Toten und schwer Verwundeten schon nach wenigen Monaten?

Tatsächlich beschäftigt die Geschichtswissenschaft noch immer die Frage, wer verantwortlich war für das vierjährige Massentöten, das angeblich keiner wollte. Der deutsche Kaiser Wilhelm II. soll sogar Tränen in den Augen gehabt haben, als er am 1. August 1914 die deutsche Mobilmachung unterschrieb.

Trug das kaiserliche Deutschland im »Griff nach der Weltmacht« einen Großteil der Verantwortung für den Ausbruch des Krieges, wie es der deutsche Historiker Fritz Fischer vor rund 50 Jahren provokant formuliert hatte? Sicher, es hatte den Verbündeten Österreich-Ungarn zum fatalen Ultimatum gegenüber Serbien gedrängt, aber war Wien nicht selbst treibende Kraft? Und wo lagen die Interessen Frankreichs und Russlands? Eine neue Historikergeneration wagt inzwischen

Vorwort

jenseits alter Feindbilder und Mythen einen gesamteuropäischen Blick auf die Urkatastrophe des 20. Jahrhunderts und sucht nach multikausalen Erklärungen.

Zu ihnen gehört auch der in London und Berlin tätige Militärhistoriker Sönke Neitzel, der mit den Herausgebern über den Hypernationalismus der Zeit und das Versagen der politischen Eliten diskutiert. Neitzel zieht aus mehrjährigen Aktenstudien das Fazit, »dass es einen Alleinschuldigen an diesem Krieg nicht gab«. Keine Seite habe die Möglichkeit wahrgenommen, die Eskalation zu verhindern.

An die 40 Nationen waren am Ersten Weltkrieg beteiligt, mehr als 60 Millionen Soldaten kämpften auf den Schlachtfeldern. Es war ein industrialisiertes Töten mit Panzern, Maschinengewehren und Giftgas, mit U-Booten und Flugzeugen in den Weiten Russlands, auf französischen Feldern, im afrikanischen Dschungel, in den Alpen und auf dem Balkan, im Pazifik und im Atlantik. Dieses Ausmaß habe niemand voraussehen können, so heißt es immer wieder.

Und doch gab es einige hellsichtige Zeitgenossen. Der Sozialist Friedrich Engels, Freund und Weggefährte von Karl Marx, hatte bereits im Dezember 1887 angesichts des eskalierenden Wettrüstens prognostiziert, es sei »kein anderer Krieg für Preußen-Deutschland mehr möglich als ein Weltkrieg, und zwar ein Weltkrieg von einer bisher nie geahnten Ausdehnung und Heftigkeit. Acht bis zehn Millionen Soldaten werden sich untereinander abwürgen und dabei ganz Europa so kahlfressen, wie noch nie ein Heuschreckenschwarm. Die Verwüstungen des Dreißigjährigen Krieges zusammengedrängt in drei bis vier Jahre und über den ganzen Kontinent verbreitet ... Zusammenbruch der alten Staaten und ihrer traditionellen Staatsweisheit, derart, dass die Kronen zu Dutzenden über das Straßenpflaster rollen und niemand sich findet, der sie aufhebt.«

Vorwort

Was Engels, wegen seiner militärischen Fachkenntnisse von Gesinnungsgenossen auch »der General« genannt, nicht ahnte: Auch die meisten Sozialisten und Sozialdemokraten unterstützten den Kriegskurs der Regierungen. Der blutige Konflikt entzweite nicht nur Europas Staaten, sondern auch die Arbeiterbewegung. Vielen Politikern und Militärs kam der Mord am österreichischen Thronfolger und dessen Frau am 28. Juni 1914 durch einen serbischen Nationalisten »nicht ungelegen als eine Art Lizenz zum Losschlagen«, so SPIEGEL-Autor Erich Follath, der die spektakulären Umstände der Mordtat von Sarajevo in seiner Geschichte rekonstruiert.

Menschen verschiedener Nationen und Schichten, Bildungsferne und Intellektuelle verfielen bei Kriegsbeginn in einen rauschähnlichen Zustand trügerischer Siegesgewissheit. Umso ernüchternder und bitterer war die Realität des Stellungskrieges in schlammigen Schützengräben und das Darben daheim im »Steckrübenwinter« von 1916/17. Die Beiträge dieses Buches versuchen sowohl das Grauen auf den Schlachtfeldern als auch das Leiden an der Heimatfront zu erfassen; dorthin wurden bereits wenige Tage nach Kriegsausbruch zum Teil schwer verstümmelte Soldaten in großer Zahl in die Lazarette gebracht. Ausgewählte Feldpostbriefe geben erschütternd Zeugnis davon, was die Soldaten in der Hölle des Frontalltags empfanden. Zu ihrem Leiden trug auch die besondere Kreativität deutscher Rüstungsmechaniker bei, die SPIEGEL-Autor Georg Bönisch beschreibt.

Deutsche Politiker suchten ab 1916 nach Friedensmöglichkeiten, jedoch halbherzig und gegen den massiven Widerstand von Militärs und Nationalisten. Mit der Berufung von Paul von Hindenburg und Erich Ludendorff in die Oberste Heeresleitung entstand eine Art Militärdiktatur mit Hang zum Vabanquespiel. Dies zeigte sich vor allem in der Entscheidung

Vorwort

für den uneingeschränkten U-Boot-Krieg, der das Eingreifen der USA provozierte. Damit war der Krieg für Deutschland verloren. In den kämpfenden Ländern wuchs aus Verzweiflung auch Wille zum Widerstand, zu Verbrüderungen von Soldaten an der West- und Ostfront und schließlich zur Ablehnung und Verweigerung des Krieges in der Russischen Revolution 1917.

SPIEGEL-Autoren, unter ihnen langjährige Auslandskorrespondenten in Paris, Moskau, London und Washington, zeichnen Porträts der kriegführenden Nationen und machen nachvollziehbar, wie Franzosen, Briten, Österreicher und Amerikaner ihrerseits den Krieg erlebten. Der französische Historiker Stéphane Audoin-Rouzeau erklärt in einem Interview, wie der große Krieg im kollektiven Gedächtnis Frankreichs gespeichert ist und warum der Händedruck von François Mitterrand und Helmut Kohl 1984 über den Gräbern von Verdun eine solch emotionale Wucht entfaltete.

Welche Erinnerungen in den Familien an das Inferno vor 100 Jahren noch vorhanden sind, wie nah der ferne Krieg dort mitunter noch ist, zeigen Joachim Mohr und Uwe Klußmann, die recherchierten, was ihre Großväter an der Front von Verdun und auf dem Balkan erlebten. Beide Männer betrachteten den Krieg später als sinnlos und hielten sich später von den Nazis fern. Sie waren auch nicht mit jener Begeisterung in den Krieg gezogen, die damals so viele erfasste. Historiker zeichnen von der vermeintlich so breiten Euphorie heute ohnehin ein wesentlich differenzierteres Bild.

SPIEGEL-Autor Thomas Darnstädt analysiert, inwieweit am Ende des Krieges durch die harten Bedingungen des Vertrages von Versailles die Chance für eine stabile, friedliche Nachkriegsordnung vertan wurde. Der renommierte Politologe Herfried Münkler untersucht den Zerfall der Imperien in diesem globalen Konflikt, der die Wurzeln für den Zweiten Weltkrieg legte.

Vorwort

Der Kriegseintritt der Vereinigten Staaten 1917 markierte den Aufstieg der USA zur Weltmacht und zum maßgeblichen Faktor der Politik in Europa. Das Ende dreier großer Imperien, Österreich-Ungarn, des Osmanischen Reiches und des russischen Zarenreiches, ließ ein Vakuum entstehen, in das ein Meldegänger des Ersten Weltkriegs, Adolf Hitler, mit seinem »Projekt des imperialen Größenwahnsinns« stieß, so Münkler. Der postimperiale Balkan mache »den Europäern bis heute zu schaffen, und eine Änderung ist nicht in Sicht«.

So zeigen die Autoren dieses Buches geschichtliche Konfliktlinien auf, die etwa mit Ängsten vor deutscher Hegemonie in Europa bis in die Gegenwart führen.

Hamburg, im Frühjahr 2014
Annette Großbongardt, Uwe Klußmann, Joachim Mohr

TEIL I

Die grosse Krise

»Es gab keinen Alleinschuldigen«

Der Militärhistoriker Sönke Neitzel über
die Totalität des Weltkriegs und das Versagen
der politischen Eliten.

Das Gespräch führten
Annette Großbongardt und Uwe Klußmann.

SPIEGEL: Mit Tränen in den Augen unterschrieb Kaiser Wilhelm II. am Nachmittag des 1. August 1914 die deutsche Mobilmachung – wollte er den Krieg eigentlich gar nicht?
Neitzel: Wilhelm II. war in der Reichsleitung derjenige, der den Krieg am wenigsten anstrebte. Er wurde zu Recht oft für seine martialischen Auftritte gescholten. Aber im Sommer 1914 war er nicht Herr des Verfahrens. Das Krisenmanagement lag in den Händen des Reichskanzlers Theobald von Bethmann Hollweg. Im Spiel der Kräfte war der Kaiser eher Zuschauer.
SPIEGEL: Warum aber drängte das Deutsche Reich seinen Verbündeten Österreich im Konflikt mit Serbien zum Angriff? Und erklärte dann auch noch dem mit Serbien verbündeten Russland den Krieg?
Neitzel: Das basierte auf einem Kalkül Bethmann Hollwegs. Der Reichskanzler sah eine wachsende Macht der potentiellen Gegner Deutschlands, vor allem Russlands. Für ihn war Deutschland von Feinden umringt und lief Gefahr, bald keinen Krieg mehr gewinnen zu können. Den Ausweg sah er in einer Risikopolitik: Wenn wir jetzt Druck ausüben und die Österreicher einen lokalen Krieg gegen Serbien führen, werden die Russen sich möglicherweise heraushalten. Und wenn es

doch Krieg geben sollte, dann lieber jetzt als später, in einer für Deutschland ungünstigeren Situation. Damit kalkulierte er einen Krieg voll ein; ein Waffengang galt damals ja gemeinhin noch als Mittel der Politik.

SPIEGEL: Trug Deutschland aber damit die Alleinschuld am Ersten Weltkrieg, wie es die Sieger auf der Friedenskonferenz von Versailles 1919 postulierten?

Neitzel: Die Forschung hat gezeigt, dass es einen Alleinschuldigen an diesem Krieg nicht gab. Mein australischer Kollege Christopher Clark hat mit seinem neuen Buch »Die Schlafwandler«, das ich sehr überzeugend finde, detailliert nachgewiesen, dass es im Sommer 1914 eine gesamteuropäische Krise gab. Jeder hatte die Chance, die Eskalation zu verhindern – und niemand nahm sie wahr.

SPIEGEL: Die Deutschen waren schließlich nicht die einzigen Imperialisten, sagt Clark.

Neitzel: Sie waren voll mitverantwortlich, aber auch die Österreicher hätten sich entscheiden können, den Krieg gegen die Serben nicht zu führen. Die Russen und die Franzosen hätten wegen Serbien nicht in den Krieg ziehen müssen. Aber es existierte kein Konsens zur Krisenlösung mehr wie noch in den Jahrzehnten zuvor.

SPIEGEL: Wäre die Krise im Juli 1914 denn diplomatisch lösbar gewesen?

Neitzel: Da alle Großmächte den Krieg als ein Mittel der Politik ansahen, war keine der fünf Mächte in Europa bemüht, den Frieden zu sichern. Erschwerend kam hinzu, dass große Teile der jüngeren Generation in ihren imperialistischen Ambitionen immer radikaler wurden. Ich habe Dokumente jüngerer Diplomaten des Auswärtigen Amtes gefunden, die 1913 der Auffassung waren: Wir sind am Ende mit der Diplomatie, wir müssen wie Friedrich der Große Krieg führen. Viele sahen den

»Es gab keinen Alleinschuldigen«

Krieg als ein reinigendes Gewitter an – nicht nur in Deutschland.

SPIEGEL: In seinem damals bahnbrechenden Werk »Griff nach der Weltmacht« hatte der deutsche Historiker Fritz Fischer vor rund 50 Jahren argumentiert, die Führung in Berlin habe einen Krieg gezielt angesteuert.

Neitzel: Diese These ist längst widerlegt. Aber Fischer hat mit bis dahin unbekannten Dokumenten eine wichtige Debatte angestoßen, wofür man ihm dankbar sein sollte. Die Deutschen hatten den Weltkrieg nicht geplant, sie gingen sogar ziemlich unvorbereitet in den Krieg. Sie hatten natürlich nationale Interessen, wie die anderen ja auch.

SPIEGEL: Was waren eigentlich die deutschen Kriegsziele?

Neitzel: Anfang August 1914 gab es noch gar keine. Erst als es richtig losgegangen war, begannen vor allem rechte Kreise von Annexionen zu faseln. Auch die Franzosen hatten zunächst keine klar umrissenen Absichten. Bald wurde Elsass-Lothringen zurückgefordert, das Deutschland 1871 annektiert hatte. Schließlich kamen auch Überlegungen auf, das Deutsche Reich aufzulösen.

SPIEGEL: Spielten nicht auch wirtschaftliche und geostrategische Interessen eine Rolle? Das kapitalschwache Russland war

---

SÖNKE NEITZEL

Der 1968 geborene Historiker ist Professor für internationale Geschichte an der London School of Economics mit dem Schwerpunkt Militärgeschichte und Autor des Standardwerks »Blut und Eisen. Deutschland und der Erste Weltkrieg« (2003). Ein großes Echo erlangte sein 2005 erschienenes Buch »Abgehört. Deutsche Generäle in britischer Kriegsgefangenschaft 1942-1945«.

Die große Krise

abhängig von französischen Krediten; die Impulse für die russische Politik gingen so eher von Paris und London als vom Zarenhof aus.
Neitzel: Der Bau strategischer russischer Eisenbahnlinien wurde mit französischem Geld finanziert. Schon 1905 hat Frankreich durch seine Anleihen das Zarentum vor dem Kollaps bewahrt. In der Julikrise drängte Paris auch durch seinen Botschafter in Richtung Krieg.
SPIEGEL: Der deutsche Kaiser und der russische Zar waren Cousins, warum verständigten sich die beiden nicht persönlich?
Neitzel: Die Monarchen spielten schon keine maßgebliche Rolle mehr, wichtiger waren die Regierungschefs und Außenminister. Natürlich hätte Wilhelm II. sagen können, das mach ich nicht mit. Die damalige Sicherheitsarchitektur kalkulierte seltsamerweise nicht mit ein, was das eigene Handeln bei anderen Staaten

Kaiser Wilhelm II. besichtigt einen erbeuteten britischen Minenwerfer bei Cambrai, 1917

auslöste und ob es nicht besser wäre, ein Signal der Entspannung zu senden. Man dachte bloß: Wir machen uns so stark wie möglich, und dadurch bewahren wir schon den Frieden.

SPIEGEL: Aus französischer Sicht war es ja nicht unlogisch, über den Hebel der Russen zu verhindern, dass die deutsche Armee wieder wie 1870 auf Paris vorrückte. Aber ging das tatsächlich nur, indem man Deutschland in einem Zweifrontenkrieg schwächte?

Neitzel: Die französische Wahrnehmung war natürlich, wir müssen alles tun, um zu verhindern, dass die Deutschen wiederkommen, und allein können wir das nicht. Die Deutschen wiederum dachten, die Franzosen sind so aggressiv, dass sie uns auf jeden Fall angreifen werden.

SPIEGEL: Und wie tickte London?

Neitzel: Ähnlich verhängnisvoll: Mit den Liberalen waren dort Imperialisten und Sozialdarwinisten an die Macht gekommen, die einerseits Deutschland bewunderten, aber auch davon ausgingen, dass die Kraft Deutschlands sich gegen Großbritannien wenden müsse. Sie dachten, in einer Allianz mit Frankreich und Russland – vor dem sie allerdings auch Angst hatten – könnten ihnen die so eingekreisten Deutschen nicht gefährlich werden. Sie bedachten aber nicht, was das in Deutschland auslöste. Mit Hilfe von Romanen wurden angebliche deutsche Invasionspläne aufgebauscht. Die britische Propaganda schürte Angst vor der deutschen Flotte, obwohl die Führung wusste, dass ihre viel stärker war.

SPIEGEL: Rechneten die beteiligten Staatsführungen tatsächlich damit, den Feind in einem kurzen Feldzug in wenigen Wochen niederzuwerfen?

Neitzel: Es herrschte lange eine trügerische Hochstimmung. Da war ein überbordendes Kraftgefühl vor dem Hintergrund eines gewaltigen technischen Fortschritts und wirtschaftlichen

Aufschwungs, Deutschland explodierte ja geradezu vor Selbstbewusstsein. Das Wissen, dass es mit den neuen Waffen, etwa dem Maschinengewehr und der modernen Artillerie, keinen schnellen Krieg geben konnte, war bei einigen schon da, aber es drang noch nicht ins politische Bewusstsein.

SPIEGEL: Wie groß war die Euphorie zu Kriegsbeginn wirklich?
Neitzel: Die Kriegsbegeisterung war in Berlin vor allem eine Sache des Bürgertums und der Studenten. In den Grenzregionen dagegen herrschte keine Jubelstimmung. Es gab bei manchen Militärs zwar eine böse Ahnung, etwa bei Generalstabschef Moltke: Überlegen sind wir nicht, hoffentlich geht das gut. Aber bei niemandem waren die Zweifel so stark, dass dies zu einer Veränderung der Strategie geführt hätte.
SPIEGEL: Verwickelte sich die deutsche Führung ab Ende 1914 nicht immer mehr in einen Widerspruch zwischen maßlosen Kriegszielen mit Annexionen in Belgien, Frankreich und dem Baltikum und einem militärischen Potential, das dafür gar nicht ausreichte?
Neitzel: Darin unterschieden sich die Deutschen nicht sehr von den Franzosen oder den Briten: Keiner war bereit, einen ernsthaften Verhandlungsfrieden zu suchen. Dabei wusste keine Seite, wie sie die andere eigentlich schlagen sollte. Schon Ende 1914 waren alle im Grunde mit ihrem Latein am Ende. Die Munition wurde knapp, Hunderttausende waren getötet worden. Die Soldaten waren desillusioniert. Es gab nirgendwo einen strategisch überzeugenden Plan, erst recht keinen, wie man durch diesen Krieg eine stabile Neuordnung Europas erreichen könnte. Überall machte man einfach so weiter, holte mehr Artillerie, mehr Soldaten.
SPIEGEL: Warum konnte der Balkan, eine unterentwickelte, wirtschaftlich uninteressante Gegend, überhaupt zum Auslöser für einen Weltkrieg werden?

»Es gab keinen Alleinschuldigen«

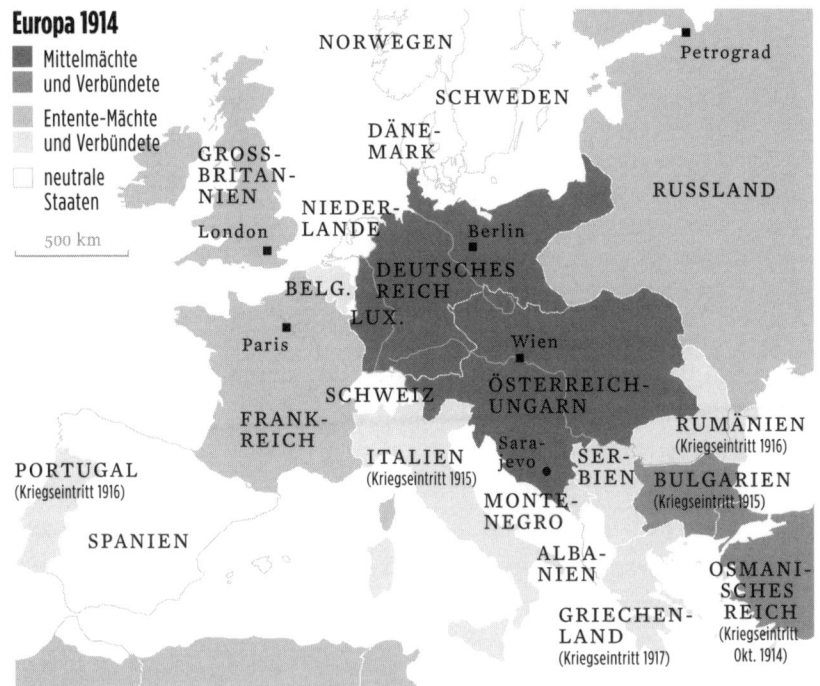

Neitzel: Prestige und das Bedürfnis, als Weltmacht wahrgenommen zu werden, spielten überall eine große Rolle. Die patriotische Presse in Russland zum Beispiel setzte den dortigen Außenminister unter Druck: Nach der als skandalös empfundenen Annexion Bosniens durch Österreich-Ungarn 1908 nun die serbischen Brüder hängenzulassen, hätte erneut als schlimme Niederlage gegolten. Frankreich nutzte die panslawistischen Neigungen in Russland sehr geschickt und erklärte den Bündnisfall.

SPIEGEL: Später setzten Frankreich und Großbritannien alle Hebel in Bewegung, Russland in der Kriegskoalition zu halten, selbst nach dem Sturz des Zaren im März 1917. Hatten sie dadurch nicht weit mehr Anteil am Sieg der Bolschewiki als die

Deutschen, denen man ja später vorwarf, Lenin die Durchreise aus dem Schweizer Exil gestattet zu haben?

Neitzel: Die Fortsetzung des Krieges hat in Russland endgültig den Boden für die Bolschewiki bereitet. Schon nach dem Vormarsch der Deutschen 1915 mit der Einnahme Warschaus hätte die russische Führung begreifen können, dass der Krieg zum Zusammenbruch ihres Staates führen musste.

SPIEGEL: Während des Krieges wurde die Oberste Heeresleitung unter den Generälen Paul von Hindenburg und Erich Ludendorff ein Machtzentrum, das stärker war als Reichsregierung, Reichstag und Kaiser. Herrschte in Deutschland eine Militärdiktatur?

Neitzel: Es war sicher kein totalitäres Regime von der Art Hitlers, aber eine Diktatur war es 1916 bis 1918 durchaus. Ludendorff war die bestimmende Figur in allen außenpolitischen Entscheidungen, nichts ging mehr ohne ihn. Er profitierte dabei von dem Mythos um Paul von Hindenburg, den Sieger in Ostpreußen. Ludendorff stand für eine Radikalisierung: Dem Krieg geben, was des Krieges ist, das war sein Satz. Die massive Mobilisierung hatte schon Züge eines totalen Krieges. Die Regierungen ordneten sich da vollkommen unter in dem fatalen Glauben, sie brauchten die Militärs, um politisch etwas durchzusetzen. Damit gab es auch keinen Ausweg aus dem Krieg.

SPIEGEL: Hat die Dominanz der Militärs zu der verheerenden Materialschlacht in Verdun geführt?

Neitzel: Das war einzig die Entscheidung der Militärs; die Politiker fühlten sich dafür gar nicht kompetent. Wir wissen allerdings bis heute nicht genau, was Erich von Falkenhayn, Generalstabschef seit September 1914, zu dieser Entscheidung trieb, was er wirklich vorhatte. Auf allen Seiten waren es die Militärs, die immer wieder sagten: Diesmal klappt es.

SPIEGEL: Scheiterte die deutsche Führung auch daran, dass die Kriegslasten sozial sehr ungleich verteilt waren? Während Millionen Arbeiterfamilien hungerten, prassten Kriegsgewinnler in Luxusrestaurants. Lag darin die Ursache für die Revolution 1918?

Neitzel: Die deutsche Gesellschaft des Ersten Weltkriegs war keine Volksgemeinschaft mit einer gleichen Verteilung der Kriegslasten, wie sie die Nationalsozialisten im Zweiten Weltkrieg anstrebten. In der Gesellschaft fehlte das einigende Band. Selbst im Krieg wurde das anachronistische Dreiklassenwahlrecht in Preußen zunächst einmal nicht abgeschafft, auch nicht die Adelsprivilegien. Man hat es nicht geschafft, die notwendigen Reformschritte zu gehen, die Parlamentarisierung voranzutreiben. Das ist das innenpolitische große Scheitern im Ersten Weltkrieg. Veränderung kam erst durch den Druck Wilsons.

SPIEGEL: Der Friedensplan des US-Präsidenten, war das der erste Versuch der neueren Geschichte, durch Einflussnahme auf den Gegner einen politischen Machtwechsel zu erreichen?

Neitzel: Woodrow Wilson war der Einzige, der überhaupt ein sinnvolles Konzept hatte. Europa kann dankbar sein, dass es ihn gab und er eine neue Idee einbrachte. Die Monarchien der Mittelmächte waren diskreditiert. Mit einer frühen Liberalisierung wären sie vielleicht sogar zu retten gewesen. Doch zu spät wandelte sich Deutschland im Oktober 1918 zu einer parlamentarischen Monarchie – auch als Voraussetzung, um mit Wilson verhandeln zu können.

SPIEGEL: Waren dessen 14 Punkte nicht teilweise eine Mogelpackung? Denn beim Friedensschluss 1919 wurden die Deutschen und Österreicher gehindert, sich nach dem Selbstbestimmungsrecht der Völker zu einer Republik zu vereinen. Hitler nutzte diesen Umstand ja dann sehr geschickt.

Neitzel: Da gab es ein großes Missverständnis. Für Wilson meinte Selbstbestimmungsrecht innere Demokratisierung. Zudem: Er wollte ein neues Europa mit überlebensfähigen Staaten aufbauen. Er glaubte nicht, dass jedes Volk seinen eigenen Staat schaffen solle. Das war in Osteuropa ja auch vollkommen unrealistisch. Bezeichnenderweise hat Wilson das Selbstbestimmungsrecht der Völker auch nicht in seine 14 Punkte aufgenommen.

SPIEGEL: Sie haben den uneingeschränkten U-Boot-Krieg als den schwersten Fehler Deutschlands im Ersten Weltkrieg bezeichnet. Hätte Deutschland ansonsten den Krieg noch gewinnen können?

Neitzel: Ohne den U-Boot-Krieg wäre es für die Amerikaner schwer gewesen, in den Krieg einzutreten. Und 1917 waren die Franzosen und Briten am Ende ihrer Kraft. Die einzige Hoffnung für sie weiterzumachen waren die Amerikaner. Da wäre ein Kompromissfrieden im Westen durchaus möglich gewesen. Bethmann Hollweg war ja im Juni 1917 in der Hinsicht so weit wie nie zuvor. Das aber wollte die deutsche Oberste Heeresleitung nicht. Und entschied sich, mit dem U-Boot-Krieg va banque zu spielen. So haben die Deutschen ihr eigenes Grab geschaufelt.

SPIEGEL: Die Kriegsmüdigkeit wuchs bereits ab 1916 auf allen Seiten, da gab es schon Millionen Tote. Warum hat es dann noch so lange gedauert, bis im November 1918 ein Waffenstillstand geschlossen wurde?

Neitzel: Die Propaganda schürte überall den Glauben, diesen Krieg auf jeden Fall und nahezu um jeden Preis gewinnen zu müssen. Mit jedem Toten mehr wuchs die Überzeugung, siegen zu müssen, weil man ja schon so viel investiert hatte. Franzosen und Briten sahen die Deutschen als die bösen Hunnen. Umgekehrt hassten die Deutschen das »perfide« Albion, so der antike

Name für Britannien, das ihnen die Weltstellung nicht gönnte. Das waren die Bilder, die sich in den Köpfen der Schaltzentralen festsetzten. Und die Soldaten taten, was Soldaten halt tun, die Vorstellung, Befehle zu verweigern, die gab es so noch nicht. Das waren ja alles Patrioten, in dieser Zeit des Hypernationalismus war der Ruf des Vaterlandes übermächtig.

SPIEGEL: Dafür gab es gegen Ende des Krieges dann aber doch ziemlich viele Streiks und Meutereien. Auch die massenhaften Verbrüderungen von Soldaten waren ein neues Phänomen.

Neitzel: Die Hoffnungslosigkeit des Stellungskriegs brachte diese Verbrüderungen hervor. Dennoch schossen die Soldaten am nächsten Tag wieder aufeinander. Erst als der Druck so groß wurde, dass alles sinnlos erschien, ließen sich Soldaten vermehrt gefangen nehmen oder versteckten sich, um nicht kämpfen zu müssen.

SPIEGEL: Anders als im Zweiten Weltkrieg, wo Drückeberger massenhaft drakonisch bestraft wurden, griff der Staat hier nicht durch. Woran lag das?

Neitzel: 48 deutsche Soldaten wurden im Ersten Weltkrieg hingerichtet wegen Verweigerung, im Zweiten Weltkrieg waren es schätzungsweise 20 000. Die meuternden Matrosen von Kiel hätte man im Dritten Reich an die Wand gestellt, aber hier wurde die geplante Feindfahrt sogar abgeblasen. Die Propaganda im Ersten Weltkrieg war teilweise radikaler als die Taten gegenüber den Kriegsgegnern.

SPIEGEL: Was war für den Ausgang des Krieges entscheidender, der moralische oder der materiell-technische Faktor?

Neitzel: Auch dieser Krieg wurde letztlich in den Fabriken entschieden. Und mit dem Eintritt der USA 1917 war der Krieg für die Deutschen nicht mehr zu gewinnen. Von der Truppenstärke bis zum Luftkrieg war die Überlegenheit der Westmächte eindeutig.

SPIEGEL: Was unterschied diesen Krieg von allen vorhergegangenen?
Neitzel: Es war erstmals ein globaler und ein totaler Krieg. Anders als im 19. Jahrhundert, wo man noch versuchte, die Kämpfe einzuhegen. Er war der erste Krieg mit einer globalen Öffentlichkeit, mit Massenpresse. Das führte zu einer immensen nationalen Aufwallung, das hatten die Kabinette nicht mehr im Zaum. Und er unterschied sich in der Massenmobilisierung und in der Radikalisierung der Methoden wie der Ziele. Die stehenden Heere des 18. Jahrhunderts waren sehr teuer, da einigte man sich im Notfall auch schon mal auf ein Unentschieden.
SPIEGEL: Die nationalistische Mobilisierung hielt nach dem Krieg noch an. Auch in der Weimarer Republik marschierten noch Hunderttausende für den militaristischen Frontkämpferbund »Stahlhelm«. Warum hat der Erste Weltkrieg das Bewusstsein nicht in der Weise verändert wie der Zweite Weltkrieg nach dem Motto: Nie wieder Krieg?
Neitzel: Es war unterschiedlich. In Frankreich etwa gab es nach dem Scheitern der Besetzung des Ruhrgebiets 1923 eine starke pazifistische Strömung, die fand: Krieg ist sinnlos. In Deutschland sehen wir einen gespaltenen Umgang mit dem Ersten Weltkrieg. Es herrschte Trauer, es gab Pazifisten, aber auch die nationalistische Deutung, die ab Ende der zwanziger Jahre dominierte. Da reüssierte Ernst Jünger dann mit seinem den Krieg verklärenden Buch »In Stahlgewittern«, das er zunächst nur im Privatdruck herausgegeben hatte.
SPIEGEL: Dass ihre Truppen den Nordosten Frankreichs verwüstet hatten, das machten sich die Deutschen nicht bewusst?
Neitzel: Der Erste Weltkrieg fand ja nicht in Deutschland statt, das Land blieb heil. Die Bomben des Zweiten Weltkriegs waren da natürlich viel verheerender. Zudem waren die Mitglieder der

neuen Reichsregierung an der Front gar nicht dabei gewesen. Es dominierte der Zorn über den »Diktatfrieden« oder auch »Schmachfrieden« von Versailles. So hielt sich auch der Irrglaube, man sei 1918 einem Dolchstoß im Inland erlegen. Die gut zwei Millionen toten deutschen Soldaten waren offenbar nicht genug. Für uns ist das heute nur schwer zu verstehen.

SPIEGEL: Ist die Angst vor der deutschen Hegemonie auch heute noch politischer Sprengstoff in Europa, und schwingen da noch Ängste aus der Zeit des Ersten Weltkriegs mit?

Neitzel: Das ist das deutsche Dilemma. Deutschland war und ist so groß, um Konkurrenzängste zu schüren, aber zu klein, um den Kontinent zu dominieren. Heute stehen wir wieder vor dem Problem, dass die Deutschen zwar nicht militärisch, aber wirtschaftlich so stark sind, dass manche Europäer Angst vor einer deutschen Dominanz haben. Die Politik sollte den Jahrestag von 1914 als Gelegenheit zu einem Akt gemeinsamer Erinnerung nutzen, nicht die Frage der Schuld in den Vordergrund stellen, sondern vielmehr die gesamteuropäische Krise von damals. Die Regierungschefs könnten an einem früheren Schlachtort ein Zeichen setzen gegen die Selbstzerfleischung Europas. Das ist eine große Gelegenheit.

SPIEGEL: Fast 100 Jahre sind vergangen, viel Zeit für die Forschung. Sind nun alle Fragen aufgearbeitet?

Neitzel: Kriegsverbrechen sind ein Thema, das insgesamt noch unzureichend erforscht ist. Über das Gros der Gräueltaten, die an der Ostfront und auf dem Balkan stattfanden, wissen wir sehr wenig. Die Kämpfe in Afrika und die afrikanischen Opfer sind in Europa nur wenig im Blick. Wir sehen den Krieg immer noch zu wenig als globales Ereignis.

SPIEGEL: Herr Professor Neitzel, wir danken Ihnen für dieses Gespräch.

Am Tag, als das Feuer kam

28. Juni 1914, Sarajevo, Attentat auf Erzherzog
Franz Ferdinand – die Stunden, die für Europa
zum Auslöser des Ersten Weltkriegs wurden.

Von Erich Follath

Die Gewitter sind schon am Vorabend abgezogen, der Himmel strahlt in einem satten Sorglosblau. An diesem 28. Juni 1914 herrscht in Sarajevo Festtagsstimmung, die Kirchen, Synagogen und Moscheen sind blank geputzt, die Straßen gefegt, die Schaufenster gewienert.

Im engen Labyrinth der Marktgässchen wird kostenlos Mokka ausgeschenkt. Die Kupferschmiede, die Sattler, die Teppichhändler und Obstverkäufer, die alle ihr eigenes Viertel im Basar haben, lassen die Geschäfte ruhen. Am zentralen Appelkai, der sich neben dem Miljacka-Fluss durch die bosnische Provinzhauptstadt schlängelt, haben sich schon frühmorgens die ersten Schaulustigen eingefunden, auch in den Restaurants, die sich an die Hügel über der Stadt schmiegen. Die meisten tragen Sonntagsstaat. Ganz Sarajevo hat sich herausgeputzt für das große Ereignis. Für den Besuch des Erzherzogs Franz Ferdinand, Thronfolger von Österreich-Ungarn, und seiner Frau Sophie. Für einen perfekten Tag.

Im Vorfeld des hohen Besuchs scheint sich auch die politische Großwetterlage etwas beruhigt zu haben. 1908 hat das Habsburgerreich die Provinzen Bosnien und Herzegowina annektiert und damit sowohl Russland als auch die Nationalisten im benachbarten Serbien gegen sich aufgebracht. Nach zwei Balkankriegen 1912 und 1913 sind die regionalen Konflikte der Serben und anderen Balkanvölker zwar nicht gelöst. Aber der Besuch eines k. u. k. Manövers durch den Thronfolger scheint nicht allzu provozierend. Allerdings sorgt das Datum der nachfolgenden Sarajevo-Visite für hochgezogene Augenbrauen: Feldzeugmeister Oskar Potiorek hat ausgerechnet den Tag bestimmt, an dem sich die Schlacht auf dem Amselfeld zum 525. Mal jährt – ein höchst symbolisches Datum für viele Serben, die damals den Osmanen unterlagen, aber sich mit dem heldenhaften Tod ihres Führers einen Nationalmythos schufen.

Franz Ferdinand hat die Bedenken einiger Berater wegen der Terminierung beiseitegewischt. Er ist kein besonders sensibler Zeitgenosse. Schnell aufbrausend, arrogant, nachtragend. »Ich halte jeden, den ich treffe, zunächst einmal für einen Schurken und lasse mich bestenfalls nach und nach vom Gegenteil überzeugen«, hat er einmal in schöner Offenheit geschrieben. Das macht ihn weder bei seinen unmittelbar Untergebenen noch bei seinen Untertanen beliebt. Bezeichnend auch sein Hobby: Franz Ferdinand ist ein passionierter, manche sagen auch pathologischer Jäger, allein im Jahr 1911 hat er laut den

bei Hofe akribisch geführten Listen 18 799 Stück Wild erlegt, Tagesrekord 2763 Lachmöwen im Juni 1908. In Ceylon posiert er vor geschossenen Elefanten, in Indien sind Tiger seine Trophäen.

Er ist ein Tierschlächter en gros, aber er ist kein Menschenschlächter – und kein Kriegshetzer. Er agiert als ein politischer Stratege, der mit militärischer Aufrüstung eher andere einschüchtern will, als sie mit Waffengewalt zu überfallen. »Führen wir einen Spezialkrieg mit Serbien, so werden wir es in kürzester Zeit über den Haufen rennen, aber was haben wir davon?«, schreibt er 1913 an Leopold Graf Berchtold. »Dann fällt ganz Europa über uns her, und Gott behüte uns, dass wir Serbien annektieren, ein total verschuldetes Land mit Königsmördern, Spitzbuben etc. Jetzt gibt es meiner Meinung nach nur die Politik, zuzuschauen, wie sich die anderen die Schädel einhauen, sie so viel als möglich aufeinanderhetzen und für die Monarchie den Frieden zu erhalten.«

Wenn der skrupellose Machtpolitiker eine weiche Stelle hat, dann ist es die Familie. Die Ehe mit Sophie, die aus einem niedrigen böhmischen Adelsgeschlecht stammt, ist eine Liebesbeziehung – in Zeiten der dynastischen Zweckbündnisse eher unüblich. Seine Frau und die drei Kinder sind »mein ganzes Glück, meine ganze Wonne«, schwärmt der Thronfolger. Und sein »Sopherl« soll ihn begleiten, wann immer es geht.

Anders als ihr Gatte ist sie sehr besorgt, als der ganze Trupp aus Wien Richtung Bosnien aufbricht. Sie fürchtet, es könnte etwas passieren. Und hat sich doch in den drei Tagen, die sie vor dem abschließenden Höhepunkt Sarajevo im Kurort Ilidža verbracht haben, völlig entspannt. »Mein lieber Doktor«, sagt sie ihrem Tischherrn. »Sie lagen falsch mit Ihren Warnungen. Überall, wo wir hinkamen, hat uns jeder bis hin zum letzten Serben mit einer solchen Herzlichkeit empfangen, dass wir nur froh sein können.«

Herzogin Sophie ahnt nicht, dass sie in diesen Tagen schon von einem Verschwörer überwacht wurden. Sie weiß nicht, dass dieser radikale junge bosnische Serbe und sechs weitere seiner Gesinnungsgenossen am Schicksalstag von Sarajevo schon frühmorgens mit ihren Pistolen und Bomben Stellung beziehen. In Erwartung des hohen Paares – und zu allem entschlossen. Sophie konzentriert sich auf etwas, das ihr Herz mit Vorfreude erfüllt: Der 28. Juni ist ihr Hochzeitstag, sie will ihn entspannt und festlich an der Seite ihres Mannes begehen.

Die beiden treffen mit der Eisenbahn aus dem zwölf Kilometer entfernten Ilidža ein. Am Bahnhof steht das Empfangskomitee bereit mitsamt den Wagen, in denen sie durch die Stadt chauffiert werden sollen. Der Konvoi besteht aus sechs Autos. Im ersten sitzt Fehim Čurčić, der aufgeregte Bürgermeister der Stadt, bekleidet mit einem dunklen Anzug und einem Fez, ihm gegenüber der Polizeichef von Sarajevo. Dann folgt schon der offene Graef-&-Stift-Tourenwagen mit den Ehrengästen – der Thronfolger trägt Uniform und einen Hut mit grünen Straußenfedern. Das Dach des Autos ist zurückgeklappt, so dass die Menschen am Straßenrand den Erzherzog und seine Gattin gut sehen und ihnen zujubeln können. Ihnen gegenüber nimmt Bosnien-Gouverneur Oskar Potiorek Platz. Drei Wagen mit der Entourage folgen; ein letzter rollt ohne Passagiere als Ersatz mit.

Die Sicherheitsvorkehrungen sind äußerst lax, man könnte auch sagen: nicht existent, was den Wünschen Franz Ferdinands entspricht. Die Manöver, die er an den Vortagen abgenommen hat, sind völlig reibungslos verlaufen. Er will nun zum Höhepunkt des Besuchs keinen martialischen Eindruck erwecken, alles soll volksnah wirken – der künftige Herrscher und seine Untertanen: ein Herz und eine Seele. Pünktlich um zehn rollt der Konvoi Richtung Rathaus los, langsam entlang des Prachtboulevards am Flussufer. Die Ehrengäste winken, die

Menge jubelt. Manche Hausbesitzer haben zwei große Flaggen an ihren Fenstern befestigt: das Schwarz-Gelb der Habsburger und das Rot-Gelb Bosniens, um den Gleichklang zu demonstrieren. Oder ihn zu simulieren.

Die Terroristen haben sich an strategischen Stellen der vorher bekanntgegebenen Route platziert. Sie tragen an ihrem Gürtel Bomben, nicht viel größer als ein Stück Seife und ausgestattet mit Zündern, die nach dem Aufbrechen zwölf Sekunden bis zur Detonation benötigen. In ihren Taschen verbergen die meisten auch noch geladene Pistolen. Das Übermaß an Personal und Waffen soll sicherstellen, dass wenigstens einer zum Zug kommt, denn sie rechnen mit Kontrollen und Festnahmen. Jeder hat für den Fall der Fälle ein Päckchen mit Zyanidpulver dabei, um sich bei Ergreifung das Leben nehmen zu können.

Und doch sind sie alles andere als Profikiller. Den Kern der Truppe bilden drei fanatische Mitglieder der proserbischen bosnischen Jugendorganisation »Mlada Bosna« (»Junges Bosnien«), der 19-jährige Gymnasiast Gavrilo Princip, der 19-jährige Druckergeselle Nedeljko Čabrinović und der 18-jährige Schüler Trifko Grabež. Sie haben sich die Hilfe des erfahrenen Geheimdienstagenten Milan Ciganović gesichert, der ihnen erst zeigte, wie man mit Waffen umgeht. Ciganović ist Mitglied der Untergrundorganisation »Schwarze Hand« – sie kämpft mit allen Mitteln für ein Großserbien und hat beste Beziehungen bis in die Belgrader Regierung. Die drei Terroristen sind einen Monat vor dem Tag X aus Belgrad angereist; ihnen schließen sich nun ein Lehrer, Mitglied der »Mlada Bosna«, zwei Gymnasiasten und ein Schreiner an.

Der erste Attentäter steht an der Ćumurija-Brücke – und verliert die Nerven. Als er seine Bombe zünden will, bemerkt er im Augenwinkel einen Polizisten. Er zögert, die Wagen rollen weiter. Die erste Chance auf einen Anschlag ist vertan. Bleiben noch sechs. Als Nächster ist Čabrinović dran, der fanatisierte Belgrader Schriftsetzer. Er steht auf der Flussseite des Appelkais. Er greift zur Bombe, bricht die Sprengkapsel an einer Straßenlampe, sie löst sich mit einem lauten Knall. Der Adjutant des Erzherzogs hört das Geräusch, vermutet einen geplatzten Reifen und bleibt sitzen. Geistesgegenwärtiger reagiert der Fahrer des Wagens, in dem Franz Ferdinand und Sophie sitzen: Er sieht etwas auf sich zufliegen – und tritt das Gaspedal durch.

Die Bombe verfehlt ihr Ziel, fällt auf den Boden. Detoniert Sekunden später, als das nächste Auto des Konvois kommt. Trifft die darin sitzenden Offiziere und Passanten. Einige bluten, doch keiner ist lebensgefährlich verletzt. Ein Splitter verursacht eine kleine Schnittwunde an Sophies Wange. Der Erzherzog ist unverletzt – und reagiert inmitten von Rauch und Staub mit erstaunlicher Abgeklärtheit. »Der Kerl ist verrückt. Wir wollen unser Programm fortsetzen.«

Der Attentäter hat unmittelbar nach der Tat seine Giftkapsel geschluckt und springt, bevor ihn die wütende Menschenmenge lynchen kann, auch noch über die Brüstung der Uferstraße. Aber der doppelte Selbstmordversuch schlägt fehl. Das Zyanid ist nicht stark genug und ätzt ihm nur die Kehle; der Fluss hat im Sommer nicht genug Wasser, Čabrinović landet im Sand und wird aufgegriffen. Der Konvoi fährt Richtung Rathaus weiter, dicht vorbei an den Positionen der Möchtegernattentäter drei, vier und fünf. Doch sie alle bekommen Panik, keiner kann sich zur Tat durchringen. Und auch der Bürgermeister reagiert höchst verwirrend. Er klammert sich im Rathaus an sein Redemanuskript, Schweißperlen auf der Stirn: »Hochbeglückt sind unsere Herzen über den gnädigsten Besuch ...«

Da platzt Franz Ferdinand der Kragen, er unterbricht den Mann: »Ich komme hier als euer Gast, und ihr begrüßt mich mit Bomben!« Sophie beruhigt ihn, Bürgermeister Čurčić kann seine Rede zu Ende stammeln. Und der Erzherzog antwortet mit einem eleganten, improvisierten Schlenker: »Ich danke Ihnen und den Bürgern von Sarajevo für die widerhallenden Ovationen, in denen ich Freude über das Scheitern des Mordanschlags erkenne.«

Jetzt sollten sich Franz Ferdinand und Sophie laut Tagesplan eigentlich trennen. Aber beide bestehen auf einem gemeinsamen Besuch im Krankenhaus, wo einer der am Morgen Verletzten behandelt wird. Aber ein geplanter Museumsrundgang wird abgesagt. Die Sonne brennt, ein heißer Sommertag. Aber der Thronfolger will das Verdeck nicht schließen, er möchte weiter den unerschrockenen Volkstribun geben. Wie sehr die Ereignisse aber seine Umgebung durcheinandergebracht haben, zeigt sich gleich nach der Abfahrt vom Rathaus. Keiner hat den Fahrer des Erzherzogs über die neue Route informiert. Er fährt Richtung Museum – und muss, als der Irrtum bemerkt wird, an der Lateinerbrücke plötzlich stoppen und wenden.

Das ist der Moment des Gavrilo Princip. Der jugendliche Extremist hat in den Wirren nach der ersten Detonation die Verhaftung seines Mitverschwörers beobachtet. Unschlüssig hat er sich in die Nähe der Lateinerbrücke zurückgezogen. Und sieht jetzt, wie vor seinen Augen, sozusagen auf dem Präsentierteller, das Auto mit dem Thronfolger hält. Princip zögert nur eine Sekunde. Dann greift er zur Bombe, läuft los. Vier Meter, drei Meter, zwei. Schließlich hebt er doch die Pistole.

Sein erster Schuss trifft Sophie in den Unterleib. Das zweite Projektil durchschlägt Franz Ferdinands Halsschlagader. Der Kopf der Herzogin fällt auf seinen Schoß. »Sopherl, Sopherl, bleib am Leben für unsere Kinder«, flüstert er verzweifelt. Während die Menschen den Attentäter zu Boden zerren, schlagen, fast lynchen, gibt der Fahrer Gas, rast zum Gouverneurssitz. »Es ist nichts«, kann der Thronfolger noch hauchen, dann fällt er ins Koma. Erst stirbt Herzogin Sophie von Hohenberg, zehn Minuten später Franz Ferdinand von Österreich-Este. Da hat es noch nicht einmal zwölf Uhr mittags geschlagen an diesem unseligen 28. Juni 1914 in Sarajevo.

Noch immer steigen die Temperaturen. Kein Lüftchen weht. Die Eilmeldungen ticken, Telegramme werden verschickt, Extrablätter gedruckt. Binnen kürzester Zeit ahnen alle: Über Europa braut sich ein Sturm zusammen. Doch wie schlimm es kommen wird, wie skrupellos einige den Mord von Sarajevo zum Vorwand nehmen, um Krieg zu führen; dass am Ende eine Lawine von Gewalt in zwei Weltkriegen an die 75 Millionen Menschen das Leben kosten und einen ganzen Kontinent unter sich begraben sollte: Für niemanden ist das damals vorstellbar.

Den Attentätern wird im Oktober 1914 in Sarajevo der Prozess gemacht. Drei werden wegen »Hochverrat und Meuchelmord« hingerichtet – Gavrilo Princip bleibt wegen seines Alters die Todesstrafe erspart, 20 Jahre Kerker lautet sein Urteil. Er bereue die Tat nicht, sagt er während der Verhandlung. Er sei ein Revolutionär für die serbische Sache und habe nur einen Tyrannen ermordet; der Tod von Gräfin Sophie aber täte ihm leid. Princip wird nur 23 Jahre alt. 1918 stirbt er in einem Gefängnislazarett an Tuberkulose.

Der Tag von Sarajevo aber bleibt jedem Zeitgenossen eingebrannt, Politiker, Schriftsteller, aber auch Normalbürger wissen noch jahrzehntelang zu berichten, was sie gerade taten, als die Nachricht sie erreichte (so wie fast ein halbes Jahrhundert später jedermann seine persönliche Geschichte zum Dallas-Mord an John F. Kennedy erzählen kann). Der österreichisch-ungarische Finanzminister Leon Biliński, der vom serbischen Gesandten in Wien gewarnt worden ist, irgendein junger Serbe könnte in Sarajevo eine scharfe Kugel abschießen, aber dies nicht ernst genommen hat, grämt sich und bekommt einen

Migräneanfall. Der Dramatiker Arthur Schnitzler kolportiert einen seltsamen Traum, der ihn vor dem Attentat heimgesucht hat: Er selbst sollte demnach den Thronfolger ermorden. Franz Ferdinand, eher unpopulär zu Lebzeiten, bekommt im Tod menschliche Größe.

Sarajevo steht noch ein zweites Mal während des 20. Jahrhunderts im Mittelpunkt einer europäischen Tragödie: 1425 Tage lang wird die Stadt zwischen 1992 und 1996 von militanten Serben belagert und beschossen, mehr als 11 000 Menschen verlieren ihr Leben. Schon im sozialistischen Jugoslawien tauften Fanatiker die Lateinerbrücke in Gavrilo-Princip-Brücke um – ein Mörder als Nationalheld. Sie ist längst wieder zurückbenannt. Am Schauplatz des Attentats ist heute eine sachlich gehaltene Gedenktafel angebracht. Seit mehr als zwei Jahrzehnten ist Sarajevo nun die Hauptstadt des unabhängigen Staates Bosnien-Herzegowina.

Im Heeresgeschichtlichen Museum von Wien sind der Originalwagen mit den Einschusslöchern, die blutgetränkte Kleidung und drei der Pistolen ausgestellt. Die vierte Waffe fehlt. Ob sie diejenige ist, mit der die tödlichen Schüsse abgegeben wurden, darüber schweigt die Museumsleitung. Es soll ein Geheimnis bleiben.

Abschied vom Frieden

In der Julikrise 1914 betrieb die deutsche Reichsleitung doppeltes Spiel – mit fatalen Folgen.

Von Andreas Wassermann

Kaffee und Konserven werden in manchem Kolonialwarenladen schon knapp. Vor Banken und Sparkassen stehen die Berliner bereits frühmorgens Schlange. Und als am Mittag ein Extrablatt des »Lokal-Anzeiger« die Generalmobilmachung vermeldet, glaubt kaum noch einer an eine Zeitungsente – obwohl die Regierung offiziell dementiert. An diesem Donnerstag, dem 30. Juli 1914, hat sich die Reichshauptstadt vom Frieden verabschiedet.

Im ersten Stock des Preußischen Staatsministeriums in der Berliner Wilhelmstraße wird derweil an der Vorbereitung des Krieges gearbeitet. Reichskanzler Theobald von Bethmann Hollweg präsentiert einen Erlass, der die Ausfuhr von Lebensmitteln, Pferden und Automobilen unter Strafe stellt. Redner, die zu Massenstreiks aufrufen, sollen verhaftet werden können, das sorgt für Diskussionen im kaiserlichen Kabinett. Doch der Kanzler beruhigt seine Kollegen. Die Stimmung im Lande, so heißt es im Protokoll der Sitzung, sei gut, »auch von den Sozialdemokraten ist nichts zu befürchten«.

Alle Regierungen und die große Mehrheit der Völker seien an sich »friedfertig«, gibt sich der Kanzler betrübt, aber nun sei der »Stein ins Rollen geraten«. Zwei Tage später, am 1. August, erklärt Deutschland Russland den Krieg. Und tatsächlich, das Volk geht mit: Mehr als 100 000 Berliner ziehen vor das Stadtschloss, singen das Deutschlandlied und die Hymne des Kaiserreiches, »Heil dir im Siegerkranz«.

Binnen vier Wochen nur war eine Strafaktion auf dem Balkan, die die Ermordung des österreichisch-ungarischen Thronfolgers Franz Ferdinand am 28. Juni 1914 in Sarajevo sühnen sollte, zum Weltbrand entfacht. Dabei war der Weg in die Katastrophe weder Schicksal noch »Gott gegeben«, wie Generalmajor Erich Ludendorff nach der Mobilmachung an seine Frau Margarethe schrieb.

Die Eskalation der Gewalt wurde angeheizt von deutschen und österreichischen Generälen, die des Friedens überdrüssig waren, begünstigt von Politikern und Diplomaten, die sich gründlich verspekuliert hatten, und einem Kaiser, der aller Welt zeigen wollte, was für ein Kerl er war. Vor allem seine Militärs sollten sehen, dass er nicht kneift, wenn es ernst wird.

So beginnt die Julikrise in Berlin mit imperialem Großmannsgehabe. In der Nacht vom 3. auf den 4. Juli liest Wilhelm II. eine Depesche seines Wiener Botschafters. Auf mehreren Schreibmaschinenseiten hat Heinrich von Tschirschky zusammengefasst, was die k. u. k. Monarchie gegen Serbien, wo die Hintermänner der Attentäter vermutet werden, zu unternehmen gedenkt.

Es ist ein ambivalentes Bild, das der Diplomat zeichnet. Während der Wiener Außenminister eine »Sühne- und Sicherungsaktion« gegen Serbien fordert, mahnen andere zur Zurückhaltung wegen der »Gefahr eines europäischen Krieges«. Tschirschky schließt sich den Mahnern an, doch der Kaiser will handeln. »Mit den Serben muss aufgeräumt werden, und zwar bald«, notiert er auf der Depesche. Und: »Jetzt oder nie.« Einen Tag später versichert Tschirschky dem österreichischen Außenminister, Deutschland werde die k. u. k. Monarchie »durch dick und dünn« unterstützen, »was immer dieselbe auch gegen Ser-

Abschied vom Frieden

bien beschließen sollte. Je früher Österreich-Ungarn losgehe, desto besser.«

Die Hofburg drängt auf eine Bestätigung durch den deutschen Kaiser. Man weiß, ein Angriff auf Serbien könnte einen Krieg mit Russland bedeuten. Zar Nikolai II. hat keinen Zweifel daran gelassen, dass er einen Militärschlag gegen seinen wichtigsten Bündnispartner auf dem Balkan nicht unbeantwortet lassen würde. Auf dieses Risiko will sich Wien aber nur mit seinem starken, hochgerüsteten deutschen Bündnispartner einlassen. Allerdings bekommen die Hardliner Oberwasser, nachdem sich der zunächst skeptische greise Kaiser Franz Joseph zu dem Ziel bekannt hat, Serbien »als politischen Machtfaktor am Balkan« auszuschalten, wie er in einem handgeschriebenen Brief an Wilhelm II. erklärt.

Am Vormittag des 5. Juli empfängt Wilhelm II. den Botschafter Franz Josephs im Neuen Palais in Potsdam zum späten

Menschenmenge bei Kriegsausbruch in Berlin in der Nähe der Siegessäule, 2. August 1914

Frühstück. Er könne seinem Monarchen ausrichten, dass Österreich-Ungarn selbst im Falle einer »ernsten europäischen Komplikation« auf die »volle Unterstützung Deutschlands rechnen« könne, betont der Kaiser. Russland sei übrigens »keineswegs kriegsbereit und werde es sich gewiss noch sehr überlegen, an die Waffen zu appellieren«.

Kurz darauf bespricht Wilhelm II. in Potsdam mit Reichskanzler Bethmann Hollweg den Kurs, berät sich mit Kriegsminister Erich von Falkenhayn, der am liebsten sofort zu den Waffen gerufen hätte. Rüstungspatron Gustav Krupp von Bohlen und Halbach unterrichtet er persönlich von der »Besprechung mit den Österreichern und ihrem Ergebnis«. Gegenüber seinen Beratern sagt er, er erwarte, »dass sich die Situation in acht Tagen durch Nachgeben Serbiens klären würde«. Glaubt er doch nicht an Krieg? Andererseits betont er, dass man auch »für einen anderen Ausgang gerüstet« sein müsse.

Gleichwohl verlässt der Kaiser einen Tag später Berlin für seine jährliche Skandinavien-Kreuzfahrt. Bethmann Hollweg hat ihn ermutigt, an der gewohnten Nordlandreise festzuhalten. Normalität ist jetzt wichtig; der Eindruck der Kriegstreiberei muss vermieden werden. So bleibt auch die militärische Spitze vorerst in der Sommerfrische. Generalstabschef Helmuth von Moltke, der von Falkenhayn über die neuen Entwicklungen in Berlin informiert wurde, darf weiter ungestört in Karlsbad ein Leberleiden auskurieren.

Noch glauben Moltke und seine Generäle an einen regional begrenzten »Präventivkrieg«. Doch selbst wenn sich der Konflikt ausbreiten sollte, ist das der deutschen Generalität recht, die sich nach einem »Stahlbad« heimlich sehnt. Serbiens Schutzmacht Russland halten sie nur für bedingt einsatzbereit, und selbst Frankreich als Verbündeten Russlands sehen sie nicht als ernsthaften Gegner. Der Nachbar, so glauben Wilhelms Säbelrassler, ließe sich einfach überrennen und in wenigen Wochen kapitulationsreif schießen. »Wir sind bereit und je eher, desto besser für uns«, hatte Moltke bereits am 1. Juni 1914, knapp vier Wochen vor dem Attentat in Sarajevo, postuliert.

Die Generäle in Kur, der Kaiser auf Kreuzfahrt – das Krisenmanagement ist nun Aufgabe der zivilen Regierung, des Kanzlers und seines Außenstaatssekretärs Gottlieb von Jagow, der gerade aus den Flitterwochen nach Berlin zurückgekehrt ist. Im Grunde eine Gelegenheit, um die Lage zu entschärfen. Beide Politiker gehören nicht zu den Scharfmachern, sie sind sich der Gefahr eines Flächenbrandes durchaus bewusst. Aber sie sind auch kaisertreue Imperialisten.

So werden sie in den kommenden Wochen ein gefährliches doppeltes Spiel spielen, das schließlich mit dem präpotenten Gehabe der Generäle in den Krieg führt. Einerseits treiben sie Wien zum Angriff auf Serbien, andererseits wollen sie so lange als möglich und mit allen diplomatischen Tricks verhindern, dass der Balkankonflikt Frankreich oder gar dessen Entente-Partner Großbritannien zu Kriegsvorbereitungen gegen Deutschland veranlasst.

Deshalb soll es schnell gehen, nahezu täglich wird der Druck auf Wien erhöht. Botschafter Tschirschky droht zwischen den Zeilen, dass bei weiterem Zögern gegenüber Serbien das Bündnis zwischen Deutschland und der Donaumonarchie auf dem Spiel stehe. Mitte Juli schließlich hat das Drängen Erfolg, in Wien wird ein Ultimatum mit Forderungen an Serbien formuliert, »dass ein Staat, der noch etwas selbstbewusst sei und Würde habe, sie doch eigentlich unmöglich annehmen könne«, wie eine Depesche der deutschen Botschaft in Wien vom 18. Juli die Haltung der Hofburg wiedergibt. Es dauert noch Tage, bis Wien die Note Belgrad übersendet.

Als das Ultimatum vom 23. Juli bekannt wird, ist die Empörung in Paris, London und St. Petersburg groß. Das Berliner Außenamt dementiert wortreich und wahrheitswidrig: Deutschland habe »keinerlei Einfluss auf Inhalt der Note ausgeübt«, heißt in einem Telegramm an die deutschen Botschafter in Paris, St. Petersburg und London. Es soll nicht die einzige Lüge bleiben. In den kommenden Tagen versucht Großbritanniens Außenminister Sir Edward Grey zu vermitteln. Er sichert Berlin zu, auf Russland mäßigend einzuwirken, wenn Berlin das Gleiche in Wien unternehme. Bethmann Hollweg sagt zu. »In dem von Sir Edward Grey gewünschten Sinne haben wir Vermittlungsaktion in Wien sofort eingeleitet«, kabelt der Regierungschef wahrheitswidrig an den deutschen Botschafter in London.

Es ist wohl der letzte Versuch des deutschen Reichskanzlers, Russland die Schuld an einer Eskalation zuzuschieben und so den Kriegseintritt Frankreichs und Englands zu verhindern. Längst ist klar, dass sich die Reichsspitze bei ihrem Doppelspiel gründlich verzockt hat, die Hoffnung auf einen begrenzten Konflikt ist gescheitert. So endet die Julikrise – mit dem Beginn des Weltkriegs.

Grenzwall des Westens

> Österreich-Ungarn war bereits zu Kriegsbeginn so gut wie am Ende: Ein alter Kaiser regierte eine Vielvölkermonarchie, die von innen zerfiel.

Von Georg Bönisch

Lange vor Sonnenaufgang verließ er sein Schlafgemach, meistens um drei Uhr, manchmal eine halbe Stunde später – senile Bettflucht nennen Spötter eine solche Form der Disziplin. »Leg mich zu Füßen Eurer Majestät, guten Morgen«, wünschte ihm dann sein Kammerdiener Eugen Ketterl, der ihm beim Ankleiden half. Um fünf Uhr servierte der ihm das Frühstück, dann widmete sich Kaiser Franz Joseph I., Herr über das europäische Großreich Österreich-Ungarn mit 52 Millionen Bürgern, dem Aktenstudium.

Um 7 Uhr begannen die offiziellen Regierungsgeschäfte, spätestens um 17 Uhr war Schluss. Der Obersthofmeister kam, Kabinettsdirektoren legten Berichte vor, Armeeadjutanten ließen sich Beförderungen und Orden abzeichnen, administrativer Alltag eben. Ermüdend oft, deshalb schlief der Chef manchmal mitten während eines Vortrags ein – auch wenn es über ihn hieß, er sei von asketischer Pflichtgesinnung.

Doch dann stand eine Entscheidung an, von der viele wussten, was sie bedeutet: Krieg. Der Kaiser war bereits 83 Jahre alt und nun schon 65 Jahre an der Macht, ein einsamer Europarekord. Umgeben von Beratern und Einflüsterern, die selbst längst in die Jahre gekommen waren. Der Leiter der Militärkanzlei etwa war 76, des Kaisers Generaladjutant 77. Ein Kreis von Dienern der Monarchie, die noch verhaftet schienen im System der alten Kabinettskriege, als es um begrenzte Kriegsziele ging – und nicht wie bald darauf um anonymes Massentöten, mit Giftgas, mit Panzern, mit Splitterhandgranaten.

Immer noch suchte der Monarch das »Bild eines Souveräns zu vermitteln«, schreibt der Wiener Historiker Manfried Rauchensteiner, der »seine Entschlüsse rational und konsequent« fasste – angeblich »zum Besten seines Reiches und seines Hauses«. Dass ihm dieses Riesenstaatsgebilde zwischen Adria und Galizien, Schweiz und Siebenbürgen langsam entglitt, sah er nicht – oder wollte es nicht sehen.

Einer dieser Entschlüsse, der folgenschwerste überhaupt, hieß: Weg mit Serbien, weg mit den Mördern des österreichischen Thronfolgers, weg mit allen subversiven Kräften, die die »territoriale Integrität« seiner Länder bekämpften. Österreich müsse, sekundierte in Berlin Franz Josephs deutscher Kaiserkollege Wilhelm II., »auf dem Balkan präponderant« sein – überlegen also, kraftvoll.

Wilhelms Gleichklang mit Wien war in hohem Maße von Eigennutz geprägt. Der Preuße wusste, dass ein Zugriff auf die interessanten Länder des Nahen und Mittleren Ostens nur möglich war, wenn der Weg für sein Militär (und natürlich deutsches Kapital) in Richtung Südosten, sollte er denn überhaupt geplant gewesen sein, nur geringen Risiken ausgesetzt war. So kreuzten und ergänzten sich zwei Strategien: deutsche imperialistische Weltpolitik und österreichische, eher regionale Balkanpolitik.

Am 5. Juli, eine Woche nach dem Attentat auf den Erzherzog, gab Deutschland die Marschrichtung vor. Aus Berlin kabelte der Wiener Botschafter in die Heimat, der Kaiser erwarte »eine ernste Aktion unsererseits gegenüber Serbien«, Deutschland werde aber »in gewohnter Bundestreue an unserer Seite stehen«,

Grenzwall des Westens

Kaiser Franz Joseph I., Gemälde 1915

Die große Krise

selbst wenn es zum Krieg mit Russland komme. Diese außergewöhnliche Zusage ist als »Blankoscheck« in die Geschichte eingegangen – weil Berlin sich damit auf ein bedingungsloses Miteinander mit Österreich-Ungarn festlegte. Bis ins Verderben hinein.

Zwei Tage nach der Meldung des Botschafters, am 7. Juli, trat in Wien der Ministerrat zusammen, die gemeinsame Konferenz von österreichischer und ungarischer Regierung. Die Entscheidung hieß, aller verbalen Akrobatik zum Trotz: Waffengang. »Was man wollte«, so der Historiker Rauchensteiner, »war jedoch ein Krieg mit Serbien und keinen europäischen Krieg von gar nicht absehbaren Konsequenzen.« Kurz drauf beschloss der Rat, Serbien ein Ultimatum mit langem Forderungskatalog zu stellen – eine Farce. Denn fast alle in der Runde waren sich einig darüber, die Forderungen müssten so formuliert werden, dass eine Ablehnung so gut wie garantiert sei – »damit eine radikale Lösung im Weg militärischen Eingreifens abgebahnt würde«, heißt es im Sitzungsprotokoll.

Indes, Serbien unterwarf sich, geschickt formuliert, wider Erwarten in fast allen Punkten. Wiens Verlangen allerdings, an der Aufklärung des Mordanschlags eigene Beamte mitwirken zu lassen, wurde zurückgewiesen, »da dies eine Verletzung der Verfassung und des Strafprozessgesetzes wäre«. Der »Kriegsfall Serbien«, wie er offiziell hieß, war da. So entfesselte ein greiser Monarch, dessen Reich zerfiel und der wie Wilhelm II. über die absolute Kommandogewalt verfügte, den Ersten Weltkrieg. »In ganz Europa«, prophezeite voller Resignation der britische Außenminister Edward Grey, »gehen die Lichter aus. Wir werden sie in unserem Leben nie wieder leuchten sehen.«

Als österreichische Soldaten schon töteten oder getötet wurden, hätte in Wien, lange vorbereitet, der 21. Weltfriedenskongress stattfinden sollen, geplant für September. Österreich-

Grenzwall des Westens

Postkarte, blutiger Handschlag zwischen Wilhelm II. und Franz Joseph I. (um 1914), © BPK

Ungarn, der Vielvölkerstaat, lobte Friedensnobelpreisträger und Cheforganisator Alfred Hermann Fried seine Heimat, könnte Modell sein für die künftige Zusammenarbeit europäischer Länder. Vergangenheit, nur noch bittere Ironie der Geschichte; vergangen wie der Thronfolger Franz Ferdinand, der eigentlich auf Antikriegskurs gewesen war. Für Friedensbewegte sei Wien so etwas wie »ein meterhoch zugefrorner Teich zum Schwimmen«, hatte Bertha von Suttner noch kurz vor ihrem Tod im Juni 1914 beklagt, auch sie war Trägerin des Friedensnobelpreises.

Kurz darauf nur Jubel – hunderttausendfacher Jubel, millionenfacher Jubel im ganzen Land, und die Kriegseröffnung faszinierte verblüffenderweise gerade die Intelligenz, die, abgesehen von wenigen Ausnahmen wie dem Schriftsteller Karl Kraus (»Die letzten Tage der Menschheit«), den patriotischen Taumel aufs Heftigste befeuerte. Stefan Zweig schrieb dem Krieg »etwas Großartiges, Hinreißendes« zu, Hugo von Hofmannsthal erkannte eine »Freude …, wie ich sie nie erlebt habe, ja nie für möglich gehalten hätte«, und der Psychologe Sigmund Freud sagte: »Meine ganze Libido gehört Österreich-Ungarn.« Der Maler Oskar Kokoschka verkaufte gar eines seiner Bilder, damit er sich ein Pferd für seinen Einsatz als Dragoner leisten konnte. Er wolle so lange »im Feuer« sein, schrieb Kokoschka einer Freundin, »bis alles Böse von mir heruntergegangen ist«, und meldete sich freiwillig. An der Ostfront durchschlug ein Projektil seinen Schädel und bohrte sich durch den Gehörgang, Kokoschka überlebte mit viel Glück.

Kriegslüsternheit auf dem Balkan hatte Tradition. Denn 1912/13 waren Osmanen und Griechen, Serben, Bulgaren und Rumänen in schwere Kämpfe verwickelt. Wer will, nennt sie Kriege der Ethnien. Sein Land, formulierte deshalb Hugo von Hofmannsthal, habe »die besondere Aufgabe, die dem deutschen Geist in Europa gestellt wurde« – nämlich einen »Grenzwall des lateinisch-germanischen Westens« zu bilden, »Ausgangspunkt der Kolonisation« eines vielgestaltigen Ostens. Das hieß nichts anderes als: Deutsche gegen Slawen, ein »Rassenkrieg also«, nennt es Rauchensteiner.

Bei Kriegsausbruch konnte Österreich-Ungarn 1,8 Millionen Soldaten mobilisieren, sechs Armeen. Schon die ersten Monate zeigten, dass im Anfang bereits das vernichtende Ende steckte. Ursprünglich sollte die Offensive gegen Serbien mit drei Armeen beginnen, schließlich lag vor dem Oberkommandierenden der Balkanstreitkräfte, Feldzeugmeister Oskar Potiorek, eine Frontlinie von 900 Kilometern. Dann kam die Order, eine der Armeen Richtung Galizien marschieren zu lassen – um dort Russland entgegenzutreten. Die deutsche Generalität hatte sich nämlich verkalkuliert: Statt binnen Tagen Frankreich niederzuringen und dann gen Osten zu marschieren, stockte wider Erwarten die Offensive; Wien musste einspringen, ob man wollte oder nicht. Galizien wurde (fast) verloren, dann zurückgewonnen, Rückzug aus Serbien, dann der Sieg über Serbien, Montenegro kapituliert, Einmarsch in Albanien, ein Hin und Her, für die Soldaten ging es nur ums nackte Überleben. »Wir wern gedroschen wie Korn«, sagt der brave Soldat Schwejk im berühmten Roman des Tschechen Jaroslav Hašek. Allein die Bilanz bis Ende des Jahres 1914 ist schrecklich: 600 000 Opfer – Tote, Verletzte, Vermisste. Im Oktober bereits waren die Soldaten mehrerer tschechischer Kompanien desertiert und zu den Russen übergelaufen. Ein Beleg für die grundlegende Misere, dass Österreich-Ungarn, dieses Kunstprodukt aus dem Jahr 1867, ein nur schwerlich beherrschbares Staatskonstrukt war; elf Nationalitäten unter einem Dach. Wenn beispielsweise in Galizien Soldaten vereidigt wurden, geschah dies in fünferlei Sprachen. »Ich bin mir seit langem bewusst«, soll Franz

Joseph gesagt haben, »wie sehr wir in der heutigen Welt eine Anomalie sind.«

Schon die Namen verrieten das Problem: Der nordwestliche Teil des Landes hieß Cisleithanien, Deutschösterreich, Böhmen und Mähren, Polen, der andere Transleithanien; die Leitha war der Grenzfluss. Das Kürzel für das Ganze war »k.u.k.«, kaiserlich und königlich; die Armee der ungarischen Reichshälfte heißt »k. u.« (königlich-ungarisch) Honvéd, die der österreichischen »k. k.« (kaiserlich-königliche) Landwehr.

Nach einem Jahr Krieg fasste die Wiener Armeeführung die nationalen Sympathien ihrer Truppe so zusammen: Die Serben (auch etliche von ihnen gehörten der Donaumonarchie an) seien ganz, die Ruthenen (heute: Weißrussen und Ukrainer) stark russenfreundlich. Die Kroaten, Slowenen und Slowaken dagegen besonders monarchietreu. Die Polen seien austrophil, nicht weil sie Österreich liebten, sondern weil sie Russland hassten. Die Magyaren seien noch radikaler gegen Russland als österreichische Patrioten. Die Italiener, ein gutes Prozent der Bevölkerung, hätten nichts für die Russen, aber auch wenig für Österreich übrig. Die Rumänen seien wider Erwarten austrophil.

Schon hier zeigte sich, dass starke Zentrifugalkräfte wirkten. Sogar die Beifallsräusche der allermeisten Geistesgrößen konnten eines nicht überdecken: die sich schon nach kurzer Kriegszeit rapide verschlechternde Lage der Bevölkerung. »Es mangelt an Kohle, an Rohstoffen, an Waggons, an Arbeitern, an Zahlungsmitteln«, schrieb bereits Mitte August 1914 ein hoher Beamter des Handelsministeriums seiner Frau. Die Arbeitslosenquote schoss nach oben, nur in der Kriegsindustrie herrschte Hochkonjunktur; der Export brach zusammen, alle Lebensmittel wurden rasch knapp – und teuer. Die Versuche, Getreide in Italien und Rumänien aufzukaufen, schlugen fehl. Deshalb wurde ein Notgesetz zur Streckung der Mehlvorräte erlassen.

Franz Joseph, der alte Kaiser, starb im dritten Kriegsjahr, am 21. November 1916. Karl I., sein Großneffe, wurde Nachfolger. Unter der Ägide des Alten hatte der deutsche Bündnispartner in immer stärkerem Maße die Initiative an sich gerissen – insbesondere durch die Schaffung einer gemeinsamen Obersten Kriegsleitung wenige Monate vor Franz Josephs Tod. Dort hatten die Deutschen das letzte Wort. Und je länger der Krieg dauerte, »je mehr die österreichischen Ressourcen sich erschöpften, je unbarmherziger der Hunger wütete«, schreibt der Salzburger Geschichtsforscher Ernst Hanisch, »desto mehr geriet Österreich-Ungarn in eine Satellitenposition zum Deutschen Reich«.

Wien hing auch ab von Nahrungslieferungen und finanziellen Hilfen der Deutschen; die hielten ihren Verbündeten für schlapp und unfähig, ein »Kadaver«, der mit herumgeschleppt werden müsse. Die Österreicher ihrerseits, vor allem Generalstabschef Franz Conrad von Hötzendorf, kritisierten die Deutschen als »arrogante Sturköpfe, die kein Verständnis für die komplizierten Herrschaftstechniken in der Donaumonarchie aufbrachten«, so Hanisch.

Karl versuchte, was eigentlich kaum mehr möglich war – sich peu à peu von Deutschland loszulösen und den Mächten der Entente auf geheimdiplomatischem Wege seinen Friedenswillen zu signalisieren. »Für ihn«, glaubt der Historiker Robert A. Kann, »erschien das Bündnis von geringerer Bedeutung als die echte Unabhängigkeit des Habsburgerreiches.«

In seiner Unerfahrenheit, vielleicht Naivität, scheute Karl sich deshalb nicht, über einen Mittelsmann im März 1917 den Franzosen eine abenteuerliche Mitteilung zu schicken. Er wolle, hieß es in dem Geheimbrief, der ein gutes Jahr später öffentlich und zum Skandalon werden sollte, »unter Anwendung meines ganz persönlichen Einflusses … die gerechten Rückforderungsansprüche in bezug auf Elsass-Lothringen unterstützen«. Ausgerechnet Elsass-Lothringen, dieses Prestigeobjekt deutscher Politik im 19. Jahrhundert, 1871 Frankreich entrissen, als einziges Territorium im Reich dem deutschen Kaiser direkt unterstellt.

Erstaunlich ist, dass Karl in jenem Schreiben sogar anbot, das Interesse an Serbien aufzugeben. Ein Thema indes schnitt er nicht an: Italien. Aus Kalkül wohl, denn das Verhältnis zwischen Wien und Rom war ein ganz besonderes. Noch im Juli 1914 hatte Italien an der Seite von Deutschland und Österreich-Ungarn gestanden, im Dreibund, dann aber den Serbien-Konflikt nicht als Bündnisfall akzeptiert und sich Anfang August für neutral erklärt. Kurz darauf erhob Italien Ansprüche auf österreichische Gebiete: das Trentino, einen Teil der Adriaküste, verschiedene dalmatinische Inseln. Am 23. Mai 1915 erklärte Rom, abgesichert durch die Entente, Österreich-Ungarn den Krieg.

Der Krieg gegen Italien, mit Fronten am Isonzo und in den Dolomiten, wo es in Höhen teils über 3000 Metern zu wahnwitzigen, opferreichen Scharmützeln kam, war für die Bürger der Donaumonarchie der populärste. Und er sollte deren Ende bedeuten. Zwar gelang, allerdings nur mit massiver deutscher Unterstützung, in der 12. Isonzoschlacht Ende 1917 ein Sieg über den »Erbfeind« (Karl), der bei vielen noch einmal Hoffnung weckte. Aber der Einsatz deutscher Truppen im Süden musste unweigerlich zur Folge haben, dass Briten und Franzosen die Italiener verstärkten. Und für die USA war genau diese Schlacht der Anlass, auch Österreich-Ungarn den Krieg zu erklären.

Während das Habsburgerreich im Innern nach Massenstreiks und Meutereien langsam in Agonie fiel, während die Menschen immer stärker Hunger litten, scheiterte die marode k.u.k. Armee im Juni 1918 mit ihrer letzten Offensive am Fluss Piave in Oberitalien. Am 24. Oktober griffen die Italiener, assistiert von starken britischen und französischen Kräften, bei der Stadt Vittorio Veneto an und hatten schnell Erfolg.

»Erschüttert« meldete der österreichische Oberkommandierende nach nur vier Tagen seinem deutschen Kollegen Paul von Hindenburg »die eingetretenen Verhältnisse: Truppen ohne Unterschied der Nationalität von über 30 Divisionen weigern sich, weiter zu kämpfen... Kommandanten sind machtlos... Lebensmittelzufuhr versagt... Lage im Hinterland verworren und trostlos«.

Knapp eine Woche später schlossen die Entente und Österreich-Ungarn Waffenstillstand, fast 400 000 kaiserliche Soldaten gerieten in Gefangenschaft. Am 12. November wurde die Republik Deutschösterreich ausgerufen, am 16. die Republik Ungarn. Karl I. ging ins Exil. Binnen kürzester Zeit hatte die »wohl nachhaltigste Veränderung im Europa der Neuzeit« (Rauchensteiner) stattgefunden – die österreichisch-ungarische Doppelmonarchie war Geschichte – nicht einmal 1600 Tage nach den Morden von Sarajevo.

»Tod und Verderben«

Mein Opa Maximilian Mohr erlebte die Hölle von Verdun. Seine Erfahrungen im Krieg hielt er in Aufzeichnungen, Feldpostbriefen und Fotos fest.

Von Joachim Mohr

Als mein Großvater starb, war ich fast 16 Jahre alt. Bis heute, über drei Jahrzehnte später, kann ich mich gut an ihn erinnern. Ich sehe ihn lebhaft vor mir: einen hoch gewachsenen, sehr schlanken, knorrigen Mann, der vom jahrelangen Stumpenrauchen kräftig hustete. Er war ein freundlicher, nachdenklicher Mensch, der seine Bienenstöcke im Garten pflegte, eine Taschenuhr an einer Kette trug und jeden Sonntag in die Kirche ging.

Dass sich die Erinnerungen an ihn aus meiner Kindheit so eingeprägt haben, lag wohl auch an seinem linken Arm. Dieser hing nämlich wie ein leerer Schlauch von seiner Schulter herab, schlenkerte ungelenk hin und her. Bei den Mahlzeiten musste mein Großvater stets die andere Hand zu Hilfe nehmen, um den linken Unterarm auf den Tisch zu legen. Manchmal machte er vor uns Kindern mit seinem kranken Arm auch Klamauk, indem er den Unterarm so weit um die eigene Achse drehte, wie es normalerweise gar nicht möglich war. Mich faszinierte dieser kleine Spaß, es gruselte mich aber auch ein bisschen. Schon damals wusste ich, warum sein Arm nicht richtig funktionierte: Es war die Folge einer Verwundung aus dem Ersten Weltkrieg.

In einem Lazarett in Ulm hatten Ärzte nach Kriegsende, im Frühjahr 1919, meinem Großvater das Ellenbogengelenk

»Tod und Verderben«

entfernen müssen. Bei einem Kampfeinsatz hatte er schwere Erfrierungen erlitten, das Knochenstück war nicht mehr zu retten. Von da an hielten nur Muskeln und Sehnen den linken Ober- und Unterarm zusammen. Seine Hand und seine Finger konnte er bewegen, aber hochheben konnte er nichts. Viele Jahre lang bewahrte er seinen Ellenbogen sogar in einem Einmachglas in Formaldehyd-Lösung auf – ein schauriges Erinnerungsstück an seine Zeit als Soldat. Mein Vater hat als Kind das Glas noch im Keller gesehen.

Mein Großvater Maximilian Mohr wurde 1896 in dem kleinen Dorf Rupertshofen in der Nähe von Biberbach in Oberschwaben geboren. Die Jahre nach seiner Geburt waren die Zeit der massiven Aufrüstung, vor allem der deutschen Flotte. Kaiser Wilhelm II. und seine Kamarilla betrieben eine zunehmend aggressive Außenpolitik. Der Vater meines Großvaters war ein kleiner Landwirt und Ortsvorsteher des Bauernnestes Rupertshofen. Die Familie besaß vier bis fünf Kühe, ein paar Schweine und eine Handvoll Hühner. Das Leben war geprägt von Armut und harter Arbeit.

Der junge Max, so nannten ihn alle im Dorf, besuchte wie seine vier Brüder die Volksschule. Das Schulhaus lag mitten im Ort und verfügte über eine einzige Klasse in einem großen Raum, in dem die Kinder jeden Alters zusammensaßen. Mehr als Lesen, Schreiben, ein wenig Rechnen und katholische Religion wurde hier nicht unterrichtet. Bereits nach sieben Jahren, im Alter von 14, hatte mein Großvater die damals übliche Schulpflicht absolviert. Von da an half er zu Hause auf dem Hof. Die Chance, einen Beruf zu erlernen, hatte er nie.

Nach dem Ersten Weltkrieg zog Maximilian Mohr nach Leutkirch im Allgäu, das 1925 gut 4000 Einwohner hatte und aus seiner Sicht schon eine größere Stadt war. Dort fand er eine Stelle als Hausmeister in einem Modehaus, womit er sein

Die große Krise

Geld verdiente, bis er in Rente ging. Er heiratete, wurde Vater von zwei Mädchen und drei Jungs. Er züchtete Hasen, Bienen und baute im eigenen Garten Gemüse und Obst an. Er hat, trotz seiner Kriegsbehinderung, jeden Tag von früh bis spät »g'schafft«, wie es im Schwäbischen heißt, bis ins hohe Alter. Gestorben ist er zwei Kriege später, 1978, in Leutkirch, rund 55 Kilometer entfernt von seinem Geburtsort.

Erst Jahre nach dem Tod meines Großvaters kam mir zu Ohren, dass ein Onkel Aufzeichnungen von ihm aus seiner Militärzeit im Ersten Weltkrieg besaß. Sie waren in Sütterlinschrift verfasst. Mit Hilfe des Onkels gelang es mir, die Erinnerungen in heute lesbare Schrift zu übertragen. Seine Kriegserlebnisse hat mein Großvater erstmals um 1930 zusammenhängend aufgeschrieben. Als Grundlage dienten ihm seine Tagebuchnotizen aus dem Krieg und Feldpostbriefe, die seine Mutter aufbewahrt hatte. 1953 schrieb er diese Erinnerungen unter der Überschrift »Aus meiner Militärzeit« dann noch einmal ins Reine.

Neben Maximilian Mohrs autobiografischen Aufzeichnungen sind sein Militärpass wie auch seine Militärakte erhalten. Diese lagert heute im Landesarchiv Baden-Württemberg in Stuttgart, denn er gehörte zur Württembergischen Armee. Bei meinen Eltern fanden sich außerdem noch Fotos meines Großvaters aus seiner Militärzeit. Die persönlichen Notizen des »Landsturmpflichtigen Jahresklasse 1916«, so steht es auf seinem Militärpass, beginnen noch in der Heimat:

Einberufung zum Militär: Am 23. Januar 1916 bekam ich durch die Post vom »Bezirkskommando« Ehingen (Donau) den Gestellungsbefehl. In dem selben wurde mir eröffnet, dass ich mich am 1. Februar nachmittags 2 Uhr auf dem Güterbahnhof Ehingen zu stellen habe.

»Tod und Verderben«

Seine Rekrutenzeit leistete mein Großvater in Biberach an der Riß ab, im April wurde er nach Bietigheim an der Enz versetzt. Von dort aus ging es dann Richtung Westen nach Frankreich, wo er seine gesamte Militärzeit verbrachte:

Als ... wieder »Ersatz« (an Truppen) angefordert wurde, hatte ich mich freiwillig gemeldet, und kam also mit dem nächsten Transport am 19. Mai 1916 nach Frankreich, zunächst auf Etappe.

Seine erste Station lag nahe der Stadt Carignan rund 80 Kilometer westlich von Luxemburg:

Es war für uns junge Rekruten eigentlich ein schöner »Dienst« in der Etappe. Allerdings, wenn man dann in ruhiger Nachtstunde auf irgendeinem Posten stand und dann den von der Verdun-Front kommenden heftigen Kanonendonner hörte, beschlichen einen komische Gefühle und allerhand Gedanken jagten einem durch den Kopf.

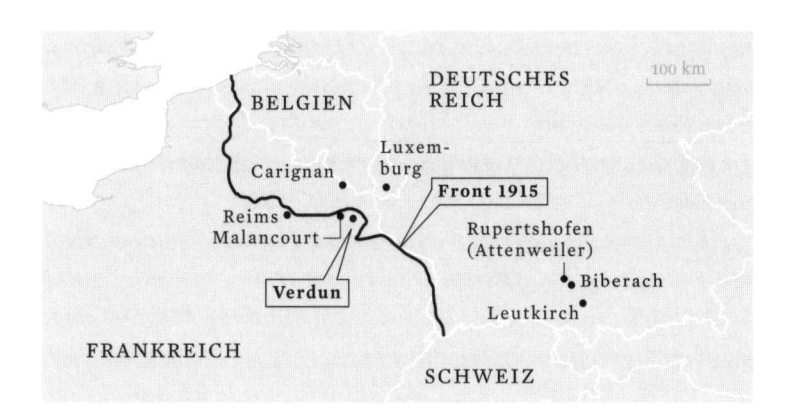

Bis zum Herbst 1916 musste Maximilian Mohr an verschiedenen Orten im Osten Frankreichs vor allem Wachdienst schieben. Dann endete für ihn die relativ sichere Zeit in den hinteren Linien:

Nun war es also so weit. Am 23. Oktober war »Abmarsch an die Front«.

Schon der Anmarschweg zur Front löste bei uns »Neulingen« gemischte Gefühle aus. Immer näher kamen die Leuchtkugeln, die an der Front dauernd abgeschossen wurden. Ab und zu fiel ein Gewehrschuss, bald ratterte kurz ein Maschinengewehr. In hohen Bogen heulten die Artilleriegeschosse über uns hinweg.

Eingesetzt wurde mein Großvater zunächst in der Nähe der Ortschaft Malancourt, zwischen Luxemburg und Reims. Von dort notierte er fast noch humorvoll seinen ersten Beschuss:

Und mein erstes Abenteuer begann auch bald. Ich hatte nämlich das »Bedürfnis«, schwer austreten zu müssen, und nach einigem Suchen fand ich auch den Wegweiser »Zum Abort«. Derselbe war auch ganz »komfortabel« eingerichtet. Die bekannten Pfähle in den Boden eingerammt, und eine Stange darüber genagelt, so dass ganz bequem 3 bis 4 Mann nebeneinander »Sitzung« halten konnten. Der Graben hinter der Stange war fein säuberlich mit Chlorkalk überstreut. Also setzte ich mich zum ersten Mal auf eine solche »Stange« und im gleichen Augenblick hörte ich einen komischen Abschuss von drüben, eine Artillerie-Salve. Bisher gingen die Artillerie-Geschosse immer hoch im Bogen über uns hinweg.

Aber dieses Mal, der Abschuss und das Herheulen waren nicht wie sonst, und im gleichen Augenblick schlug die Salve nicht weit hinter mir ein. Die Dreckbollen fielen dann langsam über mich herunter. Erschrocken und bestürzt zog ich meine Hose hoch und mit dem Waffenrock unter dem Arm rannte ich auf meinen

»Tod und Verderben«

Stollen zu, wo ich dann mit lautem Hallo und Gelächter von meinen Kameraden empfangen wurde. Zum Austreten bin ich also gar nicht gekommen und hatte aber auch im Augenblick kein »Bedürfnis« mehr dazu.

Ende des Jahres wurde er Zeuge, wie ein Flugzeug abgeschossen wurde. Was er sah, bewegte ihn:

… konnten wir am 27. Dezember 1916 einen Luftkampf beobachten, der damit endete, dass ein Flugzeug auf einmal in großer Höhe lichterloh brannte und über den Linien abstürzte. Es war ein erschütterndes, schauriges Schauspiel, wie das Flugzeug wie ein feuriger Komet zur Erde fiel. Es war das Werk einiger Augenblicke. Ob es ein deutsches oder ein französisches Flugzeug war, konnte ich nicht erfahren.

Ab dem Frühjahr 1917 verschärfte sich die Lage für meinen Großvater:

Am 1. März 1917, als wir morgens, es dämmerte gerade, … mit dem Sturmgepäck auf dem Rücken den Hügel hinaufstiegen, vorbei an einem Toten, der in einer Zeltbahn lag, wurden wir von einem Feuerüberfall überrascht und flitzten in die nächsten Granatlöcher in Deckung. Als ich dann am Nachmittag das Essen in der Küche holen wollte, musste ich feststellen, dass mir ein Granatsplitter ein kleines Loch in das Kochgeschirr geschlagen hatte. Also wieder mal Glück gehabt.

Monatelang wurde Mohr im Stellungskampf im Gebiet um Verdun eingesetzt. Die Entfernung zu den französischen Soldaten betrug teilweise nur wenige Meter:

Die große Krise

In der Nacht vom 20. auf den 21. Juni habe ich meine erste Patrouille (Spähtrupp) vor dem Graben mitgemacht. Es war so gegen 23 Uhr, als wir den Graben verließen; und von Granatloch zu Granatloch arbeiteten wir uns vor. Es war eine wunderbare, sternhelle Sommernacht. Ab und zu zischte ein Infanteriegeschoss über einen hinweg, auch Gewehrgranatsplitter surrten manchmal. Der Patrouillenführer (ein Unteroffizier) und ich kamen bis in die Nähe einer französischen Truppe, wo man gut hörte, wie die Franzosen mit »Draht ziehen« beschäftigt waren.

Der Alltag der Soldaten auch jenseits der Kampfhandlungen war entbehrungsreich:

Am 2. August marschierten wir ... nach Sivry-sur-Meuse, wo wir in ganz primitiven Baracken Unterkunft bezogen. Außer den 4 Wänden war überhaupt nichts vorhanden, und wir schliefen auf dem Bretterboden. Aus dem Gestrüpp um die Baracken hatten wir dann belaubte Ruten geschnitten und benutzen diese als Schlafpolster.

Unter anderem bei der Ortschaft Cumières nahm Max Mohr an schweren Kämpfen teil. Das Dorf ist eines von neun im Département Meuse, die während der Schlacht um Verdun vollständig zerstört und nie wieder aufgebaut wurden.

Mein Großvater erlebte den Horror des massenhaften Sterbens:

Von Tag zu Tag steigerte sich das Feuer immer mehr. Geschütze aller Kaliber spien Tod und Verderben. Des Nachts hatten wir hauptsächlich viel Gasbeschuss, so dass man sich mit der Gasmaske zum Schlafen legen musste, wenn man von Schlafen überhaupt noch reden konnte. Der Luftdruck war durch die Detonation

»Tod und Verderben«

der Geschosse dauernd so, dass man überhaupt kein Licht mehr anstecken konnte.

Um den 17. oder 18. herum hatte ein Unterstand unserer Maschinengewehr-Kompanie einen Volltreffer abgekriegt, und die ganze Besatzung (ungefähr 12 Mann) war tot, bis auf einen, der schwer verletzt wurde. Von diesen Tagen ab wurde täglich beziehungsweise stündlich der Angriff erwartet.

In den frühen Morgenstunden zwischen 5 und 6 Uhr (20. August) griffen starke amerikanische Truppenverbände diesen Frontabschnitt an. Unsere noch vor uns liegende und die seitlich

Mohr mit Kameraden an der Front im Westen Frankreichs

Die große Krise

rechts von uns liegende Infanterie wurde aufgerieben beziehungsweise kam in Gefangenschaft. Bis gegen Mittag 2 Uhr wurde von unserem Abschnitt aus Widerstand geleistet, und der Angriff so lang aufgehalten.

Unser Kompanieführer Leutnant Freitag wollte noch einen Gegenangriff unternehmen, und mit dem Ruf »Kinder kommt vorwärts!« sprang er als erster aus dem Graben. Aber kaum war er draußen, erhielt er einen Halsschuss und war tot, und mit dem Angriff war es aus. Wir wären auch durch die Strapazen der letzten 10 Tage gar nicht mehr dazu fähig gewesen, so dezimiert waren wir ...

Auf einmal hieß es, alles zurück, es war so nach 2 Uhr mittags. Von wo oder von wem der Befehl kam, wusste niemand. Unsere ganze Ausrüstung, die wir noch hatten, war Gewehr, Seitengewehr und Brotbeutel, alles andere war »futsch«. Ich nahm noch meinen guten Kameraden Leonhard Roth aus Rinderfeld (Kreis Mergentheim) mit und trug sein Gewehr. Ich glaube, er hätte es alleine nicht mehr schaffen können ...

Und so kamen wir ins Maastal. Unsere Kompanie hatte an diesen Tagen zwischen 50 und 60 Prozent Verluste. Der dritte Zug von meiner Kompanie kam fast vollständig in Gefangenschaft. Von meiner Korporalschaft, wir waren so immerhin 10 Mann, waren es am Abend des 20. August noch ganze 3 Mann.

Rückblickend auf diese dramatische Zeit, notierte mein Großvater im August 1918:

Es war ja schon vom Jahre 1917 an so, dass der einfache Soldat sah, dass der Krieg für uns verloren war.

In der Militärakte von Maximilian Mohr sind unter anderem fünf »mitgemachte Gefechte« unter dem Stichwort »Stellungskämpfe vor Verdun« aufgeführt, zusammengerechnet war dies ein Zeitraum von knapp eineinhalb Jahren.

Laut »Bataillonsbericht 308 vom 11.11.17.« erhielt er die »Silberne Militärverdienstmedaille«, auch Württembergische Tapferkeitsmedaille genannt.

Als er nach Kriegsende demobilisiert wurde, vermerkte der Kompanieführer am 30. November 1918 in seinem Militärpass handschriftlich: »frei von ansteckenden Krankheiten und Ungeziefer, ein Marschanzug mitgegeben«. Quittieren musste mein Großvater, dass er 50 Mark »Entlassungsgeld« und 15 Mark »Pauschalbetrag« erhalten hatte.

So kehrte Maximilian Mohr im Alter von 22 Jahren in das Dorf Rupertshofen zum Bauernhof seiner Eltern zurück. Später zu Hause bei seiner Frau oder seinen Kindern in Leutkirch hat Max Mohr stets nur wenig von seinen Kriegserlebnissen berichtet. Wenn überhaupt, erwähnte er das Grauen des tausendfachen Sterbens nur allgemein, beschrieb es nie im Detail. So erzählt es mein Vater. Ein für viele ehemalige Soldaten typisches Verhalten.

Allerdings scheinen ihn seine Kriegserfahrungen einschneidend geprägt zu haben: Den Zweiten Weltkrieg lehnte er vom ersten Tag an ab. Einziehen konnten ihn die Militärs wegen seines kaputten Arms nicht. Und von den Nazis wollte er nichts wissen. Immer wieder sprach er auch in späteren Jahren davon, dass sich im Krieg doch nur die einfachen Soldaten gegenseitig umbrächten. Das war sein Fazit: »Bleibt mir bloß weg mit dem ganzen militärischen Gelumpe!«

Unter slawischem Kommando

Als Artillerieoffizier kämpfte mein Großvater
im Ersten Weltkrieg an der Front in Mazedonien.

Von Uwe Klußmann

Meinen Opa, Carl Klußmann, habe ich nie erlebt. Er starb im Februar 1959, zwei Jahre vor meiner Geburt. Aber mein Vater hat viel von ihm erzählt. Zu den Geschichten, die in der Familie kursierten, gehörte der Einsatz meines Großvaters als Offizier im Ersten Weltkrieg, für den er mit dem Eisernen Kreuz ausgezeichnet wurde. Er war stolz auf diese Zeit. Und er hatte Glück gehabt: Unversehrt kehrte er Ende August 1918 nach Hause zurück. Er hatte keine Schramme abbekommen. Von seinen Kriegserlebnissen gibt es sorgsam beschriftete Fotos, die ich zu Hause in einem Album aufbewahrt habe.

Neuss am Rhein, damals ein aufstrebendes Städtchen, das vom Eisenbahnanschluss und vom Rheinhafen profitierte, war die Heimat meines Großvaters. Er war 24, ein junger Getreidekaufmann und noch ledig, als er zwei Tage nach Kriegsbeginn eingezogen wurde. Da er 1912 eine einjährige militärische Ausbildung zum Artilleristen absolviert hatte, wurde er einem Fußartillerieregiment zugeteilt, einer Einheit des Heeres. Er kam sofort an die Front.

Mit Kanonen der Marke Krupp, Kaliber zehn Zentimeter, überschritt seine Truppe im August 1914 die Grenze zu Frankreich. Kurz darauf bezog er Posten vor der französischen Festung Verdun, die bald Schauplatz eines unfassbaren Grauens werden sollte. Noch tobte hier nicht die große Schlacht; in den Jahren 1914/15 meldete die Truppe vor Verdun geringe Kampftätigkeit, das lag auch daran, dass es der Fußartillerie an Granaten mangelte. So erlebte mein Großvater nur die Anfänge des Stellungskrieges. Im Oktober 1914 wurde er zum Leutnant befördert und erhielt im Januar 1915 sogar das Eiserne Kreuz Zweiter Klasse; wofür, ist nicht bekannt.

Im August 1915, ein halbes Jahr vor Beginn der infernalischen Materialschlacht, wurde Leutnant Klußmann aus Verdun

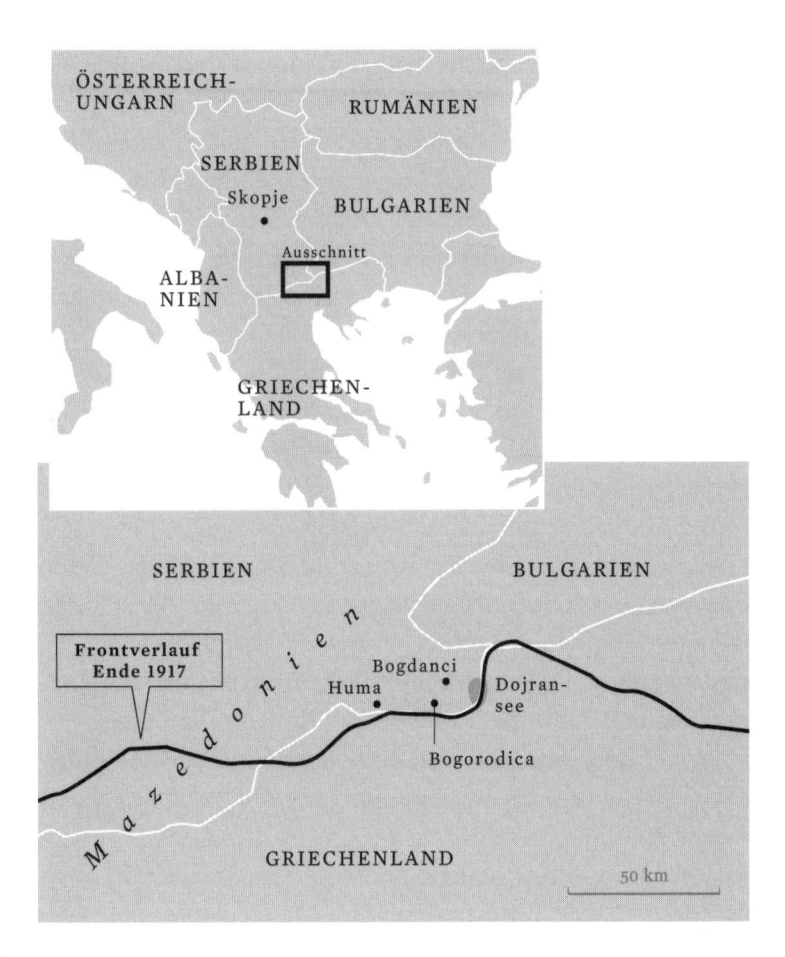

Die große Krise

abgeordert – er hatte Glück, sein Bruder Walter nicht: Der fiel dort im Kampf. Der Weg des Krieges brachte den jungen Artilleristen nun auf den Balkan. Im September 1915 schloss der bulgarische König mit Deutschland und Österreich-Ungarn ein Bündnis. In wenigen Wochen eroberten die Verbündeten daraufhin Serbien und Mazedonien bis zur griechischen Grenze.

Wieder hatte Klußmann Glück. Als er am 1. Dezember 1915 in Mazedonien eintraf, war der Feldzug schon beendet. An der griechischen Grenze begann der Stellungskrieg gegen britische, französische und serbische Truppen, die verhindern wollten, dass die Mittelmächte nach Griechenland vordrangen. Deshalb schlossen sich ihnen 1917 auch griechische Einheiten an. Zwischen dem eindrucksvollen Dojran-See und dem Fluss Vardar, nun Frontgebiet zwischen den Mittelmächten und der Entente, wurde der junge Offizier als Batteriechef eingesetzt. Bei Bogdanci, einer Kleinstadt, befehligte er eine Artillerieeinheit mit vier bis sechs Geschützen.

Schon während der Bahnfahrt an die Front dämmerte den Soldaten, dass sie am Rande Europas angelangt waren. Die Fahrt ging an zerklüfteten baumlosen Berghängen vorbei, die bei vielen sicherlich Erinnerungen an Karls Mays Abenteuerroman »In den Schluchten des Balkan« weckten.

Sie fuhren an Dörfern aus Lehmhütten vorüber, deren Bewohner weder Strom noch fließendes Wasser kannten. Ihnen bot sich das Bild einer armen, aber an ethnischen Kulturen reichen Gegend. Hier lebten Serben, Albaner, Griechen, Bulgaren und Türken; Muslime, Christen und Juden. Aus Fotos kann man schließen, dass meinem Großvater besonders die bulgarischen Schäferinnen in ihren Trachten mit bunt bestickten Ärmeln gefielen.

Zum ersten Mal in seinem Leben sah der Rheinländer auch Moscheen, etwa in der mazedonischen Landeshauptstadt Skopje, wo sich die Führung seiner Heeresgruppe befand. Auf dem holprigen Pflaster des Bazars von Skopje, das damals noch Üsküb hieß, gingen Türken mit wallenden Gewändern und Fez umher sowie bulgarische Bauern, die Ochsenkarren führten. Bis 1912 war das Gebiet Teil des Osmanischen Reiches, nun wehten überall die weiß-grün-roten Fahnen der bulgarischen Verbündeten.

Bald lernte er bulgarische Offiziere kennen: Die Oberstleutnants Popoff und Zonneff, den Regimentsadjutanten Kossaroff. Sie waren seine Vorgesetzten. Denn seine deutsche Truppe wurde als Spezialeinheit in eine bulgarische Division eingegliedert. Mit den Bulgaren verständigte er sich auf Deutsch und Französisch. Natürlich ahnte er damals nicht, dass ihm die Erfahrung im Umgang mit ostslawischen Offizieren rund ein Vierteljahrhundert später nützlich sein würde. Klußmann lernte bulgarische Wörter und ließ sich das kyrillische Alphabet erklären. Dabei half ihm, dass die Buchstaben weitgehend mit den griechischen übereinstimmten, die ihm als Absolvent eines Altsprachlichen Gymnasiums vertraut waren.

Wenn er später von seinen bulgarischen Kameraden sprach, nannte er sie gern »die Preußen des Balkans«, wie mein Vater mir erzählte. Den Beinamen hatte Generalfeldmarschall August von Mackensen aufgebracht, ein früherer Adjutant von Kaiser Wilhelm II. und Befehlshaber des Feldzuges 1915 gegen Serbien. Für meinen Großvater und seine Kameraden war er das Sinnbild eines preußischen Militärs, sie verehrten ihn.

Vermutlich verdrängte mein Großvater die Abgründe des Krieges. Sein Alltag war ohnehin von anderen Sorgen beherrscht. Die Truppe befand sich in Treffweite britischer Artillerie, die von Nordgriechenland aus feuerte. Am blauen Himmel zwischen kahlen Berggipfeln konnte er häufig Doppeldecker der Briten kreisen sehen, die deutsche Artilleriestellungen aufklärten.

Der Sommer hier war glühend heiß, eine Hitze von oft mehr als 33 Grad im Schatten machte den Soldaten das Frontleben schwer. Häufig litten sie unter Durchfall, Malaria und Ruhr breiteten sich aus. Für meinen Großvater, der in hygienischen Fragen ein Pedant war, müssen diese Zustände eine besondere Pein gewesen sein. Wie seine Kameraden ließ er sich gegen Cholera impfen. Rotwein und Schnaps konsumierten die Balkanier, wie die deutschen Soldaten in Mazedonien sich nannten, auch als vermeintliches Heilmittel gegen Darminfektionen. An feuchtfröhlichen Abenden versuchten sie, sich über ihre Angst und ihr Heimweh hinwegzutrösten. Im »Kreise meiner Offiziere« hielt Großvater, der eloquente Rheinländer, die Truppe mit Herrenwitzen bei Laune. Amüsiert erzählte er später in der Familie davon.

Blieb es an der Front ruhig, wurde der Leutnant zum Lebemann. Das kann man aus den Fotos erahnen, die den kahlen Kavalier im munteren Gespräch mit deutschen Rotkreuzschwestern zeigen. Als Offizier, das muss man sagen, erging es ihm insgesamt weit besser als den Infanteristen im Schützengraben. Die Artillerie bewegte sich meist einige Kilometer hinter der Frontlinie. Die Truppe wurde in konfiszierten Häusern untergebracht, die von Weinreben umrankt waren, und zumindest die Offiziere konnten in richtigen Betten schlafen. Zu Weihnachten gab es Gänsebraten und Schmalzkuchen.

An ordentlicher Verpflegung konnte er sich auch erfreuen, als er am 27. Januar 1918 im Offizierskreis den 59. Geburtstag Kaiser Wilhelms II. feierte. Der preußische Leutnant konnte nicht ahnen, dass es der letzte Kaisergeburtstag sein würde, den die Deutschen begingen. Noch hoffte er wie viele auf einen deutschen Sieg, beflügelt vom eigenen Erfolg. Im Februar 1918 erhielt er das Eiserne Kreuz Erster Klasse, weil er einen Beobachtungsposten der feindlichen Artillerie, einen Kirchturm, zerschossen hatte.

Doch bald darauf kamen beunruhigende Nachrichten. Die Probleme mit den bulgarischen Verbündeten nahmen zu. Dass deren Heeresverwaltung chaotisch und korrupt war, wusste man seit langem. Nun waren »Bulgariens tapfere Scharen«, wie die deutsche Kriegspropaganda sie nannte, jahrelang miserabel ernährt und schlecht gekleidet, schlicht kriegsmüde.

In seinen Gesprächen mit den Bulgaren muss er bemerkt haben, wie verbittert die Verbündeten waren. Denn Leutnant Klußmann hielt auch Anfang 1918 engen Kontakt mit bulgarischen Offizieren, etwa, als sie im Februar gemeinsam einen deutschen Soldatenfriedhof in der Kleinstadt Bogorodica, wenige hundert Meter nördlich der Frontlinie, besuchten. Die Bulgaren schienen den geselligen Leutnant zu mögen, ihr Misstrauen gegen die deutsche Heeresführung aber wuchs, nicht ohne Grund. Im April 1918 drängte Generalfeldmarschall Paul von Hindenburg die bulgarische Armeeführung schriftlich, dem Abzug der gesamten deutschen Infanterie und Artillerie zuzustimmen. Die deutsche Führung sammelte Truppen für eine Offensive an der Westfront. Die Bulgaren zögerten.

Klußmann war alarmiert, als er erfuhr, dass Ende Mai bei Huma, 20 Kilometer westlich von Bogorodica, bulgarische Soldaten ihre Stellung kampflos geräumt hatten. Die Deutschen begannen zu spüren, dass sie auf verlorenem Posten standen. Da versuchte die Frontzeitung seiner Heeresgruppe im Juli 1918 die Stimmung mit Durchhalte-Lyrik wie dieser zu heben: »Im Feuer und im Schlachtengraus / Wir hielten jeden Ansturm aus / Als Männer fest wie Eisen.« Doch die Parolen von der »Wacht am Vardar«, dem mazedonischen Fluss, eine Anspielung auf die Wacht am Rhein, verfehlten langsam ihre Wirkung auf die deutschen Soldaten.

Am 17. August 1918 schnürte Leutnant Klußmann befehlsgemäß sein Marschgepäck. Mit dem Zug fuhr er über Skopje, Nisch und Belgrad nach Deutschland, unversehrt. Wieder war das Schicksal auf seiner Seite. Nur vier Wochen nach seiner Abfahrt brachen die Truppen der Entente an der mazedonischen Front durch und eroberten in wenigen Wochen ganz Mazedonien und Serbien. Mein Großvater erlebte das Kriegsende schon wieder zu Hause, in Sicherheit. Am 22. November wurde er aus der Armee entlassen, da war er 28. Er nahm seinen Beruf wieder auf, arbeitete in der Getreidehandelsfirma seines Schwiegervaters. Die 21-jährige Tochter hatte er 1918 geheiratet, in Wernigerode am Harz.

27 Jahre später sollte er erneut slawischen Offizieren begegnen – unter gänzlich anderen Umständen. Als die sowjetische Armee Anfang Juli 1945 in Wernigerode einrückte, lebte der Leutnant a. D. dort nach wie vor als Getreidekaufmann. Zwar war er bis 1933 im Stahlhelm-Bund der Frontsoldaten marschiert, einer militaristischen Organisation mit mehr als 500 000 Mitgliedern. Allein seine Ortsgruppe in Wernigerode zählte 1926 etwa 400 Mann. Bei Aufmärschen lauschte Klußmann den Reden von Stahlhelmführern wie Theodor Duesterberg, der schon 1925 wieder tönte: »Noch ist der Weltkrieg nicht beendet.«

Der NSDAP jedoch blieb mein Großvater fern. Im August 1944, sein jüngster Sohn Hellmut war gerade auf Krücken von der Ostfront heimgekehrt, richteten die Nazis seinen Freund und Weltkriegskameraden Hans Georg Klamroth hin. Major Klamroth, Offizier schon im Ersten Weltkrieg und Vater der späteren Journalistin Wibke Bruhns, war Mitwisser des Putsches vom 20. Juli gewesen.

Das Leid, das er sah, war es wohl, das bei dem 55-jährigen Leutnant a. D. den Wunsch nach einem anderen Deutschland weckte. So gehörte mein Großvater im Juli 1945 in Wernigerode zu den Gründungsmitgliedern der Liberaldemokratischen Partei Deutschlands (LDP). Deren Vorsitzender Wilhelm Külz war Teilnehmer des Ersten Weltkriegs wie auch Mitbegründer Hans Loch, Parteivorsitzender ab 1951. Alle diese Männer verband der Geist des Gründungsaufrufs der Partei, der vor jeder nationalistischen Überheblichkeit warnte und die Beseitigung des Militarismus beschwor.

Klußmann blieb in der 1951 in LDPD umbenannten Partei und wurde, nun in der DDR, Kreisvorsitzender. Allerdings hatte Loch den »lieben Parteifreund« zuvor brieflich aufgefordert, sich ein »ideologisch klares Weltbild« zuzulegen – mit Hilfe der Werke von Marx, Engels, Lenin und Stalin. Sich im Machtbereich des Generalissimus Stalin und der SED einzuordnen war für ihn eine Zumutung. Doch Gespräche mit sowjetischen Offizieren hatten Klußmanns Interesse an der ostslawischen Lebens- und Geisteswelt geweckt, der er drei Jahrzehnte zuvor auf dem Balkan erstmals begegnet war.

1948 trat er der Gesellschaft zum Studium der Kultur der Sowjetunion bei. Für ihn war klar, dass die deutsche Einheit nur im Konsens mit Moskau zu erreichen war. Sowjetrussische Offiziere und Diplomaten freundeten sich mit dem belesenen Goethe-Verehrer an, der nach einem neuen Weltbild suchte. Und der sah, was seine russischen Gesprächspartner von den Hasardeuren unterschied, denen er einst gefolgt war: Sie scheuten das Risiko eines Krieges.

Die DDR-Wochenschau »Der Augenzeuge« zeigte Klußmann im Juli 1957 im Präsidium des zentralen LDPD-Parteitags in Weimar. Seine Lehre aus der Geschichte hatte der Artillerist a. D. in einer Rede auf dem Kreisparteitag in Ilsenburg vier Monate zuvor auf den Punkt gebracht: Da bezeichnete er den Erhalt des Friedens als »erstes Erfordernis der Zeit« – und als »erste Vorbedingung für die Wiedervereinigung Deutschlands«.

TEIL II

Im Krieg

»Zur Hölle mit euch!«

Bis zu zehn Meter tief gruben sich
die deutschen Armeen in die Erde Frankreichs.
Ihren qualvollen Sieg im Stellungskrieg deutete
die Pariser Republik zum Nationalmythos.

Von Romain Leick

An der Gare de l'Est in Paris, dem Ostbahnhof der französischen Hauptstadt, wo die Züge Richtung Lothringen und Elsass, nach Nancy und Straßburg abfahren, drängte sich an diesem Tag eine riesige Menschenmenge. Sie verhielt sich auffällig still, »wie niedergedrückt«, beobachtete der Reisende André Maginot, damals ein Abgeordneter der Linken und Unterstaatssekretär im Kriegsministerium. Er sah überall Händedrücken, innige Umarmungen, weinende Frauen, Alte mit Kummer im Gesicht, nirgends Jubel: »Aber alle versuchen, sich gegen die Gefühle zu wappnen, um nicht den Mut derjenigen ins Wanken zu bringen, die Abschied nehmen müssen.«

Es war der 1. August 1914, am Tag zuvor war der Mobilisierungsbefehl im ganzen Land ergangen. Maginot hätte aufgrund seiner Stellung eine gefahrlose Verwendung finden können, aber er wollte als Infanterist kämpfen. Ein Vierteljahrhundert später sollte die nach ihm benannte Verteidigungslinie in die Geschichtsbücher eingehen.

Die Stimmung, die er beschrieb, war weit verbreitet. »Die Menschen«, notierte der spätere Historiker Marc Bloch, der selbst als Zeitzeuge den Auftakt zum großen Drama miterlebte, »waren nicht fröhlich, sie waren entschlossen, was besser ist.«

Im Krieg

In Frankreich wie in Deutschland rollten die Züge nach minutiös ausgeklügelten Fahrplänen zu Tausenden, um die Armeen in Stellung zu bringen. Entgegen manchen Hoffnungen des deutschen Generalstabs verlief die französische Mobilmachung weitgehend planmäßig. Die Julikrise hatte die Regierung in Paris zwar ebenso überrascht wie die anderen europäischen Kabinette. Dennoch war sie vorbereitet, diplomatisch und militärisch; die Armeeführung hatte die lange Friedenszeit nach dem Krieg von 1870/71 eifrig genutzt.

Anfangs war die Strategie noch mit Rücksicht auf die demografische Unterlegenheit Frankreichs vorwiegend defensiv angelegt; doch der jüngste »Plan XVII«, in Kraft seit April 1914 und

Der Krieg in Frankreich

- Grenzen 1914
- weitestes Vordringen der Deutschen im September 1914
- Frontverlauf im Winter 1914
- „Hindenburg-Linie" 1917
- Frontverlauf Juli 1918
- Waffenstillstandslinie 11. Nov. 1918
- Vormarsch der Deutschen 1914
- der Alliierten 1918
- ✗ bedeutende Schlachten

ein Werk des französischen Oberbefehlshabers Joseph Joffre, sah schnelle und massive Angriffe auf die 1871 verlorenen Gebiete im Elsass und in Lothringen vor. Denn nur darin konnte das eigentliche Kriegsziel bestehen: die drei ehemaligen Departements an der Mosel und am Rhein mit den Städten Metz, Straßburg und Mülhausen, die deutsche Reichslande geworden waren, vom »Erbfeind« zurückzuholen. »Nie davon sprechen, immer daran denken«, lautete die Parole der hartnäckigen Verfechter des Revanchegedankens.

Was Joffre – ein intelligenter und oft hochfahrender Offizier, der auch im Schlachtengetümmel nicht auf sein Mittagessen und einen »Gesundheitsspaziergang« am Nachmittag verzichten mochte – in seinem Draufgängertum übersah: Er tat den Exekutoren des Schlieffen-Plans einen Gefallen.

Einstweilen jedoch verlief alles in verhältnismäßig guter Ordnung. Zehn französische Divisionen Kavallerie und 47 Divisionen Infanterie, insgesamt 800 000 aktive Soldaten und 621 000 Reservisten, rückten in ihre Ausgangspositionen an der Grenze im Norden und im Osten vor. Dort verteilten sich die Truppen auf fünf Armeekorps, die sich wie auf einer Perlenschnur vom Elsass bis in das Gebiet zwischen den Flüssen Maas und Marne bis fast zur Sambre aneinanderreihten. Im Dreiländereck an der Schweizer Grenze stand zusätzlich noch die »Armée d'Alsace«. Nur eine dieser Armeen deckte die linke Flanke ab und sollte der Gefahr eines deutschen Vorstoßes durch das neutrale Belgien begegnen. Der Rest wartete auf den Befehl zur geplanten Offensive.

Nur wenige Tage später erwies sich Joffres Plan XVII im Grunde schon als Makulatur. Denn am Morgen des 4. August galoppierten die ersten deutschen Patrouillen in der Nähe von Aachen über die belgische Grenze. Sie bildeten die Vorhut der Kampfgruppe, die so rasch wie möglich die Festung Lüttich einnehmen und damit das wichtigste Einfallstor im Norden nach Frankreich aufsprengen musste, wenn der deutsche Kriegsplan aufgehen sollte. Am Vortag, dem 3. August, hatte der deutsche Botschafter in Paris, Wilhelm von Schoen, die Kriegserklärung übergeben. Noch bevor es zur ersten Kampfhandlung an der französischen Grenze kam, war Deutschland ins neutrale Belgien einmarschiert und brach das Völkerrecht. »Was glaubt er, wer er ist?«, empörte sich Belgiens König Albert, der sich einem deutschen Ultimatum widersetzt hatte, im privaten Kreis über den Kaiser. Noch am Abend des 4. August trat England an der Seite Frankreichs in den Krieg ein.

Wilhelm II., nach dem Überschwang der ersten Stunden von einer gewissen Beklommenheit erfasst, beklagte sich bei Generalstabschef Helmuth von Moltke: »Das habe ich gleich gedacht. Mir hat dieses Vorgehen gegen Belgien den Krieg mit England an den Hals gebracht.« Vielleicht ahnte er da zum ersten Mal, dass aus dem allseits erwarteten kurzen Feldzug, der nur einige Monate dauern sollte, nichts werden würde. Frankreich hatte nur einen Feind, Deutschland aber bereits jetzt mindestens einen zu viel.

Trotz der neuen Lage hielten sowohl Joffre wie Moltke starrsinnig an ihren Plänen fest. Das Konzept der Deutschen schien zunächst aufzugehen, obwohl die Verluste schnell erschreckende Ausmaße annahmen. Die Festung Lüttich fiel am 7. August, und das deutsche Heer setzte die ersten neuartigen Waffen dieses Krieges ein: schwere Belagerungsgeschütze, von Österreich geliehene Skoda-Mörser des Kalibers 30,5 Zentimeter und Krupp-Kanonen des bis dahin beispiellosen Kalibers 42 Zentimeter. Deren Granaten ließen die als unzerstörbar geltenden Betonkuppeln der Lütticher Forts aufplatzen wie Kürbisse. Der deutsche Vormarsch schlug eine Schneise der Verwüstung durch Belgien.

»Zur Hölle mit euch!«

Die französische Regierung mochte Recht, Anstand und Zivilisation für sich reklamieren, im Feld erlitt sie zunächst nur Rückschläge. Die von Joffre befohlenen Angriffe im Elsass und in Lothringen wurden zurückgeschlagen. In den Ardennen gingen die Deutschen in die Offensive über. Drei Armeen rückten in Gewaltmärschen von bis zu 30 Kilometern am Tag durch Belgien auf die französische Grenze zu. Bei Dinant und Charleroi vereinigten sich zwei Armeen und warfen die französische 5. Armee mitsamt dem britischen Expeditionskorps zurück; die Deutschen waren dabei, den Weg nach Paris zu öffnen. Joffres Eroberungsträume waren geplatzt, nun musste er die Verteidigung der französischen Hauptstadt vorbereiten.

Zu Dutzenden feuerte der frustrierte französische Oberbefehlshaber, der sich auch noch mit seinem sperrigen britischen Pendant John French abstimmen musste, unfähige, überalterte Kommandeure und ersetzte sie durch jüngere und energischere Truppenführer, die dem Gegner besser gewachsen schienen.

Gegen den deutschen Umfassungsversuch wehrten sich die Franzosen mit dem Mut der Verzweifelten. Zum geflügelten Wort wurde die Meldung, die General Ferdinand Foch am 8. September 1914 verfasste (aber wahrscheinlich nicht abschickte): »Mein Zentrum gibt nach, mein rechter Flügel weicht zurück, Lage ausgezeichnet. Ich greife an.«

Wenige Tage zuvor hatte der Kaiser in seinem Hauptquartier in Luxemburg noch frohlockt: »Wir belagern Reims, wir sind auf 50 Kilometer an Paris herangerückt.« Die Entscheidung schien unmittelbar bevorzustehen, der Sieg zum Greifen nahe. Die französische Armee hatte in vier Wochen 250 000 Soldaten verloren, drei deutsche Armeen bedrohten Paris. Die Regierung zog sich nach Bordeaux zurück, Stadtkommandant Joseph Gallieni bereitete den Belagerungszustand vor; er erwog sogar,

Im Krieg

Französische Soldaten mit Gasmasken vor dem Angriff

notfalls den Eiffelturm und die Seine-Brücken zu sprengen. Die Hauptstadt war damals noch ein befestigter Platz mit Mauern und Hunderten Kanonen. Für die vorrückenden Deutschen stellte sie ein enormes Hindernis dar.

Da geschah, was bis heute als »Wunder an der Marne« in das kollektive Gedächtnis der französischen Nation eingebrannt ist. Joffre hatte seine zurückflutenden Truppen umgruppiert und zwei neue Armeen aufgestellt. Er entschloss sich zum Gegenangriff. Die Gelegenheit dazu bekam er durch eine Bresche, die zwischen der 1. und der 2. deutschen Armee entstanden war. Die geplante Einkreisung drohte nun sie selbst zu erfassen.

Die Schlacht an der Marne begann am 6. September auf einer Frontlänge von fast 200 Kilometern, die sich von Creil bis Vitry-le-François, wo sich wenige Tage zuvor noch Joffres Hauptquartier befunden hatte, erstreckte. Sein großer Gegenspieler Moltke, in Luxemburg fast 250 Kilometer vom Geschehen entfernt, hatte keine Ahnung, was in diesen Tagen im September tatsächlich vorging. Berichte erreichten ihn manchmal erst nach 24 Stunden. In einem hieß es, die französischen Linien brächen zusammen, im nächsten, man bekomme es mit einem Gegenangriff zu tun.

Beunruhigt schickte Moltke, der ohnehin zu Selbstzweifeln neigte, am 8. September einen Bevollmächtigten los, um die Lage zu erkunden. Als Oberstleutnant Richard Hentsch im Auto die Truppen im Feld erreichte, erkannte er entsetzt die Gefahr und drängte auf den Befehl zum Rückzug. Moltke erteilte ihn gleich für alle fünf deutschen Armeen an der Front und ordnete die Befestigung neuer Stellungen am Ufer der Aisne an. Schlieffens famoser Plan, der den Sieg über Frankreich in sechs Wochen verheißen hatte, war gescheitert. Joffre, der selbst nicht genau überblickte, welcher Erfolg ihm da geglückt war, konstatierte lapidar einen »unbestreitbaren« Sieg, es war der erste französische überhaupt. Für die deutschen Soldaten, die den Triumph schon sicher glaubten, bedeutete der Rückzug eine verheerende Wende. »Ich sah viele Männer weinen, Tränen rannen ihnen über die Wangen; andere äußerten nur ihre Verwunderung«, berichtete ein Kommandeur. Moltke, ein gebrochener Mann, wurde abgelöst.

Es war eine Zäsur. Die deutsche Infanterie grub sich ein, der Bewegungskrieg war zu Ende, der Stellungskrieg begann. Auch wenn es damals noch niemand so genau wusste: Im Westen hatte sich das Blatt gegen die Deutschen gewendet. Der neue Generalstabschef Erich von Falkenhayn besaß keinen schlüssigen Ersatzplan. Die Zeit begann nun für die anglofranzösischen Alliierten zu arbeiten: Die Verbündeten konnten mit Hilfe der gewaltigen britischen Flotte das deutsche Volk allmählich aushungern und seine Industrie vom Rohstoffnachschub abschneiden. Die Deutschen richteten sich in ihren Schützengräben auf eine lange Dauer ein, und die Franzosen mussten sich einstweilen damit abfinden, dass 10 von 86 Departements ganz oder teilweise vom Feind besetzt blieben – noch dazu ausgerechnet dort, wo sich vor dem Krieg der größte Teil der Industrieproduktion konzentriert hatte. Immerhin konnten die verschonten, überwiegend ländlichen Gebiete die Nation und ihre Armee ziemlich sicher ernähren. An Brot und Rotwein mangelte es praktisch nie. Zu Weihnachten bekamen Teile der Truppe sogar Austern, Pute und Camembert spendiert.

Das »Wunder an der Marne«, das Joffre zum Marschall und Nationalhelden beförderte, war der erste Mythos, der den Ersten Weltkrieg im nationalen Bewusstsein zum genuin französischen, zum »Großen Krieg« (»la Grande Guerre«) machte. Der zweite war die Erzählung vom »Poilu«, dem einfachen Soldaten, der ungewaschen und unrasiert (daher der Name) in seinem schlammigen Schützenloch, das oft voll Wasser stand und von

Ratten wimmelte, ausharrte und standhaft jeden Angriff der »boches« zurückschlug.

Zum dritten Teil des Mythos wurde die ebenso heroische wie blutige Verteidigung von Verdun im Frühjahr 1916, welche die kleine Stadt an der Maas zum Symbol des Widerstandswillens der gesamten Nation machte. Und der vierte war die Unterzeichnung des Waffenstillstands am 11. November 1918, bis heute ein nationaler Feiertag, das Andenken an einen großen Sieg, der, nüchtern betrachtet, letztlich doch auch eine halbe Niederlage war und den Keim der nächsten Katastrophe von 1940 schon in sich trug.

»Unser Volk«, bilanzierte der renommierte französische Historiker Pierre Miquel mit unverhohlenem Stolz, »hat bis zur Erschöpfung, mit einem erstaunlichen Opfergeist, aber auch mit einer ausschlaggebenden Leistungsfähigkeit, an einer großen Bewegung der Geschichte teilgenommen.« Der Rückblick erhöhte die brutalen Kämpfe zu einem Epos, das die nationale Identität so tief prägte wie über hundert Jahre davor wohl nur die Französische Revolution und die napoleonische Zeit.

Vom Herbst 1914 bis zum Frühjahr 1917 blieb die Front, die sich auf fast 2000 Kilometer Länge von Diksmuide an der Nordsee bis Freiburg an der Schweizer Grenze hinzog, mehr oder weniger statisch. Der Abschnitt südlich von Verdun, 250 Kilometer lang, war sogar praktisch bis Kriegsende ruhig. Anderswo, vor allem im »aktiven« Mittelabschnitt, scheiterten sämtliche Offensiven und Vorstöße nach unbedeutendem Geländegewinn.

Der Stellungskrieg im verzweigten, tief gestaffelten Grabensystem stellte die Strategen vor unlösbare Probleme. Die Deutschen bauten ihre Verteidigungsfähigkeit aus, während die Alliierten keine Methode fanden, um die erstarrte Front zu durchbrechen. An entscheidende Schläge war nicht zu denken, alle Versuche endeten regelmäßig mit horrenden, auf beiden Seiten etwa gleich hohen menschlichen Verlusten. Die Schützengräben in Frankreich wurden zum erzwungenen Lebensraum für Millionen Soldaten. Man verließ sie nur, um in einen anderen Granattrichter zu springen. Der Tod blieb allgegenwärtig. Getrennt durch ein Niemandsland, meistens 200 bis 300 Meter, an manchen Stellen aber auch nur wenige Meter breit, belauerten sich beide Armeen. Artillerie und Minenwerfer pflügten das Gelände um, die Maschinengewehre konnten das Feuer auf über tausend Meter eröffnen. Dem Kugelhagel waren Angreifer schutzlos ausgesetzt.

Seit dem Frühjahr 1915 sicherte Stacheldraht, ursprünglich eine Erfindung amerikanischer Viehzüchter, die Stellungen. Die Soldaten bauten die Gräben immer komplexer aus. Hinter der Kampflinie entstanden Rückzugs-, Reserve- und Unterstützungslinien. Die Deutschen schanzten in der Regel sorgfältiger als die Franzosen und konnten elastisch verteidigen, mit plötzlichem Rückzug und schnellem Gegenstoß. In die kreidige Erde der Somme und des Artois trieben sie Stollen von zehn Meter Tiefe und mehr, die selbst heftigstem Geschützfeuer trotzen konnten. Die Artilleristen wurden einfallsreicher und lernten, abwechselnd kurzes, intensives Sperrfeuer und anhaltendes Trommelfeuer zu schießen und knapp vor der vorrückenden Infanterie Feuerwalzen zu legen. Doch für jede Verbesserung, die die Angreifer sich ausdachten, fanden die Verteidiger eine Antwort.

Die von allen Soldaten geteilten Beschwernisse der Lebensumstände in den Gräben verbanden die Gegner manchmal in einem Gefühl der Gemeinsamkeit, schließlich befanden sie sich häufig in Ruf- und Hörweite. Eigenmächtig legten die Männer an vorderster Front gelegentlich Feuerpausen ein. Im Frühjahr 1917, nach hohen Verlusten in der Champagne und an der

Aisne, brachen in 54 französischen Divisionen Meutereien aus oder »Kriegsstreiks«, so der Historiker Miquel. Die Soldaten weigerten sich, Befehlen zu folgen, die sie für sinnlos hielten, sie wollten sich nicht mehr in nutzlosen Angriffen verheizen lassen. Der neue Oberkommandierende Philippe Pétain wendete den inneren Kollaps mit Zugeständnissen und Strafen ab. Er versprach bessere Verpflegung und mehr Fronturlaub. Gleichzeitig kamen 23 000 Verweigerer vors Kriegsgericht; etwa 600 »Rädelsführer« wurden zum Tode verurteilt, bis zu 75 von ihnen hingerichtet. Der große Durchbruch blieb indes weiterhin aus. Die Generäle waren längst dazu übergegangen, die Zahl der Getöteten als Erfolge zu zählen. Als Falkenhayn im Februar 1916 vor Verdun die Entscheidung suchte, wollte er die Franzosen regelrecht ausbluten.

Die Operation »Gericht« begann am 21. Februar mit einem Schlag der Artillerie. Den Deutschen gelang es, im Handstreich Fort Douaumont zu nehmen. Die Franzosen unter Pétain warfen alle Reserven in die Schlacht. Mit 12 000 Lastwagen versorgten sie die Festung über die »Voie sacrée«, die heilige Straße zwischen Bar-le-Duc und Verdun. Die Landschaft um Verdun verwandelte sich in die gespenstische Szenerie einer apokalyptischen Welt. Topografische Bezeichnungen der Militärs wie »Toter Mann« oder »Höhe 304« gingen als schaurige Wegstationen eines sinnlosen Schlachtens in die Geschichte ein. Bis Ende Juni gab es auf den wenigen Quadratkilometern schlammigen Bodens auf beiden Seiten über 200 000 Tote und Verwundete. Falkenhayn war am Ende, die Franzosen aber hatten mit Pétain ein neues Idol gefunden.

Um das Patt des Stellungskrieges zu überwinden, experimentierten beide Seiten mit neuen Technologien. Am 22. April 1915 hatten die Deutschen bei Ypern zum ersten Mal an der Westfront Giftgas eingesetzt. Eine leichte Brise wehte von Ost nach West und trug gelbgrüne Chlorgaswolken in die Gräben ahnungsloser französischer Truppen. Zu Tausenden rannten sie halbblind und mit verätzten Lungen davon – wie eine Herde Schafe, höhnte ein deutscher Offizier. Sie öffneten eine sieben Kilometer breite Bresche. Doch den Deutschen, die von der Wirkung des Gases beinahe ebenso überrascht waren wie ihre Gegner, gelang es nicht, das Durcheinander auszunutzen.

»Hindenburg, der deutsche Moloch«, französische Karikatur, 1915

Der Schreckensruf »Gas! Gas!« wurde der am meisten gefürchtete Alarm an der Westfront. Das Gift – nicht nur Chlorgas, sondern auch Senfgas –, das beide Seiten bis zum Ende skrupellos einsetzten, prägte die bleibenden Erinnerungen wie sonst keine Waffe. »Und hörtest du, wie ihm das Blut bei jedem Stoß/Gurgelnd aus schaumverstopften Lungen quillt«, schrieb der englische Dichter Wilfred Owen, der in den allerletzten Kämpfen im November 1918 fiel. Aber zur Massenvernichtung taugte es nicht. Das Gas konnte nur bei günstiger Witterung verwendet werden; die Armeen stellten sich mit schnell entwickelten Schutzmasken für Menschen und sogar Pferde darauf ein.

Großbritannien, dann auch Frankreich, versuchte es mit einer anderen technischen Neuerung: Panzer oder »Tanks«, wie die Briten die Monsterraupen nannten. Als die ersten im September 1916 einsatzbereit waren, flohen die Deutschen schon bei deren Anblick. Ende 1917 ließen die Briten bei Cambrai im Norden Frankreichs knapp 400 Panzer auffahren und rückten über sechs Kilometer vor – im Grabenkrieg ein durchaus spektakulärer Vormarsch.

Im März 1917 überraschte die neue deutsche Heeresleitung mit Paul von Hindenburg und Erich Ludendorff die Briten und Franzosen mit einer Frontbegradigung: 29 Divisionen zogen sich 30 Kilometer weit auf stark ausgebaute Verteidigungspositionen zurück, die neue »Hindenburg-Linie«. In der geräumten Zone zerstörten sie alles, Häuser, Bäume, Brunnen. Nachdem die USA am 6. April 1917 Deutschland den Krieg erklärt hatten, setzten Ludendorff und Hindenburg mit einem letzten Schlag alles auf eine Karte – und verloren. Die Operation »Michael« wurde zwar zunächst ein großer taktischer Erfolg; Briten und Franzosen wichen hart bedrängt zurück, während die ersten Amerikaner, die zu Hilfe eilten, die legendär gewordene Losung ausgaben: »Rückzug? Zur Hölle mit euch! Wir sind gerade erst eingetroffen!«

Im Sommer 1918 ergaben sich zum ersten Mal in diesem Krieg deutsche Soldaten in Massen. Es war zwar noch kein Zusammenbruch, aber eine tiefe »Krise der deutschen Kampfmoral«, wie der Historiker Niall Ferguson urteilt, sie kündigte die Auflösung des Heeres an. Foch und Pétain verfügten dagegen über Reserven für einen Gegenschlag, Ludendorff hatte sein letztes Aufgebot in die »Kaiserschlacht« geschickt. Nach dem 18. Juli 1918 lag die Initiative nur noch bei Foch, die Deutschen traten den zweiten Rückzug von der Marne an. Er war nicht minder dramatisch als der erste. Die Moral in der Obersten Heeresleitung sank auf den Tiefpunkt. In der Morgenfrühe des 8. August setzten die Alliierten bei Amiens zu einem konzentrierten Angriff mit 456 Kampfwagen an; der Einbruch war breit und tief.

Der Kaiser nahm die Nachricht vom Erfolg der Alliierten voller Resignation auf: »Wir können nur einen Schluss ziehen: dass wir an der Grenze unserer Möglichkeiten angelangt sind. Der Krieg muss beendet werden.« In Deutschland brach mit der Niederlage eine ganze Welt- und Gesellschaftsordnung zusammen. In Frankreich dagegen fühlte sich die Dritte Republik, die aus der Schande und den Wirren der Niederlage von 1870/71 entstanden war, trotz oder gerade wegen der entsetzlichen Opfer belohnt und in ihrem Selbstverständnis bestätigt. Deutschland war nun, wie Foch sagte, »der Gnade der Sieger« ausgeliefert.

Als die Kampfhandlungen am 11. November endgültig eingestellt wurden, läuteten überall in Frankreich die Kirchenglocken. Auf den Straßen der Städte jubelten die Zivilisten. An der Front gaben die Soldaten und Kanoniere Freudenschüsse ab. In Metz stürzte die Menge die Reiterstatue des deutschen

Kaisers. Die Revanche war gelungen, Elsass-Lothringen heim in den Schoß der Republik geholt. Doch Frankreich hatte unsäglich gelitten; 1,7 Millionen überwiegend junge Männer waren gefallen, 630 000 Kriegerwitwen sahen kaum eine Möglichkeit, wieder zu heiraten. Die Kampfgebiete waren nach dem Abzug der Deutschen verwüstet. Die unbesetzt gebliebenen Departements hatten Hunderttausende Flüchtlinge aus dem Norden aufnehmen müssen.

Georges Clemenceau, 77, seit November 1917 wieder Ministerpräsident und Kriegsminister mit dem Beinamen »der Tiger«, war stolz darauf, dass Frankreich unter den kriegführenden europäischen Mächten die einzige Republik gewesen war. Der Krieg, so meinte er, habe alle Volksschichten und sozialen Klassen in einer heiligen Einheit zusammengeschmiedet. Er glaubte fest daran, dass nunmehr auf dem ganzen Kontinent die republikanische Idee der Freiheit sich durchsetzen und Demokratien entstünden, die keine Kriege mehr gegeneinander führen würden; er irrte gewaltig. Dass Clemenceau in der Stunde des Triumphes gerade keine Gnade zeigte, sondern für volle Härte gegenüber dem besiegten Deutschland eintrat, erwies sich vielleicht als das entscheidende Manko dieses streitbaren Republikaners, das ihn hinderte, ein wirklich großer Staatsmann zu werden. »Es ist leichter, Krieg zu führen, als Frieden zu schließen«, hatte er selbst erkannt.

Der Kriegsfreiwillige Maginot, der im November 1914 verwundet worden war und die Truppe daraufhin verlassen musste, lehnte übrigens nach seiner Rückkehr in die Politik die Ratifizierung des Vertrags von Versailles ab – wegen zu großer Milde gegenüber Deutschland.

Torpedo an Steuerbord

*Beim Untergang der »Lusitania« im Mai 1915
starben fast 1200 Menschen – die deutsche Marine
hatte den Passagierdampfer angegriffen.*

Von Thorsten Oltmer

Mit deutlicher Verspätung legt der Luxusdampfer »Lusitania« am 1. Mai 1915 mittags mit 1959 Menschen an Bord in New York ab. Die Stimmung auf dem britischen Cunard-Liner ist heiter, schließlich hat das Schiff viele Annehmlichkeiten zu bieten: Durch neuartige Glasdächer flutet Licht in das Innere, es gibt einen Observationsraum, in dem man durch große Bullaugen freie Sicht aufs Meer hat. Die Sensation aber ist der Speisesaal der ersten Klasse, der in Weiß und Gold dekoriert ist.

Die Reise mit Ziel Liverpool lässt sich gut an. Zwar hat die Deutsche Botschaft in Washington Ende April gewarnt: Schiffe unter britischer Flagge müssen in den Hoheitsgewässern um die Britischen Inseln mit Angriff und Versenkung rechnen. Rund 50 US-Zeitungen drucken die Warnung ab, aber nur wenige Passagiere nehmen sie ernst. Auch Kapitän William Turner ist amüsiert: »Dieses Gerede von einer Torpedierung ist der beste Witz, den ich seit langem gehört habe.« Er fühlt sich sicher: Sein Schiff ist im März 1914 an einem Tag mit fast 50 km/h durch die Wellen geschossen. Dieses Tempo kann kein U-Boot auch nur annähernd erreichen. Der rund 240 Meter lange Stahlkoloss ist Träger des Blauen Bandes, der Auszeichnung für die schnellste Atlantiküberquerung. 25 Kessel liefern den Dampf für vier gigantische Turbinen, die mit ihren 76 000 PS riesige Propeller antreiben. Was also soll schiefgehen?

Es passiert sechs Tage später, bei sonnigem Wetter und ruhiger See: Am frühen Nachmittag des 7. Mai hat »U 20« die »Lusitania« rund 18 Kilometer vor der Südküste Irlands gesichtet. Das deutsche U-Boot ist gefürchtet, einige Handelsschiffe hat es schon versenkt. Bis auf 700 Meter pirscht sich »U 20« auf Seerohrtiefe an sein Opfer heran. Um 14.10 Uhr gibt Kapitänleutnant Walther Schwieger den Befehl zum Torpedoschuss. Auf der Brücke des Schnelldampfers entdeckt man zwar die verräterische Spur der Luftblasen, aber zu spät: Drei Meter unter der Wasserlinie schlägt der Torpedo an Steuerbord ein. Schwieger notiert: »Eine ungewöhnlich heftige Explosion ereignet sich. Der Detonation des Torpedos muss sofort eine zweite gefolgt sein.«

Die »Lusitania« verliert an Fahrt, krängt stark nach Steuerbord und beginnt über den Bug zu sinken. Panik bricht aus. Die Szenen an Bord ähneln denen beim Untergang der »Titanic« drei Jahre zuvor. Aber die »Lusitania« sinkt noch sehr viel schneller. Kinder und Ältere haben wenig Chancen, aber viele der kräftigen jungen Passagiere überleben. Nach nur 18 Minuten ist das Schiff gesunken. 1198 Menschen sterben im 11 Grad kalten Wasser, nur 761 werden gerettet. »U 20« hat das Ende erst gar nicht abgewartet und längst abgedreht.

Die Nachricht von der Katastrophe ist kaum vermeldet, da werden Fragen gestellt: Warum hat der Kapitän keinen Zickzackkurs gesteuert? Weshalb gab es keinen Geleitschutz? Waren vielleicht doch große Mengen Munition an Bord? Und später: Hat Winston Churchill, Erster Lord der Admiralität, die Versenkung ziviler Schiffe in Kauf genommen, um die USA in den Krieg zu ziehen? Noch im Juni nimmt eine Untersuchungskommission in London ihre Arbeit auf. Es wird bekannt, dass die »Lusitania« mehr als vier Millionen Schuss Gewehrmunition geladen hatte sowie hochentzündliche Schießbaumwolle – das diente den Deutschen als Rechtfertigung für den Angriff.

Auch in den Vereinigten Staaten ist die Empörung riesig, unter den Toten sind 128 US-Bürger. Aber noch fast zwei Jahre vergehen bis zum Kriegseintritt, denn die Deutschen entschuldigen sich. Am 6. April 1917 schließlich billigt der Kongress die Kriegserklärung von Präsident Woodrow Wilson. Plakate zur Rekrutenwerbung erinnern an die Katastrophe: »Remember the ›Lusitania‹!«

»Horde von Barbaren«

Die Zerstörung von Löwen im August 1914.

Von Simone Salden

»Wenn es einen gerechten Gott im Himmel gibt, müssen wir diesen Krieg verlieren wegen der Gräuel, die wir in Belgien verübt haben.« So vertraute sich Prinz Max, Bruder des sächsischen Königs, einem befreundeten Seelsorger an. Dem adligen Priester lastete schwer auf der Seele, was er bei seinem Einsatz als Feldgeistlicher in Belgien 1914 erlebt hatte. Wie wenig anderes steht die Zerstörung der Universitätsstadt Löwen (Leuven) östlich von Brüssel im Sommer 1914 für deutsche Kriegsgräuel auf belgischem Gebiet. Die Verwüstung der Bibliothek, die vielen Toten, aber auch die Tatsache, dass der Auslöser für die Tat nie geklärt wurde, haben dazu beigetragen, das Schicksal der Stadt als Sinnbild für den »Furor Teutonicus«, die germanische Angriffslust, in den Geschichtsbüchern zu verankern.

Eine Woche nach Kriegsbeginn marschierten deutsche Truppen ins neutrale Belgien ein. Von hier aus, so der Aufmarschplan, sollte der Angriff auf Frankreich starten. In Löwen bezogen die Deutschen am 19. August 1914 Stellung. Zunächst blieb es friedlich in der Stadt, doch am Abend des 25. August kam es plötzlich zu Schusswechseln. Historiker glauben heute, dass es sich um »friendly fire«, also eigenes Geschützfeuer handelte, bei dem deutsche Soldaten versehentlich eigene Kameraden beschossen. Doch damals hieß es, belgische Freischärler (Franktireurs) hätten angegriffen. Eine tragische Kettenreaktion kam in dieser Nacht in Gang.

»Horde von Barbaren«

Die zum Großteil kampfunerfahrenen deutschen Soldaten drangen in Panik in belgische Häuser ein, in denen sie die Heckenschützen vermuteten. Sie nahmen Geiseln, in wilder Raserei töteten sie Hunderte Zivilisten und steckten deren Wohnungen in Brand. Durch Schusswechsel und Funkenschläge fingen immer mehr Gebäude im Stadtkern von Löwen Feuer. Zwei Tage dauerte das Wüten. Am 27. August dann wurde die verbliebene Bevölkerung aus den rauchenden Ruinen ihrer Stadt vertrieben. Der deutsche Zerstörungsrausch gipfelte in der Brandschatzung der Löwener Bibliothek. Als die Truppen in der berühmten, im flämischen Renaissance-Stil erbauten Bibliothek Feuer legten, dachten sie, es handele sich um die Universität von Löwen. In dem Feuer wurden einmalige Handschriften, 800 Inkunabeln und rund 300 000 Bücher vernichtet. Die Weltöffentlichkeit war schockiert.

»Diese Horde von Barbaren hat das ganze Land verwüstet. Als Omar die Bibliothek von Alexandrien zerstörte, glaubte niemand, dass ein solcher Akt des Vandalismus sich wiederholen könnte«, schrieb der belgische Jesuit Robert Dupierreux Ende August 1914, »er hat sich aber in Löwen wiederholt; die Bibliothek ist zerstört. Das ist die germanische Kultur, derer sie sich so sehr rühmten.« Der Geistliche wurde festgenommen und zum Tode verurteilt. Die deutschen Offiziere hatten zuvor keinen Hehl aus ihrem Hass gegen die örtlichen »Pfaffen« gemacht, die angeblich als Rädelsführer die belgische Bevölkerung gegen die deutschen Besatzer aufwiegelten. Mit weißer Kreide zeichneten die Soldaten ein Kreuz auf den Rücken des Priesters. Dann erschossen sie ihn.

»Içi finit la culture allemande« (»Hier endete die deutsche Kultur«) verkündete ein Transparent nach dem Krieg über den Trümmern der Bibliothek. Nach Artikel 247 des Versailler Vertrags musste sich Deutschland dazu verpflichten, innerhalb von drei Monaten die Bestände der Bibliothek zu ersetzen. Daran hielt man sich – allerdings auch an die geschichtsklitternde Legende vom Überfall der belgischen Freischärler. Heute sind sich Historiker einig: Die Zerstörung von Löwen war zwar kein von langer Hand geplanter Vernichtungsakt der kaiserlichen Armee. Doch für die jahrzehntelang behauptete These von einem Angriff aus der belgischen Bevölkerung gibt es keinerlei Belege.

Mit dem Löwener »Strafgericht«, so schreibt der Historiker Wolfgang Schivelbusch, habe das deutsche Militär Härte demonstrieren und Widerstandskräfte einschüchtern wollen, »doch wie viele andere deutsche Rechnungen zu Beginn des Ersten Weltkriegs ging auch diese nicht auf«. Noch im Oktober 1914 behaupteten einflussreiche deutsche Intellektuelle, die »hinterhältig« überfallenen Deutschen hätten »schweren Herzens« Vergeltung üben müssen. Das alles verstärkte den Hass auf die »kulturzerstörenden Hunnen« – und so sollte das »Sarajevo der deutschen Intelligenz« (Schivelbusch) noch über Jahrzehnte den Aussöhnungsprozess zwischen den beiden Nachbarländern erschweren.

»Ein Desaster kann man nicht feiern«

Der französische Historiker Stéphane Audoin-Rouzeau über die Gegenwart des Ersten Weltkriegs im kollektiven Bewusstsein seines Landes.

Das Interview führte Romain Leick.

SPIEGEL: Herr Audoin-Rouzeau, im Geschichtsbild der Europäer ist der Erste Weltkrieg die moderne Urkatastrophe des Kontinents. Welche Erinnerung hat die Siegermacht Frankreich daran behalten?
Audoin-Rouzeau: Unsere Besonderheit im Gegensatz vor allem zu den Deutschen besteht darin, dass diese Urkatastrophe für Frankreich zugleich auch die letzte Katastrophe geblieben ist. Es hat nie wieder etwas Vergleichbares gegeben, an Opferbereitschaft, an Leiden, an Patriotismus und an Durchhaltewillen. Die Niederlage von 1940 und die Befreiung 1944 spielten sich auf einer ganz anderen Ebene ab, sie konnten die Erinnerung an den »Großen Krieg«, wie die Franzosen ihn noch immer nennen, nicht verdrängen. Er ist der historische Referenzpunkt schlechthin geblieben.
SPIEGEL: Liegt das daran, dass Frankreich ihn als gerechten oder zumindest gerechtfertigten Krieg erlebt hat, der am Ende die furchtbaren Opfer wert war?
Audoin-Rouzeau: Diese Vorstellung hat am Anfang zweifellos eine große Rolle gespielt und dem Gedenken bis heute seine Legitimation gegeben. Aber ich behaupte, dass der Sieg und der Stolz darauf für historisches Bewusstsein 100 Jahre danach keine Bedeutung mehr haben.

SPIEGEL: Wodurch hat sich die Erinnerung denn so radikal gewandelt?

Audoin-Rouzeau: Schon ab der Mitte der zwanziger Jahre des 20. Jahrhunderts, erst recht dann in den Dreißigern wich die trügerische Erhabenheit des Siegesgefühls einem Pazifismus, der immer radikaler und extremistischer wurde – ein Stimmungsumschwung, der einen entscheidenden Anteil am Verhängnis von 1940 hatte. Nach dem Zweiten Weltkrieg driftete die Erinnerung allmählich ins Negative ab; das große Sterben verlor jeden Anstrich von Heldentum.

SPIEGEL: Sie sind nach dem Zweiten Weltkrieg geboren, wie haben Sie das erlebt?

Audoin-Rouzeau: In meiner Jugend, Ende der sechziger Jahre, existierte der Erste Weltkrieg im Bewusstsein unserer heranwachsenden Generation praktisch gar nicht mehr. Wenn die Veteranen aufmarschierten, und es lebten ja noch viele von ihnen, ließ uns der Anblick der Fahnen, Orden und Zeremonien kalt. Doch im letzten Jahrzehnt des 20. Jahrhunderts kam die Erinnerung plötzlich in neuer Form zurück. Das historische Gedächtnis erwachte und setzte sich in veränderten Bildern wieder zusammen.

STÉPHANE AUDOIN-ROUZEAU

Audoin-Rouzeau, Jahrgang 1955, ist Professor für Geschichte an der Pariser École des hautes études en sciences sociales und Präsident des internationalen Forschungszentrums Historial de la Grande Guerre an der Somme. Mit zahlreichen Werken trug er dazu bei, die französische Geschichtsschreibung über den Ersten Weltkrieg zu erneuern. 2013 ist sein jüngstes Buch »Quelle histoire. Un récit de filiation« erschienen, ein Bericht darüber, was der Erste Weltkrieg auch seiner eigenen Familie angetan hat.

SPIEGEL: Hing das mit dem Zusammenbruch des Kommunismus und der Befreiung Osteuropas zusammen?
Audoin-Rouzeau: Mit der kommunistischen Ideologie ging das letzte bleibende Ergebnis des Ersten Weltkriegs unter. Und mit dem Zerfall Jugoslawiens, vor allem der Belagerung von Sarajevo, kam die Angst vor einer Rückkehr des Krieges in Europa zurück. François Mitterrand, als Präsident ein Meister der historischen und politischen Symbolik, besuchte Sarajevo ausgerechnet am 28. Juni 1992 – dem Jahrestag des Attentats auf den Erzherzog Franz Ferdinand. Die emotionale Wirkung dieser Geste war beträchtlich. Der Kontinent schien am Ende des 20. Jahrhunderts zu seinen Anfängen zurückzukehren.
SPIEGEL: Für kurze Zeit lebte ja auch das Gespenst der deutschen Vorherrschaft in Europa wieder auf.
Audoin-Rouzeau: In Frankreich begann die dritte Generation, die erwachsenen Enkelkinder der alten Kämpfer von 1914/18, neue Fragen zum Wandel in Europa zu stellen. Sie interessierten sich plötzlich wieder für das, was ihre Großeltern getan und wofür sie gelitten hatten. Europa wurde mit anderen Augen gesehen. Man suchte überall nach Briefen, Tagebüchern, Erzählungen und Aufzeichnungen; eine untergegangene Welt schien wiederaufzuerstehen. In Deutschland fragen die Kinder und Kindeskinder aus begreiflichen Gründen, was Großeltern, Mütter und Väter unter den Nazis gemacht haben. In Frankreich fragen sie, was der Opa oder der Uropa wohl im Ersten Weltkrieg erlebt haben.
SPIEGEL: Sind die Bezugspunkte in Deutschland und Frankreich zu unterschiedlich, um sich hundert Jahre danach gemeinsam erinnern zu können?
Audoin-Rouzeau: Das ist offensichtlich so. Die Franzosen haben große Mühe zu verstehen, warum die Deutschen über den Ersten Weltkrieg meist lieber stillschweigend hinweggegangen

sind. Deshalb entwickelte auch der Händedruck von François Mitterrand und Helmut Kohl über den Gräbern von Verdun so eine emotionale Wucht.

SPIEGEL: Ist für Frankreich die aktuelle Rückwendung zu diesem Krieg auch eine Art Gewissenserforschung über die eigene Mitverantwortung?

Audoin-Rouzeau: Das mag die Spezialisten und die Historiker bewegen, die öffentliche Meinung schaut vor allem auf das Mysterium einer gewaltigen, unfassbaren Tragödie: Wozu die vielen Toten, wenn alles irgendwie in einer Niederlage für alle endete? Die Verhältnisse zwischen Opfern und Ergebnissen stimmen einfach nicht. Zu nationalem Stolz besteht längst kein Anlass mehr. Sie müssen sich vor Augen führen, dass während der vier Kriegsjahre jeden Tag im Schnitt 850 Franzosen fielen. Vergleichen Sie das mal mit der Aufregung, die heute herrscht, wenn es Verluste bei militärischen Auslandseinsätzen gibt!

SPIEGEL: Jedes Dorf in Frankreich hat sein Kriegerdenkmal.

Audoin-Rouzeau: Nach 1918 trauerten zwei Drittel aller französischen Familien. Manche hatten gleich mehrere Todesfälle zu beklagen. Eine Million Waisen waren zurückgeblieben. Vor allem der Respekt vor dieser Leidensbereitschaft, aber auch vor dieser nationalen Anstrengung hält die Erinnerung an den Großen Krieg in der Gegenwart lebendig. Seine Ursachen und Resultate betrachtete man dagegen als sekundär, sie warfen lauter Fragen nach dem Sinn auf, die sich nicht befriedigend beantworten lassen.

SPIEGEL: Verstärkte das Verlangen nach einer Revanche für die Niederlage von 1870/71 die Kriegsmotivation?

Audoin-Rouzeau: Revanchegelüste waren in der langen europäischen Friedensperiode von 1870 bis 1914 weitgehend verebbt. Aber nachdem der Krieg 1914 ausgebrochen war und Frankreich schon in den ersten Wochen schwerste Verluste erlitten hatte, brach das Trauma von 1870/71 wieder auf. Auf keinen Fall durfte sich die Niederlage von damals wiederholen, und auf keinen Fall durfte ein Verhandlungs- oder Kompromissfrieden eingegangen werden, der dem Gegner die verlorenen Départements im Elsass und in Lothringen überlassen hätte. Frankreich war in der Überzeugung geeint, einen Verteidigungs- und einen Befreiungskrieg zu führen. Dieser defensive Patriotismus war sicher das stärkste Motiv.

SPIEGEL: Kam im Laufe des Krieges nicht auch die Überzeugung dazu, die Idee der Zivilisation gegen die Tyrannei verteidigen zu müssen?

Audoin-Rouzeau: Bei den Politikern, den Intellektuellen und Journalisten ganz gewiss. Frankreich sah sich als leuchtendes Beispiel, als Beschützer der Menschenrechte und der Freiheit. Das war ein Erbe der Revolution: In der Propaganda wie im Selbstverständnis führte die Nation den Krieg stellvertretend für die ganze Welt.

SPIEGEL: Wie soll man denn nun der großen menschlichen, militärischen, politischen und gesamteuropäischen Katastrophe angemessen gedenken?

Audoin-Rouzeau: Frankreich muss auf jeden Fall vermeiden, einen Sieg zu feiern. Hundert Jahre Erster Weltkrieg sind nicht das Gleiche wie zweihundert Jahre Französische Revolution. Da gab es noch Grund für Feierlichkeiten, die 1989 auch ausführlich begangen wurden. Aber ein Desaster kann man nicht feiern. Vielleicht wäre es besser, dem Gedenken zu misstrauen und den Jahrestag verstreichen zu lassen. Erinnert man sich doch, sollte das Tragische im Mittelpunkt stehen, ganz besonders in den ideologischen Konsequenzen, an denen Europa fast ein Jahrhundert lang zu tragen hatte.

»Wie ein Kind geweint«

Täglich wurden Millionen Feldpostbriefe
von der Front in die Heimat geschickt – sie erzählen
vom Alltag in den Schützengräben.

Von Hubertus J. Schwarz

Wie war das, in den Schützengräben des Ersten Weltkriegs zu kämpfen? Heute ist niemand mehr am Leben, der über all das Grässliche, die Verzweiflung, die Angst, die Leiden der Soldaten, aber auch die Kameradschaft berichten könnte. Doch Zeitdokumente sind erhalten: In Feldpostbriefen, auf Postkarten und in Telegrammen schilderten die Frontkämpfer ihren Alltag.

Etwa 28,7 Milliarden Sendungen wurden im Verlauf des Krieges zwischen den Fronten und der deutschen Heimat hin- und hergeschickt. Dazu kam es in den ersten Wochen zu einer Flut sogenannter Liebesgabenpäckchen. Darin sandten sorgende Gattinnen und Familien Handschuhe, Pulswärmer, Zigaretten und Lebensmittel für ihre Männer oder Söhne. Die unfassbare Menge von Briefen brachte die Poststellen an den Rand ihrer Kapazitäten. Um sie zu entlasten, wurden insgesamt über 600 Postsperren während des Krieges angeordnet. Bis zu sieben Wochen konnten sich die Schreibverbote hinziehen. Verhängt wurden sie aber auch vor Kampfeinsätzen, um keine Angriffspläne zu verraten.

Dennoch versandten die deutschen Soldaten im Durchschnitt 6,8 Millionen Briefe pro Tag. Insbesondere in den verlustreichen ersten Monaten des Krieges kamen die Kompanieschreiber kaum mit der Postzustellung und den Eintragungen über Tod, Verwundung oder Gefangenschaft der Soldaten hinterher. Nicht zustellbare Briefe wurden mit dem lapidaren Vermerk »tot« oder »gefallen bei ...« zurückgeschickt. So erfuhren die Familien häufig auf pietätlose Weise davon, dass ihre Liebsten längst nicht mehr lebten.

Dieses unwürdige Verfahren und die rigiden Zensurbestimmungen schürten erheblichen Unwillen in der Bevölkerung und führten früh zu endlosen Beschwerden über die Arbeit der Feldpost. Die Briefe blieben dennoch für die Soldaten über den ganzen Krieg die wichtigste Brücke nach Hause.

VERSCHÜTTET

Der Soldat Erich Sidow aus Brandenburg war im Sommer 1918 mit seiner Einheit an dem heftig umkämpften Frontbogen zwischen Compiègne und Noyon in Frankreich stationiert. Er schrieb am 17. August 1918 an seine Frau nach Hamburg:

»Es waren die ersten Schüsse, als ich hoch geschleudert wurde. Erdmassen schoben sich unter mich. Ich war ohne Sinnen in diesem Augenblick. Doch bald kam wieder das Bewußtsein zurück: Verschüttet! Lebendig unter schweren Erdmassen begraben. In wenigen Augenblicken geht die Luft aus, es kommt der Tod! Ich schrie: ›Emil, bist du da?‹ – ›Ja, Erich, schrei' nicht so, atme ruhig!‹ – ›Hilfe, Hilfe!‹ Darauf Emil wieder: ›Bete lieber ein Vaterunser!‹ Ich stutzte, zweifelte, überlegte. Nein, es wäre für mich Spott gewesen. Ich dachte an Vater und Mutter, die nie wissen sollten, wo ich geblieben wäre. Langsam versandete bei dem heftigen Atem, bei weniger werdender Luft, Mund und Nase. Ich fühlte, daß es dem Ende zuging. Indessen haben drei todesmutige Kameraden während des heftigsten Granatregens ihr Rettungswerk begonnen. Kamerad Emil, der über mir lag, war bald befreit. Zu meiner Befreiung brauchte man jedoch eine viel, viel längere Zeit. Wie wunderbar war die Welt um mich, als ich wieder frei atmen durfte, obwohl Granate auf Granate neues Verderben in unsere Reihen brachte.«

GALGENHUMOR
Gegen die Verzweiflung versuchten die Soldaten auch mit Witz und flotten Sprüchen anzukämpfen. Im November 1915 berichtete Werner Meyer, ein Handelskaufmann aus Oldenburg, an seine Familie:

»Ich lebe noch!!! Das war wieder mal ein Tag! Wir foppen uns deswegen: als die erste Granate kam, bin ich mit dem Kopf zuerst in mein Loch gefallen (...) Das ist Krieg! Mein Unterstand ist nun um 2 Meter erhöht. Man lebt! Das ist viel wert. Und da sie nur einmal zur Zeit auf eine Parzelle schießen, so nehmen wir mal an, die Krisis sei überstanden. Ein Wunder, niemand außer einem leicht verwundet. Euer bombensicherer Werner.«

Die Granaten überlebte Meyer zwar, jedoch wurde er später zur Fliegerabteilung der 10. Kampffliegerstaffel versetzt und stürzte am 5. Mai 1917 bei der Landung in Böblingen bei Stuttgart ab.

»SCHLIMMSTE STUNDEN«
Als Kriegsfreiwilliger kam der Gymnasiast Georg Götting aus Vechta an die Front. Bis Anfang April 1917 focht er im stark umkämpften Valmicourt. Dort hatte sich der Leutnant mit seinen Männern in einem Keller verschanzt, als ihm ein Kopfschuss den Schädel zertrümmerte.

»Valmicourt 27.10.16.
Gestern erhielt ich Euren um mich so besorgten Brief. Er traf mich schon außer Schußweite an. (...) Wir wurden in Autos geladen, um nur möglichst schnell anderen Truppenteilen Platz

zu machen. Arme Schlachtopfer! (…) Dann kamen wir wieder in unseren Regimentsabschnitt zurück, und dort bekam auch meine Kompagnie den Todesstoß. In wenigen Stunden verlor ich 53 Mann. Es war zum Verzweifeln. Als ich abrückte, waren wir noch 1 Offizier, 1 Offizierstellvertreter, 1 Feldwebel, 1 Unteroffizier und 17 Mann; (…) Ich hatte mit allem abgeschlossen. Als ich mit meiner Kompagnie einrückte, habe ich geweint wie ein kleines Kind. Ich konnte mich nicht mehr zusammennehmen. Wie es mir erging, davon vielleicht später mal mündlich. Ich mag noch nicht wieder daran denken. Nehmt es mir nicht übel und seid nicht zu neugierig. Es sind meine schlimmsten Stunden gewesen während meiner ganzen Kriegszeit. Anfangs ging es so gut, und nachher kam es so ganz anders. Komme, was kommen mag!«

GEFÄHRLICHE AUFGABE

Franz Albrecht verpflichtete sich vor dem Krieg in der Fremdenlegion. Die Erfahrung half ihm, sich ab 1914 in der deutschen Armee zum Fähnrich bei den Pionieren hochzudienen. Von seinen riskanten Aufträgen berichtete er im April 1916. Etwa ein Jahr später, am 6. Mai 1917, fiel er an der Westfront.

»Am Nachmittage des 13. April wurde ich zum Führer des Drahtziehtrupps bestimmt, um auch diese Arbeit kennen zu lernen. Es ist eine der gefährlichsten Arbeiten und nur bei Nacht und dunklem Wetter zu verrichten. Dieser Trupp hat die Aufgabe, das elektrische wie das tote Hindernis instand zu halten. Die Gefahr liegt darin, daß man immer über Deckung gehn muß, um die spanischen Reiter vorzubringen und vor der ersten Linie an Stelle der zerschossenen die neuen einzubauen. (…) Das Wetter war günstig: pechrabenschwarze Nacht und Regen. Glücklich hatten wir uns bis zur zweiten Linie vorgearbeitet und wollten gerade die Reiter hinüberwerfen, als der

Franzmann uns gegenüber eine Leuchtkugel abschießt. Wir werfen uns platt auf den Bauch, und es dauert auch kaum eine Sekunde, da saust unmittelbar über uns hin ein französischer Piefke und schlägt mit lautem Krachen etwa 100–150m hinter uns ein. Im ersten Augenblicke dachte ich, es sei mit uns aus. (…) Selbstverständlich machte ich mich jetzt aus dem Staube und lief wie ein Besessener. (…) Es sauste und pfiff mächtig um mich herum, überall schlugen die Kugeln ein. Natürlich lief ich immer schneller, und obwohl ich in Gefahr war, mußte ich plötzlich an die Schule denken und lachen, indem ich Schillers Wort: ›Und die Angst beflügelt den eilenden Fuß!‹ im Tempo meines Laufens vor mich hin sang.«

VERZWEIFELTE LIEBE

Otto Rößler, 1881 geboren, kämpfte an der Front im Westen. Seine Frau Marie erhielt am 14. September 1916 sein letztes Lebenszeichen, danach brach der Kontakt ab. In immer verzweifelteren Briefen schrieb sie ihrem Gatten, ohne je eine Antwort zu bekommen.

»Quedlinburg, den 19.9.1916 Mein inniggeliebter Otto!
Du wirst auf Nachricht von mir warten. 5 Tage habe ich die Feder nicht angesetzt. Mein Guter, ich wartete immer auf Post von Dir – war ich doch die Tage so unruhig und heute erhielt ich deinen lieben Kartenbrief vom 14.9. (…) Glaube mir, mein Schatz, das Ungewiße reibt mich mehr auf, als wenn ich näheres von Dir weiß.«

»Quedlinburg, den 24.9.1916 Mein inniggeliebter Otto!
Ich weiß nun meinem Herzen nicht weiter Luft zu machen, als mich in Schreiben zu vertiefen. Dein Bild steht vor mir und so oft ich dieses ansehe, denke ich an den letzten Abend in Aschersleben. Mein guter Otto, seit Dienstag bin ich ohne

Nachricht von Dir. Auf keinem Fleck habe ich Ruhe. Tu mir, mein Schatz, nur das nicht an und laß mich so lange warten. Wo ich nun weiß, Du bist dort fortgekommen, nur weiß ich nicht wohin, daß Du aber weiter vor bist, kann ich mir denken. Auch bist Du gewiß schon im Gefecht. Ach möge Dich doch dort der liebe Gott glücklich wieder herausführen. Du hast doch sonst immer, wenn irgend es Deine Zeit erlaubte, uns geschrieben. Wir warten so sehnsüchtig auf Deinen uns versprochenen Brief. Bis morgen will ich noch hoffen, denn Dein kleines Ichen vergißt Du doch nicht?«

»Quedlinburg, den 27.9.1916 Mein inniggeliebter Mann! Schon wieder sind 3 Tage vergangen, und ich warte noch auf Nachricht von Dir. Mein lieber Otto, ich bitte Dich von ganzem Herzen, spanne mich doch nicht mehr auf die wartende Folter. Gib mir Bescheid, ich weiß nun nicht mehr, was ich denken soll. Auf Himmel und Erde habe ich keine Ruhe mehr. Ist die Post gesperrt oder ist mit Dir was passiert?«

All diese Briefe erreichten Otto Rößler nicht mehr. Er war am 20. September 1916 gefallen.

MIT ANDEREN AUGEN
Die französische Großoffensive am »Chemin des Dames« scheiterte im Frühjahr 1917. Desillusioniert schrieb der französische Soldat Maurice Drans am 17. Mai seiner Liebsten in die Heimat:

»Meine liebe Georgette, vorgestern abend habe ich im tintenblauen Licht der Nacht hier auf der Erde die Kreuzeszeichen aus dem Jenseits gesehen. Es war das makabre Zerstreutsein eines unbedeckten Friedhofs, ohne Kreuze, von Menschen verlassen, ohne Gräber, ein aufgewühltes Massengrab, worin die

Würmer bei dem unaufhörlichen Regen der Granaten wimmelten. Mehr als tausend Leichname krümmten sich dort, zerstückelt, angekarrt und aufeinandergestapelt. (…) Ich schleppte mich in dieser Nacht zu den Gefechtslinien, meinen Tornister auf dem Rücken; ich wurde schwach; in meinem Mund, in meinen Nasenflügeln Geruch, dieser Gestank; Freund und Feind im allerletzten Grinsen sympathisierend, in dieser von Wahnsinn heimgesuchten Ebene, in diesem von brüllenden Feuerstößen durchzogenen Abgrund zusammen – es umarmen sich diese vergewaltigten, nackten, verworrenen Leiber. Franzosen und Deutsche, die miteinander verwesen, ohne jede Hoffnung, daß jemals eine brüderliche oder fromme Hand sie zudecken wird. Sie aufzusammeln hieße seinen eigenen Leichnam diesem immer weit klaffenden Graben hinzuzufügen, denn unersättlich ist der Krieg. (…) Oh meine liebe Georgette, ich wollte Dir von Liebe sprechen, doch ich spreche Dir von Leichnamen …!«

TODESINDUSTRIE
Der Technikstudent Hans Martens aus Berlin-Charlottenburg war 22, als er am 14. Juli 1915 an der Ostfront fiel. Am 4. Februar 1915 schrieb er:

»Wenn man im Graben steht und sich nicht regen darf, wenn die Minen und Granaten kommen, so ist das wohl Kampf, aber keine lebendige Tat, sondern das grauenhafte Gegenteil davon. Das ist überhaupt das Scheußliche in dem jetzigen Krieg – alles wird maschinenmäßig, man könnte den Krieg eine Industrie gewerbsmäßigen Menschenschlachtens nennen – man tut mit in Begeisterung für das zu erringende Ziel und mit Verachtung und Abscheu vor den Mitteln, zu denen man zu greifen gezwungen ist, um dies Ziel zu erreichen. Die kürzlich beiderseits eingeführten Minenwerfer sind das Abscheulichste.

Sie werden lautlos abgeworfen und schlagen oft dreißig Mann zugleich kaputt.«

VERMÄCHTNIS AN DEN SOHN
Der französische Leutnant Després verfasste für seinen Sohn Albert im Oktober 1916 diesen Abschiedsbrief. Er fiel mit 37 Jahren 1918 in Flandern:

»Mein Kleiner, Du bist gerade neun Jahre alt geworden. Dieses bezaubernde Alter ist in dieser Zeit vielleicht das bewegendste von allen. Noch zu jung, um in den Krieg zu gehen, bist Du groß genug, daß Dein Geist von den Erinnerungen an ihn gezeichnet ist. Und vernünftig genug, um zu verstehen, daß Du es bist, Ihr es seid, die Kinder von neun Jahren, die später die Folgen zu ermessen und die Lehren aus diesem Krieg zu ziehen haben. Wenn wir Euch geholfen haben, daß ihr wirklich Bescheid wißt, und wenn Ihr Euch daran erinnern und es verstehen wollt, was für ein schönes, harmonisches und volles Leben werden wir Euch dann bereitet haben! Mein Kleiner, damit Du Dich dereinst erinnerst, nehme ich gerne die Ängste der gegenwärtigen Stunden hin, alle Risiken, und die Trennung, die noch grausamer ist als alles andere (...) Es wird mir nicht verboten sein, mich zu freuen, wenn ich an die Reihe komme und nicht Du, und wenn ich fortgegangen bin und nicht Du.«

»We not shoot, you not shoot!«

Zu Weihnachten 1914 kam es an der Westfront zu überraschenden Verbrüderungen.

Von Thorsten Oltmer

Es fängt mit den Bäumchen an. Die Oberste Heeresleitung hat Tausende davon eine Woche vor dem Weihnachtsfest an die Front geschickt. Viele sind schon fertig geschmückt, mit Kerzen und einem Holzkreuz als Fuß. An Heiligabend stehen diese Weihnachtsbäume auf den Brustwehren der Schützengräben, die Deutschen zeigen sich im hellen Kerzenschein dem verblüfften Gegner, normalerweise reiner Selbstmord. Nur einige Dutzend Meter liegen die Grabensysteme der Feinde mitunter auseinander. Bald ertönen deutsche Weihnachtslieder, die Briten antworten mit »O Holy Night«. Deutsche Soldaten verlassen ihre Unterstände, sie tragen Laternen und rufen Friedensparolen. Auch auf der anderen Seite klettern sie plötzlich über den Grabenrand. Im Niemandsland, zwischen Stacheldrahtverhauen und Granattrichtern, reichen sie sich die Hände, bieten Zigaretten an, tauschen Rum und Schokolade.

Die überraschenden Szenen spielen sich vor allem an der 750 Kilometer langen Westfront ab, dort, wo deutsche Truppen der British Expeditionary Force gegenüberliegen. Bei Ypern in Flandern und südlich davon haben sich die Briten auf etwa 50 Kilometern eingegraben. Noch in den Wochen zuvor hatten hier heftige Gefechte getobt. 160 000 britische Soldaten sind bereits gefallen, Frankreich und Deutschland verloren je über 300 000 junge Männer in den ersten Monaten.

Es ist ein »kleiner Frieden im Großen Krieg«, wie ihn der Autor Michael Jürgs in seinem gleichnamigen Buch beschreibt, als »zu Gehorsam gedrillte Untertanen in Uniform diese deutsche Ordnung umstülpen und Weihnachten 1914 kurz entschlossen ihren eigenen Frieden auf Erden machen«. Ein britischer Veteran erklärte das Phänomen 60 Jahre später mit der Stimmung auf beiden Seiten, »dass endlich Schluss sein möge. Wir litten doch alle gleichermaßen unter Läusen, Schlamm, Kälte, Ratten und Todesangst«.

Wenn die Generalität zur Inspektion eines Grabens anrückt, wird die Gegenseite informiert, dass nun ein paar Schüsse fallen werden, gezielt ins Blaue abgefeuert. Die Briten nennen das »doing a little shooting«. Die deutsche Zensur will verhindern, dass die streng verbotene Fraternisierung mit dem Feind in der Heimat publik wird. Umarmungen, Gruppenfotos und Fußballspiele mit dem »perfiden Albion« – undenkbar! Ein paar verstreute Zeitungsnotizen gibt es, bis die Zensoren durchgreifen und die Ereignisse umdeuten: Briten und Franzosen hätten ihre Kampfmoral verloren, die Auflösung der feindlichen Streitkräfte stehe bevor.

In Großbritannien erscheinen dagegen große Presseberichte, oft bebildert sogar von Soldaten. Die neuen handlichen Faltkameras sind in der Truppe zwar verboten, werden aber oft eingeschmuggelt. Viele Filme schaffen es mit der Feldpost in die Heimat, die Zensur macht nur Stichproben. Britische Blätter setzen Prämien aus für gute Schnappschüsse. Der »Daily Mirror« druckt am 8. Januar 1915 über die gesamte Titelseite das Foto von freundlich dreinblickenden Deutschen und Briten im Niemandsland. Die Zensur ist machtlos. Einige Blätter erreichen sogar die Front. Der Schütze Oswald Tilley bittet seine Mutter per Feldpost um Zeitungen: »Dort sind ein paar Fotos gedruckt von unseren Treffen mit den Deutschen.« Die Franzosen sind empört über die deutsch-englischen Verbrüderungen, so Jürgs, obwohl auch Landsleute beteiligt sind.

An Silvester scheint es mit dem Frieden vorbei zu sein. Pünktlich um 23 Uhr beginnen die Deutschen heftig zu schießen, die Alliierten sind verwirrt. Bis sie begreifen, dass ihre eigenen Uhren ja eine Stunde nachgehen, weil in London eine andere Zeit gilt. Noch einmal feiert man stellenweise gemeinsam. An kurzen Abschnitten der Front hält der kleine Frieden bis Mitte Januar. Doch dann wird wieder geschossen und gestorben auf den Killing Fields der Westfront, fast vier Jahre noch.

Besiegte Sieger

»The Great War« einte das britische Volk, brachte soziale Fortschritte. Doch das Königreich zahlte einen hohen Blutzoll und war nicht mehr die Weltmacht Nummer eins.

Von Hans Hoyng

London, an einem strahlend schönen Maitag 1910: Großbritannien trägt König Edward VII. zu Grabe. Der erste Herrscher des Vereinigten Königreichs aus dem Hause Sachsen-Coburg und Gotha, dessen Sohn den Namen der Dynastie schon bald in Windsor umwandeln sollte, war dank gezielter Heiratspolitik mit den Königshäusern des ganzen Kontinents verwandt. Neun amtierende Monarchen Europas versammeln sich nun an seinem Grab.

Auch der deutsche Kaiser, ein Neffe des Verstorbenen, gehört zur Trauergesellschaft; Wilhelm II., in der Familie Willy genannt, trägt die scharlachrote Uniform eines britischen Feldmarschalls, zudem ist er Ehrenoberst der First Royal Dragoons. Am Abend nach den anstrengenden Feierlichkeiten bezieht er in Schloss Windsor das frühere Appartement seiner Mutter, einer Tochter der britischen Königin Victoria: »Ich bin stolz darauf«, schreibt er dort, »dass ich dies mein Heim nennen darf und zu dieser Familie gehöre.« Als seine Tochter Viktoria Luise dann im Mai 1913 in Berlin zur pompösen Hochzeit lädt, reist selbstverständlich auch Großonkel George V. aus London an.

Nur ein gutes Jahr später liegen sich die Mitglieder der europäischen Familie in den Schützengräben des Ersten Weltkriegs gegenüber. In den Blutbädern Frankreichs und Flanderns hat die britische Armee im Kampf gegen die Deutschen in drei monströsen Schlachten über eine Million Soldaten, Tote und Verletzte zu beklagen. Wie konnte das passieren?

Dass Frankreich über kurz oder lang Krieg mit dem Deutschen Reich führen würde, vielleicht müsste, schon aus Revanche für 1870/71, war stets eine reale Gefahr, seit sich die deutschen Sieger damals Elsass und Lothringen einverleibt hatten. Dass es mit Russland zum Krieg kommen könnte, damit rechneten deutsche Militärs und Politiker, seit das Zarenreich zu Anfang des Jahrhunderts seine Militärmacht auf eine für Europa beispiellose Weise ausbaute. Aber gegen England?

Dessen Dreierbündnis mit Frankreich und Russland enthielt keinerlei militärische Beistandsverpflichtung, falls es auf dem Kontinent zum großen Krieg kommen sollte. Und nicht einmal das große Gespenst, die deutsche Kriegsmarine, die angeblich die Vormachtstellung der imperialen Seemacht Großbritannien bedrohte, kann im Rückblick als Kriegsgrund herhalten. Das Wettrüsten zur See war in Wahrheit entschieden: Großbritannien wahrte beständig seinen uneinholbaren Vorsprung.

Sicher, die Beziehungen zwischen Deutschland und Großbritannien waren nicht die besten. Den Verstorbenen jedenfalls hat Wilhelm gehasst. Denn Edward VII. hatte mehr als die meisten Politiker dazu beigetragen, die Erbfeindschaft Großbritanniens mit Frankreich zu beenden, so dass beide Länder 1904 die »Entente cordiale« schlossen – in den Augen des Kaisers der Beginn des feindlichen Versuchs, Deutschland einzukreisen. »Er ist der Satan«, charakterisierte er 1907 vor 300 Dinner-Gästen in Berlin den Onkel, »Sie können sich gar nicht vorstellen, was für ein Satan er ist.« Nun war er tot. Der neue König, George V., so vertraute Wilhelm dem damaligen amerikanischen Sondergesandten Theodore Roosevelt an, hasse zwar alle Ausländer, aber solange er die Deutschen nicht stärker hasse als die anderen, sei das in Ordnung.

Warum also der Kriegseintritt Großbritanniens? Für die meisten Briten erschien die europaweite Krise nach den Schüssen von Sarajevo wie eine neue Runde im altbekannten Streit kontinentaler Mächte. Was ging das die Insel an, die noch bis wenige Jahre zuvor in ihrer »splendid isolation« verharrt hatte? Das Land hatte ganz andere Probleme: vernachlässigte soziale Reformen, den Aufstand der Suffragetten, die für das Frauenwahlrecht kämpften und dafür den Premier sogar mit toten Katzen bewarfen, den Unabhängigkeitsdrang der Iren – »Home Rule«, die Autonomie der südlichen Inselteile war im Parlament gebilligt worden. Das Kabinett diskutierte gerade die feineren Details der Grenzziehung irischer Provinzen, als Außenminister Edward Grey seine Kollegen mit der Nachricht erschreckte, auf dem Kontinent, jenseits des Nebels, habe Österreich soeben Serbien ein Ultimatum gestellt.

Ein wesentlicher Faktor für den Kriegseintritt war die Uneinigkeit der regierenden Liberalen zwischen den Sozialreformern, den sogenannten Radikalen, und dem imperialistischen Flügel, dem es vor allem darum ging, das Empire gegen mögliche Herausforderer zu sichern. Regierungschef Herbert Henry Asquith gehörte dazu, Winston Churchill, Erster Lord der Admiralität, natürlich auch. Vor allem aber verfolgte das Außenministerium unter Edward Grey eine Politik, die Deutschland als potentiell gefährlichsten Gegner in Europa sah. Sein Argument: Sollte das Kaiserreich Frankreich noch einmal im Krieg schlagen, würde es womöglich die Hegemonie in Europa erlangen.

Grey, eigentlich ein friedliebender Mensch, der im Oxford-Studium eher durch seine starke Tennishand aufgefallen war als durch seine mäßigen Jura-Kenntnisse, hatte schon bei Amtsantritt 1905 damit begonnen, mit den Franzosen zu beraten, wie im Falle eines Konflikts eine militärische Unterstützung durch Großbritannien aussehen könnte. Diese Beratungen verliefen allerdings so geheim, dass nicht einmal der Premier davon wusste. Grey pflegte die anglo-französische Entente, doch nie war er bereit, die erzielte Übereinstimmung auch vertraglich zu fixieren. Seine profranzösische, antideutsche Einstellung stand im Gegensatz zur Kabinettsmehrheit, die er als »Pazifisten« abtat. So erklärt sich sein ewiges Taktieren. Sein ganzes Leben war Vorsicht, selbst seine einzig wahre Leidenschaft sprach davon: Seine Brüder waren Großwildjäger gewesen, er ging zum Fliegenfischen.

Premierminister David Lloyd George (1916 bis 1922) äußerte sich nach Greys Tod bitter über den einstigen Weggefährten: Er sei ein Lotse gewesen, »dessen Hand zitterte, er war von Sorgen gelähmt und nicht fähig, die Hebel zu ergreifen und sie mit starkem und klarem Zielbewusstsein zu bedienen«. So gab es zwischen 1911 und 1914 sogar mehrere Versuche, einen Ausgleich mit dem Kaiserreich zu finden. Deutschland war zudem bereit, die britische Übermacht zur See förmlich zu akzeptieren, forderte aber vergebens dafür britische Neutralität im Falle eines Krieges mit Frankreich.

In der Juli-Krise, als es in ganz Europa darum ging, ob man den Krieg noch verhindern oder ihn lieber schnell hinter sich bringen sollte, agierte Grey wie gewohnt vorsichtig, undurchsichtig, widersprüchlich. Noch am 29. Juli warnte er den deutschen Botschafter in London, Karl Max Fürst Lichnowsky, im Falle eines Krieges zwischen Deutschland und Frankreich sei es für Großbritannien nicht möglich, »beiseite zu stehen und für alle Zeit abzuwarten«. Doch am gleichen Tag beschied er dem französischen Botschafter Paul Cambon, Großbritannien sei »frei von Verpflichtungen. Wir werden zu entscheiden haben, was das britische Interesse von uns zu tun verlangt«. Die kalte

Antwort erschütterte den Botschafter, der seine 16 Londoner Jahre damit verbracht hatte, die britisch-französische Freundschaft zu fördern: »Ist es das, was England unter Ehre versteht?«, klagte er.

Was alles Schwanken beendete, war der absehbare deutsche Einmarsch in Belgien. Hätte die deutsche Heeresleitung sich mit einem kleinen Stück Belgien begnügt, um von dort gegen Sedan und Verdun zu marschieren, hätte, nach eigener Aussage, selbst ein Churchill die Verletzung der auch vom britischen Königreich garantierten Neutralität Belgiens wohl hingenommen. So aber, angesichts der Drohung, ganz Zentralbelgien einzunehmen, gelang es Grey, seine widerspenstigen Kabinettskollegen zu überzeugen. Die sorgten sich auch um Antwerpen, den für den britischen Kontinentalhandel überlebenswichtigen Hafen.

Dann, am 3. August, trat Grey vors Parlament. Der eher mittelmäßige Redner konnte die meisten Abgeordneten für einen Kriegseinsatz gewinnen. Das Königreich, so sein Plan, würde Frankreich mit einem britischen Expeditionscorps zu Hilfe eilen. Den einzigen historischen Satz seiner Rede hatte er beim ehemaligen Premier William Gladstone geborgt, der zum Deutsch-Französischen Krieg von 1870 ausrief: »Kann dieses Land beiseite stehen und Zeuge des ärgsten Verbrechens werden, das je die Seiten der Geschichte beschmutzt hat?« Zwei Stunden nach der Rede erklärte Deutschland Frankreich den Krieg, tags darauf Großbritannien Deutschland.

Am Abend stand Edward Grey am Fenster seines Büros und sprach, als unten die Straßenlampen entzündet wurden, zu einem Freund jene Worte, die seither die Urkatastrophe des 20. Jahrhunderts definieren: »In ganz Europa gehen die Lichter aus, wir werden sie in unserem Leben nie wieder leuchten sehen.«

War das so leicht möglich, nun also Krieg gegen Deutschland, immerhin einer der besten Kunden des britischen Königsreichs? 20 Prozent seiner Importe bezog es aus dem Empire. Aber natürlich, Germanophobie war nichts Unbekanntes in Großbritannien. Sie beherrschte nicht die Presse, war aber im rechten Teil des politischen Spektrums stark, bei den Imperialisten, die die neue Macht Deutschland fürchteten. Der konservative Premier Benjamin Disraeli hatte die Reichsgründung 1871 zu einer Zeitenwende erklärt, die dramatischere Folgen haben werde als die Französische Revolution.

Bei Grey hatte vor allem eine Studie von 1907 bleibenden Eindruck hinterlassen, in der ein hochrangiger Beamter des Außenministeriums nachzuweisen versuchte, der Kaiser »ziele bewusst darauf, eine Hegemonie Deutschlands zu errichten, zuerst in Europa, dann in der ganzen Welt«. Ein Jahr zuvor war ein Roman zum Bestseller geworden, der die Invasion der Britischen Inseln durch deutsche Truppen beschrieb.

Als 1915 das Buch »Deutsche Spione in England« erschien, setzte Hysterie ein, überall witterte man plötzlich Agenten und Spitzel. Wetterhähne auf den Dächern britischer Landhäuser konnten Richtungsanzeiger für deutsche Zeppeline sein. Alles, was deutsch klang, wurde anglisiert, nicht nur das Königshaus, das sich unter sanftem Druck der Regierung hinfort »Windsor« nannte. Aus deutschen Schäferhunden wurden elsässische, aus deutschen Masern belgische.

Im Oktober 1914 musste der Marine-Stabschef Louis of Battenberg zurücktreten, weil er einen deutschen Prinzen zum Vater hatte. Lordkanzler Viscount Haldane war nicht nur wegen seiner Vorliebe für deutsche Philosophie verdächtig, sondern auch, weil er einen Hund hatte, den er »Kaiser« nannte. Selbst die Wohnung von Sir Eyre Crowe, der im Außenministerium die antideutsche Politik der Imperialisten abgesteckt hatte, wurde zum Ziel wütender Demonstranten, weil er deutsche Verwandtschaft hatte.

Im Krieg

Am wüstesten trieb es ein Demagoge namens Horatio Bottomley, der 1888 die ehrwürdige »Financial Times« gegründet hatte, allerdings vor allem, um alle möglichen Arten von Investitionsbetrug zu kaschieren. Wegen Bankrotts verlor er seinen Parlamentssitz, aber mit Kriegsausbruch schlug die große Stunde des Mannes, der meinte, Deutschland müsse »von der Landkarte Europas entfernt« werden. Er zog durchs Land und hielt seine berühmten Rekrutierungsreden: »In sechs Wochen werden wir die Hunnen in die Flucht schlagen«, versprach er. »Wir vertreiben sie aus Frankreich, aus Flandern, aus Belgien, zurück über den Rhein auf ihr eigenes Gebiet. Dort werden wir ihnen einen Geschmack von ihrer eigenen Medizin geben.«

Und die war bitter. Nichts hat die Briten in ihrer Haltung gegenüber Deutschland so geeint wie die deutsche Kriegführung zu Beginn des Feldzugs. Mit harten Vergeltungsmaßnahmen ging die deutsche Armee gegen »franctireurs«, Heckenschützen, vor. In Dörfern, in denen auf deutsche Soldaten geschossen wurde, wurden Geiseln genommen und hingerichtet: etwa am 19. August in Aarschot 156, am 22. August in Tamines 383, am 23. August in Dinant 674.

Das Entsetzen der Briten vergrößerte sich noch, als die englischen Hafenstädte Scarborough, Hartlepool und Whitby im Dezember 1914 von der deutschen Marine angegriffen wurden, 137 Menschen starben. Es war das erste Mal seit 1066, dass ein Feind Städte auf britischem Boden angriff. Anfang des Jahres 1915 erschien zum ersten Mal ein Zeppelin über der britischen Küste und bombardierte die Stadt Yarmouth. Der Spruch »Remember Scarborough« zierte später ein berühmtes Plakat, auf dem Britannia die Briten in die Rekrutierungsbüros ruft. Ein Zeppelin über London lieferte den Anlass zur zweifelhaften Propaganda-Parole: »Es ist weitaus besser, sich den Kugeln zu stellen, als zu Hause von einer Bombe getötet zu werden.«

Die Einigung des Landes hinter patriotischen Sprüchen war für Großbritannien überlebenswichtig. Auch in London hatten die Militärs an einen kurzen Krieg geglaubt, hatten gehofft, eine auf Angriff programmierte, von England unterstützte französische Armee werde die deutschen Streitkräfte schnell besiegen. Zudem glaubte England, über die einzige wirklich professionelle Armee Europas zu verfügen, während die Franzosen noch in ihren roten Hosen aus napoleonischen Tagen und mit veralteter Artillerie ins Feld zogen.

Im Nachhinein, wenn alle klüger sind, hat man gesehen, dass der Blutzoll der alliierten Offensivkräfte, die gegen die Stellungen der Deutschen in Flandern und Frankreich anrannten, höher war als der der Verteidiger. Fast zehn Millionen Menschenleben forderte dieser Krieg, knapp eine Million Briten starben, und erst ganz zum Schluss wagten die Briten eine andere Taktik, als sie begannen, Panzer und Flugzeuge effektiver einzusetzen.

Eines ist sicher, dieser Krieg hat Großbritannien verändert. Er hat die Machtverhältnisse in der britischen Demokratie neu definiert. Die Oberhoheit über die Größe der Streitkräfte, welche die Volksvertreter ihrem Monarchen gestatteten, war im Laufe der britischen Geschichte ein eifersüchtig gehütetes Privileg des Parlaments von Westminster. Doch von August 1914 an bestimmte die Regierung, und das Parlament, in die patriotische Pflicht genommen, folgte.

Schon an seinem zweiten Amtstag überraschte der neue Kriegsminister, der für seine mit äußerster Brutalität erfochtenen Siege im Sudan und in Südafrika berühmt-berüchtigte Feldmarschall Horatio Herbert Kitchener, seine Kabinettskollegen mit der Ansage, dass der Krieg mindestens drei Jahre dauern und eine Million Soldaten auf dem Schlachtfeld benötigen würde. Schon tags darauf forderte Premier Asquith parlamentarische

Zustimmung zur Rekrutierung einer halben Million neuer Soldaten und erhöhte die Forderung bald um weitere 500 000.

Zunächst strömten die Freiwilligen nur so herbei. Allein zwischen dem 30. August und dem 15. September, die ersten Berichte über deutsche Kriegsgräuel in Belgien hatten das Land erschüttert, meldeten sich 174 901 Freiwillige. Ein beträchtlicher Teil von ihnen sicherlich aus Idealismus, wenn man das so bezeichnen kann, was etwa der Rekrut Julian Grenfell seiner Familie schrieb: »Ich bewundere den Krieg, er ist wie ein Picknick, aber ohne die Sinnlosigkeit eines Picknicks. Man liebt seinen Mitmenschen umso mehr, wenn man darauf aus ist, ihn zu töten.« Grenfell fiel im Mai 1915.

Kriegsfreiwillige aus der Ober- und Mittelschicht tauchten auffällig häufig auf den Verlustlisten auf. Ganze Jahrgänge aus Oxford und Cambridge wurden ausgelöscht. Absolventen dieser Elite-Unis gelangten prompt in die unteren Offiziersränge und damit an die Front, wo sie gefährdeter waren als ihre Mannschaften. Beinahe jeder fünfte Frontoffizier wurde getötet, von den Mannschaften starb jeder achte britische Soldat. Der Tod in der Schlacht, so eine verbreitete Stimmung in den besseren Kreisen, schien zu Anfang nicht so abstoßend, wie er es dann zum Ende des Gemetzels wurde. Der Erfolgsautor Horace Vachell beschrieb es so: »Jung zu sterben, sauber, glühend – schnell zu sterben, bei bester Gesundheit, und dabei andere vor dem Tod zu retten, ist das nicht eher Grund zur Freude als Grund zur Trauer?«

Selbst wenn die anfängliche Kriegsbegeisterung auch von Historikern häufig überschätzt wurde, war an der raschen Rekrutierung von »Kitcheners Armee« erkennbar, dass der Krieg eine sozial zerrissene Nation ziemlich umfassend einte in der Verteidigung des Empires und seiner viktorianischen Werte. Der Krieg, der in Großbritannien als eine Art Kabinettskrieg von Politikern und Diplomaten begonnen hatte, war zu einer Volksschlacht geworden. Der Ansturm auf die Rekrutierungsbüros hatte auch wirtschaftliche Gründe: Der Krieg ließ die Außenhandelsbeziehungen Großbritanniens schrumpfen und sorgte für eine zunächst rasch ansteigende Arbeitslosigkeit vor allem bei den ungelernten Arbeitern, die auch am häufigsten zu den Fahnen strömten.

Doch schon 1916 brachen die Freiwilligenzahlen ein. Die britische Armee machte ihre ersten Erfahrungen mit dem Gaskrieg, in der gescheiterten Dardanellen-Offensive hatte sie große Verluste hinnehmen müssen. Marineminister Churchill, der die Militärs zu dem Entlastungsangriff für die Westfront gedrängt hatte, musste die Regierung verlassen. Danach bestimmte ausschließlich die Militärführung den weiteren Verlauf des britischen Militäreinsatzes. Und das mit beispielloser Sturheit. Nicht einmal die 400 000 toten und verwundeten britischen Soldaten während der Schlacht an der Somme im zweiten Halbjahr 1916 konnten die unangefochtene Stellung der Militärs erschüttern. Das Parlament, einst die Bastion britischer Demokratie, hatte nichts mehr zu melden.

Und auch die liberale Partei, die während des gesamten Krieges den Premier stellte, wurde schwächer. Sie musste die allgemeine Wehrpflicht einführen, weil nicht mehr genug Freiwillige kamen. Das widersprach ihren Überzeugungen. Neue Zölle verstießen gegen die Grundsätze des Freihandels. In immer mehr Bereichen, vornehmlich bei der Produktion von Rüstungsgütern, übernahmen staatliche Agenturen die Kontrolle. Zum Schluss standen etwa 90 Prozent der Industrie unter Staatsaufsicht. Der freie Arbeitsmarkt war praktisch abgeschafft, in Großbritannien herrschte Staatskapitalismus.

Die Regierung regulierte die Preise, setzte Höchstgrenzen für Mieten, führte die Rationalisierung von Lebensmitteln ein. Das bewirkte gewaltige Veränderungen in der Gesellschaft. Bis zum Waffenstillstand 1918 sahen Lohnempfänger ihren Verdienst praktisch verdoppelt, obwohl die kriegsbedingte Inflation den größten Teil dieser Gewinne wieder auffraß. Ungelernte Arbeiter, die in kriegswichtigen Industrien beschäftigt waren, konnten ihren Lebensstandard klar verbessern. Die Londoner »Times«, damals das Hausblatt der besseren Stände, klang deutlich pikiert, als sie 1917 mitten im Krieg beschrieb, dass trotz der schlimmen Zeiten die Einkaufsstraßen der Städte »vollgestopft mit Kunden« seien und die Kinos »Nacht für Nacht überfüllt«.

Und noch eine zweite Gruppe hat im »Great War«, wie er in Großbritannien heißt, profitiert: Frauen, um deren Wahlrecht vor Ausbruch des Krieges so heftig gestritten worden war. Vor dem Krieg waren sie als ungelernte Hilfskräfte in der Textilindustrie oder als Haushaltsangestellte beschäftigt. Im Höchstfall verdienten sie noch nicht einmal halb so viel wie ihre männlichen Kollegen. Doch der Krieg eröffnete ihnen neue Berufe, vor allem in der Rüstungsproduktion, im Transportwesen und in den Büros. Die Frauenrechtlerin Millicent Fawcett befand, der Krieg habe die Position von Frauen in der Industrie revolutioniert: »Er fand sie als Leibeigene vor und entließ sie als freie Menschen.«

Das war maßlos übertrieben, denn der Anteil der Frauen am Arbeitsmarkt stieg nach seriösen Schätzungen nur von etwa 24 auf 37 Prozent. Was das Bild so rosig erscheinen ließ, war die wohltätige Arbeit von Frauenverbänden, die im ganzen Land aktiv waren. Für die größte Publizität aber sorgten die Bilder von Frauen in bisherigen Männerberufen: als Abfüllerinnen von Munition, als Mechanikerinnen und Busschaffnerinnen. Hier waren die Löhne zwar höher als in Haushaltsjobs, um eine wirklich angemessene Bezahlung allerdings kämpften die Frauenrechtlerinnen auch im Krieg vergebens.

Dennoch, selbst diese moderaten sozialen Fortschritte führten zu Umwälzungen der britischen Gesellschaft und Politik. Noch im letzten Kriegsjahr wurde ein neues Wahlgesetz verabschiedet, das erstmals allen Männern über 21 das Recht zur Abstimmung gab, sofern sie einen Wohnsitz im Wahlbezirk nachweisen konnten. Auch die meisten Frauen über 30 Jahre durften – unter Auflagen – zum ersten Mal wählen. Das führte innerhalb kürzester Zeit zum Aufstieg der Labour Party – auf Kosten der Liberalen. Als der letzte liberale Premier Lloyd George 1922 gestürzt wurde, hatte sich Großbritannien als Zwei-Parteien-Demokratie etabliert. Seither wechseln sich Konservative und Sozialisten als Hausherren in No. 10 Downing Street ab.

Das alles war am Ende des Krieges noch nicht abzusehen, im Gegenteil. Die Kriegslage schien sich für die Briten im Jahr 1917 erheblich zu verschlechtern. Der U-Boot-Krieg der deutschen Marine forderte erhebliche Verluste, in der dritten Flandern-Schlacht von August bis November gab es Verluste von 275 000 britischen Soldaten. Und bis zum Herbst 1918 forderte der Zermürbungskampf an der Westfront weitere 350 000 Opfer, die Hälfte davon Soldaten unter 19 Jahren.

In der Heimat standen die Briten Schlange bei der Lebensmittelverteilung. Es gab kaum noch Kohle, was die abgehärteten Briten in stoischer Ruhe ertrugen, genauso wie die Luftangriffe der neuen deutschen Gotha-Kampfflugzeuge. Allerdings zunehmend missmutiger. Das Kabinett plante den Krieg noch bis 1919, der zwangspensionierte Churchill rechnete gar damit, dass sich Europas Völker bis 1921 weiter schlachten würden. 1918 litt das Land wie ganz Europa zudem unter einer schweren Grippe-Epidemie, der 230 000 Einwohner zum Opfer fielen. Auch Premier Lloyd George erkrankte.

Und dann war der Krieg plötzlich, für viele Briten überraschend, vorbei. Die deutsche Regierung hatte den amerikanischen Präsidenten mit der Bitte kontaktiert, einen Friedensvertrag zu vermitteln. Als der Waffenstillstand am 11. November 1918 in Kraft trat, erklangen zum ersten Mal wieder die Glocken des Big Ben, und am Abend wurden auch die Straßenlaternen, Greys Pessimismus zum Trotz, wieder angezündet. Sie beleuchteten ein völlig verwandeltes Großbritannien, einen schwer verschuldeten Staat, der nun seinen Platz als Weltmacht Nummer eins räumen musste.

Viele seiner Exportmärkte hatte es an die aufstrebenden USA verloren, die jetzt mit dem Völkerbund eine neue Weltordnung installieren wollten. Die New Yorker Wall Street hatte die City of London als wichtigsten Finanzplatz abgelöst. Amerikanisches Kapital hatte die britische Kriegswirtschaft finanziert, nun verhinderten die Kriegsschulden einen weiteren Ausbau des Sozialstaats. Großbritannien, die Herrscherin des Empires, verarmte langsam.

Und so, mit einem bereits wankenden Empire, begann damals das Jahrhundert von Britanniens größtem Gläubiger, den USA.

Körper im Eisenstrudel

Kreative Rüstungstechniker versorgten die Armeen mit neuen, fürchterlichen Waffen: Maschinengewehren, Flammenwerfern, Panzern – und Giftgas.

Von Georg Bönisch

Seit Tagen schon stand Deutschland im Krieg, da endlich begann die politische Führung des Kaiserreichs zu begreifen, dass diese Schlacht nicht nur ein Krieg der Militärs sein könnte, sondern auch einer der Wirtschaftskapitäne und der Wissenschaftler. Der Chemiker. Oder der Stahlbarone. Oder der Kautschukhändler. Es war Sonntag, der 9. August 1914, als in dringlicher Mission der mächtige AEG-Lenker Walther Rathenau bei Kriegsminister Erich von Falkenhayn vorsprach. Der Vorrat an Rohstoffen wie Schwefel, Öl, Kupfer oder Zinn, berichtete Rathenau, sei äußerst schmal, und die Lage deshalb »ungeheuer prekär«. Bald, so sei zu befürchten, könne es zu heiklen Engpässen in der Rüstungswirtschaft kommen.

Das Reich, eher ein Exportland, war stark abhängig von ausländischen Rohstoffen wie etwa Salpeter, der für die Produktion von Schießpulver oder Sprengstoff benötigt wurde. Pro Jahr waren das immerhin 770 000 Tonnen, vorwiegend aus Chile. Weil der Kriegsgegner England sofort alle Seewege blockierte, kamen etliche Materialien nicht mehr ins Land – ein Fiasko drohte. Zwar hatten einige Strategen, vor allem aus der Marine, recht früh eine solche Form des Wirtschaftskriegs durchaus kommen sehen. Ihre Befürchtungen gingen jedoch unter. Zumal ein »Blitzsieg« (Historiker Fritz Fischer) verkündet worden war, vielleicht schon in den nächsten Monaten. Sieg im Westen, Sieg im Osten, Sieg auf der ganzen Linie.

Die Prophezeiungen eines alten, politisch erfahrenen Gesellschaftstheoretikers und Kommunisten galten ihnen nämlich nichts, sie konnten oder wollten sich nicht vorstellen, was Friedrich Engels Jahrzehnte zuvor richtig erkannt hatte – dass für Deutschland in der Zukunft »kein anderer Krieg mehr möglich« sei »als ein Weltkrieg, und zwar ein Weltkrieg von einer nie geahnten Ausdehnung und Heftigkeit«. Engels nannte Zahlen, sie verblüffen angesichts der späteren Realität: »Acht bis zehn Millionen Soldaten werden sich untereinander abwürgen und ganz Europa kahl fressen wie noch nie ein Heuschreckenschwarm. Die Verwüstungen des Dreißigjährigen Krieges zusammengedrängt in drei bis vier Jahre und über den ganzen Kontinent verbreitet.«

Und er sagte auch, nichts sei »abhängiger von ökonomischen Vorbedingungen als gerade Armee und Flotte. Bewaffnung, Taktik und Strategie hängen vor allem ab von der jedesmaligen Produktionsstufe.« Jene ökonomischen Vorbedingungen gab es 1914 nicht, wirklich mobilgemacht hatten nur die Streitkräfte. »In wirtschaftlicher Hinsicht fehlte ein vergleichbares konsequentes Mobilmachungskonzept nahezu völlig«, schreibt der Jurist Momme Rohlack in seiner Abhandlung über die Kriegswirtschaft des Ersten Weltkriegs. Über alles musste neu nachgedacht werden. Erst jetzt – und fast schon zu spät.

Rathenau schlug eine Zwangsbewirtschaftung der Rohstoffe vor. Mitte August nahm unter seiner Leitung im Falkenhayn-Ministerium die »Kriegsrohstoffabteilung« (KRA) ihre Arbeit auf; sie erfasste erst einmal alle im Reich und im besetzten Gebiet vorhandenen Materialien, kaufte sie dann auf oder beschlagnahmte sie und lieferte sie an die Rüstungsindustrie. Der KRA, die sich nach Sachkennern zum »erfolgreichsten deutschen Wirtschaftsorgan« entwickeln sollte, folgten im Laufe der Zeit etliche »Kriegsgesellschaften«. Es entstand ein aus staatlicher Lenkung und privater Industrieproduktion kombiniertes Wirtschaftssystem – was den Industriellen und Aktionären beste Profite bescherte: hohe Dividenden, riesige Gewinne, die sich in den Kriegsjahren zu Milliarden summierten. Eine sehr günstige Konjunkturlage also, und den Zahlmeister spielte das Reich.

Für diese wirtschaftlichen Zwittergebilde war daher ein langer Krieg ein guter Krieg. Das galt schon deshalb, weil die deutsche Offensivstrategie für einen Bewegungskrieg alsbald obsolet wurde, im Westen jedenfalls. Hier hieß die Strategie Defensive, und die wiederum bedeutete: viele Waffen, viele Patronen, viele Geschosse für die Verteidigung.

Im letzten Kriegsjahr, so hat es der Historiker Hans-Ulrich Wehler ausgerechnet, gab es den »größten Ausstoß an Rüstungsgütern«. Als der Krieg begann, verfügte das deutsche Heer gerade mal über 2400 Maschinengewehre, Waffen der Defensive; am Ende waren es 100 000. Und die Zahl der Minenwerfer stieg von 160 auf 16 000. Auf dem Höhepunkt der Marneschlacht im September 1914 verschoss die deutsche Artillerie mehr Munition als im ganzen Deutsch-Französischen Krieg 1870/71, und der dauerte immerhin über sechs Monate.

Mit dieser massiven Technisierung einher ging eine bemerkenswerte Kreativität der Kriegsmechaniker. Niemals zuvor seien »in gleich kurzer Zeit neue Erfindungen und neue Verfahren in ähnlicher Fülle ausgedacht, ausprobiert und ins Werk gesetzt« worden, prahlte Rüstungsorganisator Karl Helfferich, im Krieg der Chef des Reichsschatzamtes. Ins Werk gesetzt wurde dabei auch die schrecklichste Waffe der Zeit – Giftgas. Am Gasprojekt des Berliner Kaiser-Wilhelm-Instituts für physikalische Chemie und Elektrochemie arbeiteten die fähigsten deutschen Naturwissenschaftler; zwei hatten schon den Nobelpreis (für Chemie), andere sollten ihn später bekommen. Und wieder ergänzten sich akute militärische Bedürfnisse und der Geschäftssinn deutscher Unternehmer bestens.

Kriegsbedingt lag, etwa bei Bayer in Leverkusen, die Herstellung von Farbstoffen darnieder; sie hinterließ Abfallprodukte, die kaum brauchbar waren – aber hochtoxisch, Chlor beispielsweise oder Phosgen. Auch andere Unternehmen wie BASF, Hoechst oder AGFA kooperierten eng mit dem Forschungsteam in Berlin – am Ende lag die Gesamtproduktion chemischer Kampfmittel, neben Phosgen und Chlor auch Lost (»Senfgas«), Clark oder Chlorpikrin, bei über 100 000 Tonnen. Der Einsatz dieser neuen Waffe war zwar ein flagranter Verstoß gegen die Haager Landkriegsordnung von 1899, die Deutschland unterzeichnet hatte. Aber das interessierte weder Industrielle noch Wissenschaftler oder das Militär.

Fast quält es zu lesen, was Institutschef Fritz Haber damals aufschrieb: »Der menschliche Körper mit seinen 2 qm Oberfläche stellte eine Zielscheibe dar, die gegen den Eisenstrudel von Maschinengewehr und Feldkanone nicht mehr unbeschädigt an die verteidigte Stellung heranzubringen war. Der Verteidiger konnte nicht vor dem Sturme in seiner Erddeckung niedergekämpft werden, weil ihn die fliegenden Eisenteile nicht erreichten. Es war eine Sache der naturwissenschaftlichen Phantasie«, so Haber weiter, »diesen Zustand vorauszusehen und auf die Abhilfe zu verfallen, die der Stand der Technik möglich macht. Diese Abhilfe ist der Gaskrieg.«

Schon der erste Giftgaseinsatz der deutschen Armee an der Westfront, am 22. April 1915 nahe des belgischen Städtchens Ypern, zeitigte katastrophale Folgen: 150 Tonnen Chlorgas, das auf einer Breite von sechs Kilometern aus knapp 6000 Stahlflaschen entwich und durch den Wind zu den gegnerischen

Stellungen getrieben wurde, tötete Hunderte, vielleicht sogar einige tausend Soldaten, zwischen 7000 und 15000 erlitten Vergiftungen.

Schließlich setzten alle Kriegsnationen Giftgas ein. Doch dem Deutschen Reich »gelang es«, so der österreichische Geschichtsforscher Felix Radax, »etwa doppelt so viel zum Einsatz zu bringen wie Frankreich, drei- bis viermal so viel wie Großbritannien und ungefähr zehnmal so viel wie Russland oder Italien«. Die Bilanz ist eine schreckliche. Im Gas starben 20000 Menschen allein an der Westfront, die russischen Toten könnten sich auf über 50000 belaufen. Etwa eine halbe Million Soldaten wurden schwer geschädigt. Wie es nach einem Chemieangriff an der italienischen Isonzofront im Herbst 1917 aussah, notierte ein deutscher Major ganz prosaisch: »Vollkommene Gaswirkung festgestellt. Nur vereinzelte noch lebende, schwer kranke Italiener. Etwa 5–6000 Mann tot. Es wurden auch verendete Pferde, Hunde und Ratten gefunden.« Sein Resümee: »Das Trefferergebnis war ein günstiges.«

Noch fünf Jahre vor Ausbruch des Ersten Weltkriegs hatte der frühere Generalstabschef Alfred von Schlieffen geglaubt, die Entwicklung des Waffenarsenals sei abgeschlossen, und er erklärte deshalb: »Das Denkbare ist erreicht.« Jetzt revolutionierten Technologen auf allen Seiten das alte Handwerk der Schlieffens – zu Lande, zu Wasser und in der Luft.

Zum Beispiel Flugzeuge: Höhentaugliche Triebwerke wurden entwickelt, Turbolader und Spriteinspritzung. Die Piloten hielten bereits Funkkontakt zum Boden, mal mit einer Art Morsetechnik, mal – wie bei Engländern und Amerikanern – über regulären Sprechfunk. »Aus dem Einsatz einzelner Aufklärer von 1914«, so der Weltkriegs-Spezialist Wolfdieter Bihl, »hat sich bis 1918 ein mit großem Aufwand geführter Luftkrieg entwickelt.« Allein die deutschen Luftstreitkräfte verfügten gegen Kriegsende über 5000 Flugzeuge und 61 000 Soldaten. Schlachtflieger, Bombenflieger – die Fokker-E III der Deutschen war das erste serienmäßig gebaute Jagdflugzeug. Der Pilot konnte im Flug mit seinem Maschinengewehr durch die Propellerblätter feuern, weil das MG über eine Nockenwelle mit deren Rotation synchronisiert war. Wer will, der kann diese Erfindung als den Beginn des modernen Luftkriegs beschreiben. Übrigens: Der erste Motorflug in der Geschichte der Menschheit war gerade mal ein Jahrzehnt her.

Beispiel Marine: Es gab Kreuzer, die 28 Knoten (52 Stundenkilometer) schnell waren, angetrieben von drei Satz Dampfturbinen mit insgesamt 36 000 PS. Jagd-U-Boote erreichten immerhin 15 Knoten (28 Stundenkilometer), spezielle Horchtechniken spürten U-Boote unter Wasser auf. Mit Pressluft angetriebene Torpedos des britischen Erfinders Robert Whitehead besaßen eine automatische Seiten- und Tiefensteuerung – eine »geniale Erfindung«, lobte ein deutscher Marine-Almanach.

Beispiel Heer: Eine grässliche Waffe wurde entwickelt, der Flammenwerfer – von einem deutschen Ingenieur. Splitterhandgranaten, die entsetzliche Verletzungen verursachten, kamen auf den Kriegsmarkt, das MG 08/15 ratterte pro Minute 450 Schuss heraus. Die Geschosse der »Dicken Berta« der Krupp-Werke, ein Mörser mit 42 Zentimeter Rohrdurchmesser, flogen 15 Kilometer weit und durchschlugen dickste Fortmauern. Kruppsche Langrohrgeschütze verfeuerten über 100 Kilo schwere Granaten, die über 120 Kilometer weit flogen und den Scheidepunkt ihrer ballistischen Flugbahn in 38 Kilometer Höhe erreichten.

Mit einer Armada von fast 400 Panzern, die sie wohl auch in Tarnabsicht »Tanks« nannten, Großbehälter also, griffen die Briten erstmals im November 1917 bei Cambrai an, hinter einer Feuerwalze aus Spreng- und Nebelgranaten. Damit leiteten sie, so Bihl, »einen neuen Abschnitt der Kriegsgeschichte ein«. Für deutsche Soldaten ein Psychoschock, denn die Panzer »verbreiteten durch die Ungewohntheit ihres Anblickes und durch ihre augenscheinliche Unverletzbarkeit Furcht und Schrecken«, wie der Generalstabshistoriker Max Schwarte berichtete.

6000 Panzer produzierten Frankreich und England, Deutschland hingegen stellte nur 20 her, Typ A7 V; eine grobe strategische Fehlleistung, für den Zeitzeugen Schwarte war dieses »Versagen im Tank-Bau ein Vorzeichen des Zusammenbruchs«. Während Soldaten bereits mit drahtlosen Telefonen hantierten, wurde doch immer wieder im Felde auf altbewährte Methoden zurückgegriffen. Auf Meldehunde zum Beispiel, die Patronen, Proviant und Kapseln mit Nachrichten am Körper ganz nach vorn an die Front trugen, geachtet wegen ihres »Spürsinns« und ihrer »Zuverlässigkeit«, notierte ein Offizier. Und fügte als weiteren Vorteil deren »geringe Trefferfläche« an. Auch berittene Spähtrupps kamen gelegentlich zum Einsatz. Oder Brieftauben.

Fritz Haber, der Giftgas-Crack und glühende Patriot, für den feststand: »Der Wissenschaftler dient im Frieden der Menschheit, im Kriege dem Vaterland«, half dem Kaiserreich ein weiteres Mal – zusammen mit seinem Mitstreiter Carl Bosch. Beide hatten, vier Jahre vor Kriegsbeginn, ein Verfahren entwickelt, mit dessen Hilfe aus Stickstoff und Wasserstoff Ammoniak hergestellt werden konnte. Ein Segen für die Landwirtschaft, denn nun gab es genug Düngemittel. Und ein Glück für das kriegführende Deutschland. Denn das künstliche Ammoniak konnte in Salpetersäure umgewandelt werden – Salpeter, dessen Import aus Chile durch die Blockade der Engländer verhindert worden war. Um die Produktion von Schießpulver schnellstens sicherzustellen, wurden Werke aus dem Boden gestampft, finanziert vom Staat über Kredite, von denen er nicht profitierte; die Anteilseigner der BASF wohl.

Denn sie partizipierten während des gesamten Krieges an einer durchschnittlichen jährlichen Gewinnausschüttung von 25 Prozent, in anderen Branchen waren es 35 Prozent. »Es ist sogar das Kuriosum vorgekommen«, notierte 1965 der DDR-Wissenschaftler Alfred Schröter, »dass mehr als 100 Prozent Dividende verteilt werden sollten.« Gerade bei den Rüstungsfirmen klingelte es in den Kassen. Krupp erzielte 1916/17 einen Reingewinn von knapp 80 Millionen Mark (1913/14: rund 32 Millionen), Rheinmetall von gut 15 Millionen (vorher 1,4). Phoenix Ruhrort hatte im ersten Kriegsjahr netto 15 Prozent Plus gemacht – aber 52 Prozent 1916/17.

Die wichtigsten Stahl- und Montanbetriebe konnten 1917, berechnet auf das letzte Friedensjahr 1913, ihren Gewinn um sagenhafte 800 Prozent steigern. Zu Recht prangerte eine Kommission des Reichstags solch »skandalöse Kriegsgewinnlerei« an, ihre Kritik jedoch blieb folgenlos. Der Staat, analysierte Hans-Ulrich Wehler, sei »weder willens noch von der inneren Kräftekonstellation her imstande« gewesen, dagegenzuhalten. Mit anderen Worten: Die Kriegslage auszunutzen erschien keinesfalls als ein moralisches Delikt, im Gegenteil. »Die Gewinne«, seufzte ein hoher Beamter des Reichsschatzministeriums, »sind bei der Industrie gemacht, und den Verlust musste das Reich tragen.«

Die Herren der Blutpumpe

In der Obersten Heeresleitung herrschten Inkompetenz und Größenwahn. Die mächtigen Generäle trieben Deutschland in ein Desaster.

Von Michael Sontheimer

Der Kaiser saß im Automobil auf dem Weg von Potsdam nach Berlin, als er sich seinem Adjutanten anvertraute: »Ludendorff muss gehen, der Mann bringt mich noch um meine Krone.« Es war der Morgen des 26. Oktober 1918, der Krieg war verloren, und Wilhelm II. wollte nun den Chef der Obersten Heeresleitung, General Erich Ludendorff, loswerden. »Wie oft ist er mir beim Kronrat schon grob geworden«, klagte der Monarch, »sogar die Karten hat er mir vor die Füße geworfen, und ich musste mir alles gefallen lassen.«

Ein Verbindungsoffizier verriet Ludendorff, dass der Kaiser ihn ablösen wolle – und der General an der Spitze des Heeres war mit den Nerven am Ende. Er zitterte so stark, dass ihm der Offizier helfen musste, das Eiserne Kreuz an seiner Uniform festzustecken.

Im Schloss Bellevue kam es zu einem letzten Streit zwischen Wilhelm II. und seinem obersten Feldherrn. »Sie vergessen wohl, dass Sie mit dem König reden«, herrschte er den General an. Dann verkündete er ihm seine Abberufung. Der Kaiser entließ damit den Mann, dem er von 1916 bis 1918 die deutsche Kriegführung anvertraut hatte, der einflussreichste deutsche General im gesamten Krieg. Mit aller Macht hatte Ludendorff den Sieg gegen die überlegenen Feinde erzwingen wollen und sich dabei haltlosen Hoffnungen hingegeben; er war ein Mann, der nie lachte, dessen Frau über sein »zu Eis erstarrtes Gefühlsleben« klagte – ein Unglück für Deutschland.

Mit seinem Partner in der Obersten Heeresleitung (OHL), dem populären Paul von Hindenburg, war er im Krieg zum mächtigsten Mann des Kaiserreichs aufgestiegen. Was Ludendorff wie seinen Vorgängern Helmuth von Moltke und Erich von Falkenhayn aber fehlte, waren kluge Strategien und die Fähigkeit, aus einem politischen Ziel einen militärischen Plan abzuleiten. Die führenden Generäle des Kaiserreichs machten vor allem zwei kapitale Fehler: Sie zogen zunächst Großbritannien und dann die aufstrebende Großmacht USA in den Krieg.

Die Herren der Blutpumpe

Die Ausgangslage für die erste OHL unter Moltke, einem Neffen des gleichnamigen legendären preußischen Generalfeldmarschalls Helmuth von Moltke, war ohne Frage schwierig. Die Armeen der Mittelmächte hatten eine Kriegsstärke von 3,5 Millionen Soldaten, davon 2,1 Millionen deutsche; die Entente verfügte dagegen über 5,7 Millionen.

Seit der Bildung der französisch-russischen Allianz 1894 und ihrer Erweiterung um Großbritannien zur Triple Entente im Jahr 1907 war der Ausgangspunkt des strategischen Denkens beim deutschen Generalstab der Zweifrontenkrieg gegen Frankreich und Russland. Und der war nur zu gewinnen, wenn er durch die Unterwerfung eines Feindes schnell zum Einfrontenkrieg wurde. Da die russische Armee als langsam galt, sollte die große Attacke gegen Frankreich erfolgen.

Für diesen kriegsentscheidenden Angriff hatte der 1891 zum Generalstabschef ernannte Alfred von Schlieffen einen kühnen Plan entwickelt. Die deutschen Truppen sollten mit einem übermächtigen rechten Flügel in Nordfrankreich einfallen, die französische Hauptstreitmacht umfassen und zerstören – so wie der Punier Hannibal es im Jahr 216 v. Chr. bei Cannae gegen die zahlenmäßig klar überlegenen Römer vorexerziert hatte. »Der erste Schlag muss mit voller Kraft geführt werden, und es muss eine wirkliche

Oberster Kriegsherr Kaiser Wilhelm II.
(vor dem Tisch) mit der ersten Heeresleitung,
Generälen und Politikern, Fotomontage, 1914

Entscheidungsschlacht stattfinden«, erklärte Schlieffen bereits 1901 seinen Kommandeuren.

Der »Schlieffenplan«, 1905 in der Denkschrift »Krieg gegen Frankreich« niedergelegt, war militärisch gewagt und politisch dumm. Die deutschen Soldaten mussten nämlich Luxemburg und Belgien durchqueren und besetzen. Damit aber zog das Deutsche Reich Großbritannien, dessen Regierung und Bürger gar nicht auf Krieg aus waren, in die Auseinandersetzung. Die Briten garantierten die Neutralität des belgischen Königreichs. Mit der Supermacht des 19. Jahrhunderts als Gegner weitete sich der Kontinentalkrieg zu einem Weltkrieg aus. Das Deutsche Reich stand mit dem maroden Österreich-Ungarn drei Großmächten gegenüber.

Dennoch fielen vier deutsche Armeen am 18. August 1914 in Belgien ein. Im Osten war nur ein Achtel der Landstreitkräfte aufgeboten, um die russischen Armeen aufzuhalten, die auf Drängen der Franzosen bereits einen Tag zuvor in Ostpreußen einmarschiert waren. Hier traten zwei Männer in Aktion, die für die zweite Hälfte des Krieges entscheidend sein würden: der reaktivierte Ruheständler Paul von Hindenburg und sein Stabschef Erich Ludendorff. Zwar waren ihre Truppen in deutlicher Unterzahl, aber dank guter Aufklärung und taktischem Geschick kreisten sie die beiden russischen Armeen nacheinander ein und setzen sie im August 1914 beim heute polnischen Allenstein außer Gefecht.

Das schnauzbärtige Duo war nach der historischen Schlacht von Tannenberg fortan bei den meisten Deutschen ungeheuer populär. Der Kaiser lobte die beiden für ihre »Waffentat« die, »nahezu einzig in der Geschichte, Ihnen und Ihren Truppen einen für alle Zeit unvergänglichen Ruhm sichert«. Nach wie vor musste der Krieg jedoch im Westen entschieden werden, denn in Ausbildung und Bewaffnung waren die Franzosen und

Briten den Russen klar überlegen. Anfangs ging der Angriff gegen Frankreich zügig voran, allerdings gelang es den deutschen Truppen nicht, feindliche Armeen einzukreisen; Franzosen und Briten zogen sich geordnet zurück. Am 5. September 1914, als sie an der Marne zum Gegenangriff übergingen, verfügten sie über 41 Divisionen gegen nur 25 deutsche.

Generalstabschef Moltke war, im Vergleich zu anderen deutschen Generälen, ein feinsinniger Mensch, kein gefühlskalter Militarist, der seine Männer bedenkenlos zu Hunderttausenden in den Tod schickte. Doch er hatte Kommunikationsprobleme: Drahtloses Nachrichtenwesen existierte kaum, und das Verlegen neuer Telefonleitungen dauerte seine Zeit. Oft wusste der OHL-Chef nicht, was auf den Schlachtfeldern passierte. Ohnehin war er überfordert und zögerlich. Seine Armeeführer verfolgten ihre eigenen Ambitionen.

Als alliierte Truppen in eine Lücke zwischen zwei deutsche Armeen stießen, befahl Moltke den Rückzug. Der Plan vom schnellen Niederwerfen Frankreichs war gescheitert. Im deutschen Hauptquartier galt Moltke als Verantwortlicher des Desasters; der General erlitt einen Nervenzusammenbruch. Der Kaiser berief den preußischen Kriegsminister Erich von Falkenhayn als Nachfolger. An sich lag der Oberbefehl über die Armee bei Wilhelm II., aber der hatte mit Beginn des Krieges Moltke zum Chef des Generalstabes des Feldheeres ernannt und gab die militärische Regie damit weitgehend ab.

»Wenn man sich in Deutschland einbildet, dass ich das Heer führe, so irrt man sich sehr«, klagte der Kaiser schon bald aus dem Hauptquartier, wo er pflichtbewusst die Stellung hielt. »Ich trinke Tee und säge Holz und gehe spazieren, und dann erfahre ich von Zeit zu Zeit, das und das ist gemacht, ganz wie es den Herren beliebt.« Wilhelm II., dessen Aufgabe es gewesen wäre, eine politische Strategie zu entwerfen und durchzusetzen, war weder militärisch noch politisch ausreichend ausgebildet. Auch deshalb stützte er sich auf die Oberste Heeresleitung. Die »Reichsleitung« genannte Regierung, die ebenfalls von ihm ernannt wurde, war zu schwach, ebenso wie das Parlament, der Reichstag. So konnte die OHL nach Gutdünken agieren.

Erich von Falkenhayn, der Chef der zweiten OHL, zählte zu den menschenverachtenden, zynischen Militaristen. Mit elf Jahren war er bereits in die Kadettenanstalt geschickt worden. »Wenn wir auch darüber zu Grunde gehen, schön war's doch«, kommentierte er den Kriegsbeginn. Wie alle Berufsoffiziere, die seit ihrer Kindheit nur Befehl und Gehorsam kannten, hatte Falkenhayn den Krieg herbeigesehnt, er gehörte zu den Kriegstreibern.

Bis zum Rückschlag an der Marne waren die deutschen Generäle auf einen schnellen Sieg fixiert. In einem längeren Krieg, glaubten sie, könne Deutschland nicht siegen. Zudem waren sie von den Vorzügen der Offensive gegenüber der Defensive überzeugt. »Nicht der Stärkere«, schrieb ein Offizier, »sondern der Energischere hat die besten Aussichten auf den Erfolg.« Die Generäle hielten ihre Soldaten für besser als die des Feindes. Doch auch der tapferste deutsche Soldat war nicht schneller als die Pferde, die sein Geschütz durch den Schlamm ziehen mussten. Die Geschwindigkeit der Truppen, vor allem beim Vormarsch in erobertem zerstörten Terrain, war begrenzt. Und die neuen Maschinenwaffen brachten taktische Vorteile für die Verteidiger, nicht die Angreifer. Im industriellen Krieg der Massenheere war der subjektive Faktor ohnehin begrenzt.

Bereits im Dezember 1914 eröffnete Falkenhayn der Reichsleitung, die Armee sei »ein zertrümmertes Werkzeug«. Der General sah in England den Hauptfeind und schlug vor, mit Russland oder auch mit Frankreich über einen Separatfrieden zu verhandeln. Die Reichsleitung hielt derart frühe Friedensverhandlungen für unmöglich: Das Volk erwartete einen »Siegfrieden«. Nach Erfolgen an der Ostfront versuchte Falkenhayn im Westen die Entscheidung herbeizuführen. Aus erfolglosen Versuchen der Briten und Franzosen, die deutsche Front zu durchbrechen, lernte er, dass ein Durchbruch bei gut befestigten Stellungen unmöglich sei. Daraus leitete er durchaus folgerichtig eine »Ermattungsstrategie« ab.

Der Schauplatz, den er für ihre Erprobung wählte, wurde zum Symbol für das sinnlose Schlachten im Ersten Weltkrieg: Verdun. Falkenhayn wollte die Hügel um die stärkste französische Festung erobern, um die Verteidiger so zu Gegenangriffen zu zwingen. Dabei, so das Kalkül, sollten sie derartig hohe Verluste erleiden, dass ihre Moral zusammenbrechen würde. Der Feind sollte vor Verdun »ausbluten«. In seinen Memoiren schrieb der General: »Für zwei Deutsche, die außer Gefecht gesetzt wurden«, mussten »drüben fünf Franzosen bluten«. Er sprach auch gern von einer »Ausblutungsschlacht«, der Feind solle »weißbluten«, Verdun war eine »Blutpumpe«.

Am 21. Februar 1916 ging die 5. Armee zum Angriff über, aber die Franzosen waren durch einen Überläufer vor der »Operation Gericht« gewarnt. Die Deutschen kamen nicht so weit wie geplant; sie hatten die französischen Verluste überschätzt. Statt Falkenhayns Ratio von zwei zu fünf waren die Verluste am Ende auf beiden Seiten fast gleich hoch. Die Schlacht hinterließ insgesamt mehr als eine halbe Million Tote und Verwundete. »Ununterbrochen fauchen franz. Granaten auf uns hernieder. Viele Kameraden fielen, wurden verwundet, verschüttet. Jeden Augenblick schrie einer, der getroffen, auf. Krachen, schreien, stöhnen, unheimlich; und bei jeder der herabsausenden Granaten dachte jeder, jetzt bin ich dran.« So beschrieb ein deutscher Soldat in seinem Tagebuch die Kämpfe vor Verdun.

Mit seiner »Ermattungsstrategie« zersetzte Falkenhayn die Moral der eigenen Truppe. Zudem starteten die Briten nun an der Somme einen Gegenangriff, um die Verbündeten vor Verdun zu entlasten. Die Österreicher standen im Osten vor dem Zusammenbruch. Längst intrigierten Hindenburg und Ludendorff gegen Falkenhayn, der ihnen Verstärkung für die Ostfront verweigerte. Ludendorff sagte über Falkenhayn: »Ich kann hassen, und diesen Mann hasse ich.« Falkenhayn wiederum hielt Ludendorff für »geistig nicht normal«.

Und damit stand er nicht allein. Ludendorff sei »ein zwar kluger, energischer, aber derart rabiater nur sein eigenes Ich voranstellender Kerl«, klagte Feldeisenbahnchef Wilhelm Groener. Zur Schlüsselfigur bei der Absetzung Falkenhayns im Sommer 1916 wurde Reichskanzler Theobald von Bethmann Hollweg. Er glaubte, dass der Krieg nicht zu gewinnen sei und ein Verständigungsfrieden geschlossen werden müsse, bei dem die Deutschen auf extreme Kriegsziele wie etwa die Annexion Belgiens verzichten müssten. Das aber hielt er nur mit Hilfe von Hindenburg, des Helden von Tannenberg, für möglich. Als der Kaiser am 29. August 1916 Hindenburg und Ludendorff in die Oberste Heeresleitung berief, diente Hindenburg nur als Aushängeschild, der Technokrat Ludendorff war die treibende Kraft, aus Sicht des Soziologen Max Weber nun »Deutschlands Nummer eins«.

Das Duo betrieb den massiven Ausbau der Kriegsproduktion und setzte auf den »uneingeschränkten U-Boot-Krieg«, bei dem sämtliche unter feindlicher Flagge fahrenden Schiffe ohne Vorwarnung torpediert werden sollten. So wollten die Generäle den Briten Nachschub aus den USA abschneiden; innerhalb von fünf Monaten brächen die Engländer, so das Kalkül, dann zusammen. Das Problem dabei: Für die Blockade der Britischen Inseln mussten die deutschen U-Boote auch amerikanische Passagierschiffe und Frachter versenken – Grund für den Kriegseintritt der USA. Trotzdem stimmte der Kaiser im Januar 1917, gegen Kanzler Bethmann Hollweg, dem totalen Einsatz der U-Boote zu – im April erklärten die USA Deutschland den Krieg.

Bereits im Sommer musste die OHL eingestehen, dass sich England auch mit der angeblichen Wunderwaffe U-Boot nicht niederringen ließ. Nach anfänglichen deutschen Erfolgen begannen Briten und Amerikaner, den Atlantik mit gut gesicherten Schiffskonvois zu überqueren. Ludendorff war mit seinem Alles-oder-nichts-Ansatz gescheitert. Obwohl die Lageberichte für ihn geschönt wurden, war nun klar, dass er keine Strategie zur Beendigung des Krieges hatte.

Es half auch nichts mehr, dass in Russland die von den Deutschen unterstützten Bolschewiki den Zaren stürzten und im März 1918 einen für Deutschland günstigen Sonderfrieden schlossen. Bei der Planung der Frühjahrsoffensive, mit der Ludendorff das Ruder noch herumreißen wollte, offenbarte er seine operative Beschränktheit. Auf die Frage, wie die Offensive entwickelt werden sollte, erklärte er: »Das Wort Operation verbitte ich mir. Wir hauen ein Loch hinein. Das Weitere findet sich. So haben wir es in Russland auch gemacht.«

So schlicht dachte der damals mächtigste Deutsche. Historiker haben lange darüber gestritten, ob das Deutsche Reich unter Ludendorff und Hindenburg zu einer »militärischen Diktatur«, so Friedrich Meinecke, mutierte. Jüngere Experten wie Thomas Nipperdey und Hans-Ulrich Wehler verneinen dies allerdings. Ludendorff setzte zwar die Entlassung des ihm nicht genehmen Reichskanzlers Bethman Hollweg sowie eines Kriegsministers und Staatssekretärs durch, doch er konnte nicht offen gegen den Kaiser vorgehen, der ihm misstraute. Gleichzeitig gewann der von ihm gehasste Reichstag langsam an Bedeutung.

Am 8. August 1918 brachen Truppen der Alliierten bei Amiens mit mehr als 500 Panzern durch die deutschen Linien. Die Stahlgefährte lösten Panik aus. Kriegsmüde Soldaten riefen Kameraden, die von erfolgreichen Gegenangriffen zurückkehrten, wütend zu: »Streikbrecher, Kriegsverlängerer.« Der 8. August sei der »Schwarze Tag des deutschen Heeres« gewesen, notierte Ludendorff in seinen Kriegserinnerungen. Sein Stabsarzt beschrieb ihn als »gänzlich verzerrt und versteift«, seelisch »versteinert«.

Jetzt plötzlich verlangte der General, der so lange falsche Hoffnungen auf einen Sieg verbreitet hatte, kategorisch von der Regierung, um einen Waffenstillstand nachzusuchen. Dabei sorgte er dafür, dass eine zivile Regierung die Niederlage abwickelte. So konnten Ludendorff und seine Gesinnungsgenossen die Legende vom im Felde ungeschlagenen Heer verbreiten, das von Defätisten in der Heimat hinterrücks gemeuchelt worden sei – die Dolchstoßlegende.

Ludendorffs strategische Defizite wirkten sich im nicht mehr zeitgemäßen System der Militärmonarchie besonders fatal aus. Weil der Kaiser überfordert war und die von ihm berufene Reichsleitung und der Reichstag zu wenig Legitimation und Einfluss hatten, konnte ein brutal-nationalistischer General eine für Deutschland vernichtende Rolle spielen.

Erich Ludendorff flüchtete vier Wochen nach seiner Abberufung, mit falschem Bart maskiert, nach Dänemark. Er befürchtete, an die Alliierten ausgeliefert zu werden. Im November 1923 war er wieder zurück auf der politischen Bühne in Deutschland: Er marschierte mit dem Gefreiten Adolf Hitler und anderen Nationalsozialisten in München zur Feldherrnhalle, um die Reichsregierung zu stürzen. Im anschließenden Prozess wegen Hochverrats wurde er freigesprochen – wegen seiner Verdienste im Krieg.

Der Krieg der Dichter

> Das erste Opfer des Krieges war die
> deutsche Intelligenz – Schriftsteller wie
> Thomas Mann verklärten den Waffengang
> zu einem großen Seelenereignis.

Von Matthias Matussek

Was hatte sich da nur angestaut in dieser prosperierenden Wohlstandsgesellschaft, die sich Deutsches Reich nannte, um sich dann so fürchterlich entladen zu müssen? Welcher Reichtum an Intelligenz, welche Durchbruchsfiguren in Technik und Biologie, in Soziologie und Literatur und Malerei! Wessen waren sie bloß so müde geworden, die Köpfe der literarischen Salons und der Boheme, all die Stars, die Intelligenzler, Deuter, Propheten, Revolutionäre.

Sie alle sollten im August 1914 beglückt entdecken, dass sich ihre Gefühle mit denen der Kommerzienräte und Offiziere deckten, genauso wie mit denen der Kioskbudenbesitzer und der Kohlenschlepper und des Mannes auf der Straße. Dieser merkwürdige Rausch, den man später das »Augusterlebnis« nannte, jene Tage, in denen es angeblich keine Parteien mehr gab, sondern nur noch Deutsche, die in den Ersten Weltkrieg zogen.

Woher kam dieser Hunger nach Schicksal? Unter den vielen bemerkenswerten Szenen in Florian Illies' wunderbarer Collage »1913«, diesem Tableau über die Zeit vor dem großen Gemetzel, ist jene eine der amüsantesten: In seiner Villa im Berliner Grunewald zupft sich der Theaterkritiker Alfred Kerr vor dem Spiegel die Fliege zurecht, um sich in den Kampf zu stürzen –

in die Aufführung von Thomas Manns »Fiorenza«, die er zu vernichten trachtet. Zur gleichen Zeit lässt sich der Dichter im Hotel Unter den Linden seinen Mantel aufbügeln – um diesen oder einen anderen Angriff zumindest äußerlich makellos zu überstehen. Beide steigen in ihre Rüstungen für einen Feuilletonkrieg, der für sie die Welt bedeutet.

Natürlich trägt Kerr den Sieg davon, denn er hat, als Kritiker im »Tag«, das letzte Wort. Dabei ist der Kern der Feindschaft eigentlich gar nicht das Stück, sondern ein privates Drama. Thomas Mann hat, gegen den werbenden Kerr, das Herz der Katia Pringsheim erobert.

Das ist die Zeit: Stillstand. Stickigkeit. Kleine Aufregungen, Skandalisierungen, dann wieder Langeweile. In Robert Musils »Der Mann ohne Eigenschaften« nimmt der Held Ulrich im August 1913 »Urlaub von seinem Leben«, der junge Mann will sich nicht mehr mit Karriereplänen quälen. Gut, es gibt Geräusche vom Balkan, es gibt hitzige Reden, aber nichts wird sonderlich ernst genommen.

Und ein paar Monate darauf sind sie alle gemeinsam von der gleichen Erregung getragen und mitgerissen, auch Musil, sie sind gleichsam aus sich herausgespült, hinaus und hinauf zu einem Ideal oder dem, was sie dafür halten. Alfred Kerr und Thomas Mann sind plötzlich, um im Jargon zu bleiben, »Waffenbrüder«, zumindest am Schreibtisch, auch der eine Art Feldherrentisch mit ständigen Lagebesprechungen.

Unter den ersten Kriegsfreiwilligen ist besonders diese eine Gruppe stark vertreten, die der Dichter und der Schriftsteller, die sich auf die Suche nach der großen Erzählung dieses Volkes begeben. Intellektuelle, viele Studenten, auch Professoren machen sich auf zum »Waffengang« – das sind so die Klangfarben, die im Volk der Ritter- und Märchengeschichten die Herzen höher schlagen lassen.

Der Krieg der Dichter

Eines ist sicher: Die Urkatastrophe, als die der Erste Weltkrieg bezeichnet wird, hat viele Väter, und nicht alle waren Militärs. Viele waren zunächst mit nichts bewaffnet als ihrem Füllfederhalter. Sie verherrlichten ihn, sie gaben die Hymnik vor, Max Weber bedauert, in diesem »großen und wunderbaren Krieg« nicht mit an die Front ziehen zu dürfen. Auch Alfred Kerr jubelt, und Thomas Mann spricht von einer lang ersehnten »Reinigung«, von der »Veredelung« des Menschen im Krieg, vom Ausstieg aus einer »satten Friedenswelt«.

Die Arbeit an seinem »Zauberberg« wird er ruhen lassen, um sich in den voluminösen »Betrachtungen eines Unpolitischen« all die kulturstrategischen und lebensphilosophischen Rechtfertigungen des »Waffengangs« von der Seele zu schreiben, mit denen er seinen Roman nicht erdrücken will. Er spricht, wie viele in jenen Tagen, von der »Wesensart« der Deutschen, die er insbesondere der französischen Lebens- und Denkungsart gegenüberstellt. Wo liegt es, das deutsche Wesen? Thomas Mann sucht es bei Schopenhauer, dem Nietzsche der Bürger-Verachtung, er greift zurück auf Goethe, dem die »Französgen« arrogant und überziseliert vorkamen, ja, bis zu Luther, in dem der Protest gegen die römisch-katholische, also westliche und überzivilisierte Welt, seinen »gewaltigsten Ausdruck« gefunden habe.

Für Thomas Mann geht es, ob in Flandern oder an der Somme, um den Kampf zwischen (deutscher) »Kultur« und (französischer) »Zivilisation«: »In Deutschlands Seele werden die geistigen Gegensätze Europas ausgetragen.« Doch in seiner eigenen Seele trägt er noch etwas anderes aus – den Konflikt mit seinem Bruder Heinrich, dem Kriegsgegner, der für ihn den verachteten »Zivilisationsliteraten« verkörpert.

Er hält dessen Bücher für schmuddelig, seine politischen Parteinahmen für die Demokratie und gegen den Ständestaat für indiskutabel. Heinrich erwidert die Abneigung und attackiert in seinem großen Zola-Essay nicht nur Preußen und den Kaiser, sondern auch den Bruder. Für seine geistigen Spielereien, wirft er Thomas vor, nehme er »Tod und Elend der Völker in Kauf«. Thomas Mann, der künftige Nobelpreisträger, rechtfertigt den »Griff zum Schwert« scheinbar unberührt von den katastrophalen Wendungen, wenn er auch später in Briefen von »Reue« spricht und »Kriegsmüdigkeit«.

Was für ein Wandel – vom Ausbruch einer romantisch-heroischen Stimmung hinein in das elende Aushalten und Verrecken in einem industriellen Massentöten und Sterben! Der Dichter August Stramm, der als Kompanieführer im Stellungskrieg an der Somme kämpft, schreibt 1915 in einem Brief: »Ich habe kein Wort. Ich kenne kein Wort. Ich muss immer nur stieren, stieren um mich stumpf zu machen.« Ein halbes Jahr später fällt er in Russland am Dnjepr-Bug-Kanal.

Dennoch: Jenes »Augusterlebnis« wird auch in den kommenden Jahren immer wieder beschworen als nationale Erzählung, als große Feier der Einheit. Da selbst die Sozialdemokraten mit der Bewilligung der Kriegskredite nicht mehr abseits stehen mögen, konnte Kaiser Wilhelm II. ausrufen: »Ich kenne keine Parteien mehr, ich kenne nur Deutsche.« Und hat er nicht recht, wenigstens für einen Moment, ausgerechnet dieser leicht beschränkte, größenwahnsinnige, operettenhafte Kaiser mit seinem Faible für Prunkuniformen und Matrosenanzüge? Ausgerechnet diese Pickelhauben-Karikatur spricht die von seinem Kanzler Bethmann Hollweg erfundene Losung aus, und es gab ja tatsächlich nur noch Deutsche – und ihre Gegner: der Franzos, der Engländer, der Russe.

Das »Augusterlebnis« ist durchaus auch eine Fabrikation, die die Schriftsteller der Zeit aus dem Urgrund des Volkes zu schöpfen meinten, und sie übersetzen, was sie dort vorzufinden glaubten, in eine hochgesinnte Begeisterung, ohne je darüber nachzudenken, ob sie es eventuell selbst dort hineingelegt hatten. Bekannt ist, dass nicht nur die Leuchten der Literatur zur Feder griffen, sondern dass in den ersten Kriegswochen täglich 50 000 kriegstrunkene Gedichte an die Redaktionen eingesandt wurden. Thomas Mann sah seine Aufgabe in der »Ausdeutung, Verherrlichung, Vertiefung« der Kriegsgeschehnisse, und seine Leser antworteten auf ihre Weise.

Vielleicht war doch etwas daran, dass hier ein Volk nach seiner Schicksalsstunde suchte? Vielleicht hatte Walter Benjamin recht, als er spekulierte, dass die Schlachtfelder des Ersten Weltkriegs die nie erwartete Realisierung der Philosophie des Idealismus geleistet hätten. Nun hatte sich der Idealismus des frühen 19. Jahrhunderts (und mit ihm die Idee einer Nation, die auch eine der philosophischen Vertiefung, der Träume, der Musik, der Emotionen, der edlen Ziele ein sollte) gründlich ausgeatmet in der wilhelminischen Gründerphase. Die neue Zeit war eine der Maschinen, der Zwecke, der Rationalisierungen, der unglaublichen wirtschaftlichen Erfolge, kurz: der kapitalistischen Erfolgsgeschichte des Deutschen Reiches.

Nicht wenige hielten noch 1913 genau aus diesen Gründen einen Krieg für unwahrscheinlich, wie der britische Publizist Norman Angell, der sich damit beruhigte, dass ein Krieg in einer wirtschaftlich engverflochtenen Welt keinen Sinn mehr mache. Weil dann »der Einfluss der gesamten deutschen Finanzwelt gegenüber der deutschen Regierung zum Tragen kommen würde, um eine für den deutschen Handel ruinöse Situation zu beenden«.

Das Argument war plausibel. Krieg ist unklug. Krieg ist irrational. Krieg ist ein Rückfall in primitivere Zeiten. Angell vertraute auf die Sprache der Zahlen und auf die Welt der Bilanzen. Was aber, wenn das »Augusterlebnis« genau dagegen rebellierte? Die Dichter Paul Zech, Hermann Hesse, Richard

Dehmel, Hermann Löns und viele andere meldeten sich freiwillig. Der Expressionist Ernst Wilhelm Lotz freute sich darauf, den Krieg »ästhetisch zu erleben«.

Tatsächlich wurde die öde Vulkanlandschaft des Schlachtfeldes in der Phantasie der Künstler zu einer großen Nullstellung, zur Metapher, zum leeren Blatt, auf dem neu geschrieben werden konnte, und sei es das eigene Leben, dem nun, gesteigert durch die Todesdrohung, eine besondere Faszination eingeatmet wird, so war es für Abenteurer wie Ernst Jünger.

In seinem Front-Essay »Stoßtrupps« beschreibt er die Herausforderungen der »kleinen ausgesuchten Verbände« vor dem gegnerischen Stacheldrahtverhau. Die »Überwindung solcher Schrecknisse« erforderte »körperliche, geistige und moralische Eigenschaften«, die weit über dem lägen, was man von einem Massenheer erwarten könne. Der Kriegseinsatz schien für Jünger geradezu erotisch zu knistern, wenn er beobachtet, dass »die Luft so von überströmender Männlichkeit geladen« war.

Julius Hart, naturalistischer Dichter, versprach sich noch 1915 eine völlige Umwälzung durch den »Kriegsgeist«, der »mit einem Schlage die ganze Poesie der Mode, der Perversitäten und Dekadenzen ... der formalistischen und technischen Leere hinwegfegen wird«. Der Krieg als Geländegewinn auch im Feuilleton, in erster Linie dort.

Was war es, was diesen August für deutsche Dichter und Schriftsteller so unwiderstehlich machte? Zunächst wohl das Gefühl der Einheit. Doch dann sicher auch das Empfinden der eigenen Bedeutung, ja der Sendung, die viele in sich spürten. Ein Hohepriestertum mit allen Weihefloskeln schlich sich in die Prosa ein, von einem mystischen Auftrag war die Rede. Endlich wieder wahrgenommen zu sein, endlich wieder die Deutungshoheit erlangt zu haben in »den höchsten Angelegenheiten der Nation«, das war es, was Rudolf Borchardt mit Genugtuung erfüllte.

Allerdings hatte die Weltzertrümmerung ihren ästhetischen Reiz auch für die unzähligen Avantgarde-Bewegungen, die sich um die Aufmerksamkeit der Öffentlichkeit stritten, und das nicht nur in Deutschland. In Italien hatte Filippo Tommaso Marinetti mit seinem Manifest der Futuristen bereits 1909 zuvor »die Liebe zur Gefahr« besungen: »Wir wollen den Krieg verherrlichen – diese einzige Hygiene der Welt – den Militarismus, den Patriotismus, die Vernichtungstat der Anarchisten, die schönen Ideen, für die man stirbt, und die Verachtung des Weibes.«

Den Expressionisten konnte die Sprachzertrümmerung kaum weit genug gehen. Schon die Lyrik von August Stramm, dem Kriegsteilnehmer, hatte die Anmutung von Stoßfeuern und Schrapnellen, eine abgespeckte substantivierte Sprache, jede Färbung, jedes Adjektiv war abgeworfen wie überflüssiges Gepäck. Freudenhäuser waren ein beliebtes Sujet: »Lichte dirnen aus den Fenstern / Die Seuche / Spreitet an der Tür ...«

Paradoxerweise feierten diese kriegsbegeisterten Avantgardisten all das, gegen das der kriegsbegeisterte Großbürger Thomas Mann anschrieb: Sie pflegten den Kult des Hässlichen, Kranken, Wahnsinnigen. Berühmt Jakob van Hoddis' Gedicht »Weltende«: »Dem Bürger fliegt vom spitzen Kopf der Hut / In allen Lüften hallt es wie Geschrei / Dachdecker stürzen ab und gehn entzwei / Und an den Küsten – liest man – steigt die Flut.« Das war 1911, nun, im August 1914, waren sie kurzfristig alle zusammen, die Bürgerlichen und die Avantgardisten, die Seher und die Provokateure, einig in einer Mischung aus Angst und Überhebung, aus Faszination und Apokalypse-Erwartung. Raus aus den Salons und hinein in die Gefahr – ins wirkliche Leben.

Die Kriegsbegeisterung erfasste übrigens nicht nur Deutschland. In diesem Krieg sollte es nicht bloß um Deutungshoheit gehen, sondern um die Welthoheit der Kultur, und im »Völkerringen« wurde er quasi zur Fortsetzung der Olympischen

Spiele mit kriegerischen Mitteln. Lang hielt sich die Version, dass allein das Deutsche Reich darauf aus war, zum Schwert zu greifen. Mittlerweile sind sich die Historiker weitgehend einig, dass auch die Großmächte der »Entente« durchaus kriegswillig waren. Die geistige Aufrüstung gab es auch dort.

In Frankreich wurde der sozialistische Pazifist Jean Jaurès von einem Nationalisten erschossen, und lange vor Ernst Jünger war es der Brite Rudyard Kipling, der von der Mission des kriegführenden Empires erfüllt war, und in Gedichten wie »The White Man's Burden« das Sendungsbewusstsein kolonialer Offiziere ausstaffierte. Nun hatte er mit seiner Gedichtzeile »The hun is at the gate!« (Der Hunne steht vor dem Tor) die britische Kunstelite um sich geschart. In einem offenen Brief hatten sich 52 Schriftsteller im Herbst 1914 für den »Gerechten Krieg« gegen die Deutschen ausgesprochen.

Auf der anderen Seite zogen 93 prominente Vertreter des deutschen Geisteslebens mit ihrem Manifest »An die Kulturwelt!« für »Deutschlands reine Sache« in den Kampf, unter ihnen Max Reinhardt und Gerhart Hauptmann, Max Planck und Wilhelm Röntgen. Hermann Hesse schien zu Beginn mitzutaumeln, auch er meldete sich freiwillig zum Kriegseinsatz. Kurz darauf aber engagierte er sich publizistisch gegen den erstarkten Nationalismus mit seinem Aufsatz: »O Freunde, nicht diese Töne«. Er erntete Hassbriefe, Attacken durch die Presse, seine Bücher wurden boykottiert.

Allerdings erwies er sich darin als weitsichtiger als sein enger und lebenslanger Freund und Bewunderer Thomas Mann. Der schrieb später zwar von »seines demokratischen Optimismus Maienblüte« während seiner Opposition gegen Hitler-Deutschland im amerikanischen Exil. Seiner Haltung im Ersten Weltkrieg wollte er aber nicht völlig abschwören. Er fand sie »interessanter«.

Volk im Taumel

Die brüchige Euphorie beim Kriegsausbruch

Kriegsbeginn 1914. Alte, Frauen und Kinder jubeln den ausrückenden Regimentern zu, an den Bajonetten stecken Blumen. Bis heute ist das Bild dieses Augusts geprägt von jauchzenden Massen, hysterischer Begeisterung, einem Volk im Taumel. Das Gemälde einer kollektiven Kriegseuphorie bröckelt indes, seit Wissenschaftler belegten, dass die deutsche Befindlichkeit keineswegs so einheitlich war. Historische Quellen zeigen vielmehr »ein breites Spektrum von Reaktionen«, schreibt der Historiker Gerhard Hirschfeld – »von Ablehnung des Krieges über Fassungslosigkeit und Schock bis zu patriotischer Glut und Hysterie«. Insbesondere in ländlichen Regionen und im Arbeitermilieu dominierten »Besorgnis und Ernst, wenn es auch kaum oppositionellen Protest gab«, urteilt der Münchner Historiker Andreas Wirsching. Manche Veteranen, die den Krieg von 1870/71 erlebt hatten, ahnten, dass das, was vor den Kriegsteilnehmern lag, ungleich entsetzlicher werden würde als alles zuvor. Der Hurra-Patriotismus grassierte vor allem in den Metropolen, in Universitätskreisen und dem bürgerlich-nationalen, ja chauvinistischen Milieu.

Bettina Musall

TEIL III

Epochenwende

Kreuzzug der Demokraten

Erst nach langem Zögern schickten die USA 1917 ihre Truppen auf das große europäische Schlachtfeld. Sie brachten die Wende, doch Präsident Wilsons Traum vom gerechten Frieden scheiterte.

Von Gerhard Spörl

Schon in den späten August-Tagen 1914, der Krieg in Europa ist gerade ausgebrochen, beginnt ein Mann darüber nachzudenken, was danach kommen soll. Wie könnte ein Frieden aussehen, der Kriege zukünftig verhindert? Eine neue Ordnung schwebt ihm vor, die diese Europäer in der Zukunft davon abhalten soll, übereinander herzufallen, wie sie es in regelmäßigen Abständen immer wieder tun.

Der Mann sitzt im Weißen Haus, er ist der Präsident und heißt Woodrow Wilson, er ist der Typus des moralisch inspirierten Intellektuellen. In der Machtpolitik der konkurrierenden Nationalstaaten sieht er das Grundübel der Zeit. Hätten sich die Deutschen, Österreicher, Russen und Briten auf Konsultationen in den Krisentagen 1913 oder 1914 eingelassen, wären sie zur Abrüstung bereit gewesen, so sagt es der Präsident seinem Vertrauten Edward House, dann wäre der Krieg wegen eines Attentates in Sarajevo, an der Peripherie des alten Europa, gar nicht erst ausgebrochen.

Der Akademiker Wilson ist eher zufällig ins Weiße Haus geraten. Viele Jahre seines Lebens hat er an Universitäten verbracht, seit 1890 als Professor für Rechtswissenschaft und Nationalökonomie in Princeton, damals schon ein Juwel gehobener Ausbildung für die Elite des Landes. Dann, 1910, wechselt er überraschend in die Politik, lässt sich zum Gouverneur des kleinen Bundesstaates New Jersey wählen. Rasch wird er erstaunlich populär, wenn auch weniger unter den Demokraten, seiner Partei, als im Volk. Und er hätte wohl kaum Chancen gehabt, 1913 Präsident zu werden, hätten die Republikaner sich nicht den Luxus der Spaltung geleistet und zwei Kandidaten aufgestellt. Wilson, der Denker, ist mit schwachen 42 Prozent der lachende Dritte.

Doch Wilson ist nicht einfach der idealistische Friedenstheoretiker, für den ihn manche halten. Auch für ihn kann der Quantensprung aus dem Zyklus der Gewalt nur unter dem Patronat der Vereinigten Staaten von Amerika stattfinden. Auch er zweifelt nicht daran, dass die Geschichte Amerika zur ersten Weltmacht machen will. Mit diesem erhabenen Selbstverständnis von der historischen Aufgabe seines Landes beobachtet Woodrow Wilson, wie sich der Krieg drüben in Europa zur beispiellosen Großmetzelei auswächst. Lange predigt er Neutralität, vor allem deshalb, weil die große Masse der Amerikaner weder Lust noch Neigung verspürt, ihre Kinder in den Krieg jenseits des Atlantiks zu schicken. Die Europäer, diese Haltung ist 1914 populär in den USA, sollen sich gegenseitig umbringen, wenn sie wollen. Was geht das Amerika an?

So redet auch der Präsident öffentlich davon, dass er gar nicht daran denke, Soldaten an die Front in Frankreich oder Russland zu schicken. Noch 1916 wird er mit dem Slogan wiedergewählt: »He kept us out of war!« – »Er hat uns aus dem Krieg herausgehalten!« Aber was heißt, andererseits, Neutralität für so ein großes, wichtiges Land wie Amerika? Wie selbstverständlich unterstützt die Regierung Wilson ab Herbst 1914 Großbritannien, das auf Kredite und Hilfslieferungen von Munition und Waffen über Industriegüter bis hin zu Lebensmitteln umso mehr angewiesen ist, je länger der Krieg dauert. Und so ist die amerikanische Neutralität ziemlich relativ zu verstehen, denn sie schließt das großangelegte Engagement für eine Kriegspartei ein.

Im Ersten wie im Zweiten Weltkrieg ist Großbritannien der Freund Amerikas und Deutschland der Feind. Amerika steht Anfang des 20. Jahrhunderts in scharfer Konkurrenz zum Kaiserreich. Dass sie einander ähneln, in ihrer Dynamik wie in ihrem Selbstverständnis, erschwert das Verhältnis noch. Beide sind junge Nationen. Die eine Nation, Amerika, durchlitt einen Bürgerkrieg, damit ein schlagkräftiger Einheitsstaat entstehen konnte. Die andere, Deutschland, zog in drei Kriege, ehe sie zum Nationalstaat wurde. Beide Länder sind auch dabei, sich durch Bevölkerungswachstum stark zu verändern. In der neuen Phase des Kapitalismus seit 1870 blühen sie kraftvoll auf und pumpen sich mit nationalem Selbstbewusstsein auf.

Deutschland und Amerika verwandeln sich auch parallel in Militärmächte. Dazu treiben sie seit der Jahrhundertwende den Aufbau einer imposanten Flotte mit viel Getöse voran. Der Prophet für die Marine als entscheidender militärischer Gattung für jede Weltmacht, der überall gelesen wird und zum Klassiker aufsteigt, ist der US-Marinestratege Alfred Mahan: Dominanz zur See, schreibt Mahan, ist Voraussetzung für Weltherrschaft.

Als der Krieg im August 1914 ausbricht, hat Amerika wichtige Grundlagen für seinen Aufstieg gelegt. Es hat Spanien aus Kuba und von den Philippinen verdrängt, beherrscht die Karibik, stellt gerade den Panama-Kanal fertig und besitzt in Ostasien Anlaufstellen für seine Flotte. Amerika hat beherzigt, wozu Mahan riet. In Deutschland ist Alfred von Tirpitz, der später zum Großadmiral aufsteigt, der Prophet der Flottenrüstung, er ist der deutsche Mahan und findet in Kaiser Wilhelm II. einen marktschreierischen Schüler.

Allerdings sehen weder Mahan noch Tirpitz voraus, welche Logik der Weltkrieg entfaltet. Beide erwarten, dass die Schlachtflotte mit ihren Linienschiffen und schweren Kreuzern über die Herrschaft auf See entscheiden wird, aber die mit nationaler Selbstbeweihräucherung vom Stapel gelassenen Riesenschiffe liegen alsbald nutzlos in den Häfen. Die entscheidende Waffe, das sind die kleinen U-Boote mit maximal 50 Meter Tauchtiefe, die bis zu 16 Stunden unter Wasser fahren können. Sie entdecken die Handelsschiffe, machen ihre Torpedos scharf und bringen sich in eine möglichst gute Schussposition.

Die optimale geostrategische Lage besitzt Großbritannien und nutzt sie zur Seeblockade. Nach der Londoner Seerechtsdeklaration von 1909 ist sie völkerrechtswidrig, aber der historisch neue U-Boot-Krieg sprengt die traditionelle Prisenordnung, wonach U-Boote das Banngut feindlicher und neutraler Schiffe nur unter genau definierten Umständen beschlagnahmen dürfen. Darüber hinaus müssen sie die Sicherheit der Besatzung für den Fall garantieren, dass sie die Schiffe versenken wollen.

Die britische Blockade ist ungemein wirksam, sie unterbricht jeglichen Überseehandel mit den Mittelmächten. Deutschland hat gehofft, dass der Handel im Krieg weiter über die Niederlande abgewickelt werden kann, aber daraus wird nichts. Die Versorgung im Reich wird umso schlechter, je länger der Krieg dauert. Am 4. Februar 1915 verschärft Deutschland den Seekrieg deshalb noch. Die Reichsleitung legt einen Sperrgürtel um die Britischen Inseln und verkündet, von jetzt an würden deutsche U-Boote jedes feindliche Handelsschiff und jeden feindlichen Passagierdampfer ohne Vorwarnung angreifen und versenken. Es sei der Beginn »maritimen Terrors«, schreibt die Kölner Historikerin Ragnhild Fiebig-von Hase über den »Anfang vom Ende des Krieges«. Deutschland rechtfertigt sich mit der britischen Seekriegsführung.

Kreuzzug der Demokraten

Was sich der Kaiser unter dem Einfluss von Tirpitz davon erhofft, liegt auf der Hand: »Die Marinestrategen rechneten damit, dass die Unterbindung der überseeischen Einfuhren das von Getreide- und Rohstoffimporten abhängige Großbritannien mit Versorgungsproblemen so großen Ausmaßes konfrontieren würde, dass es schon innerhalb von sechs Wochen zum Einlenken gezwungen sein und um Frieden bitten werde«, schreibt Fiebig-von Hase. Die amerikanische Regierung lässt umgehend wissen, dass sie Deutschland für Schäden haftbar machen werde, sollten neutrale Schiffe untergehen. Der Fall lässt nicht lange auf sich warten. Am 7. Mai 1915 versenkt U-20 den britischen Passagierdampfer »Lusitania« vor der Südküste Irlands. 1198 Menschen kommen ums Leben, darunter 128 amerikanische Staatsbürger.

Noch ist Woodrow Wilson an einem Bruch mit dem Kaiserreich nicht gelegen, und so zügelt er seine Rhetorik. Er fordert Genugtuung. Tatsächlich gesteht Deutschland zu, es werde fortan Angriffe auf neutrale Schiffe unterlassen. Doch bald darauf erregt sich Amerika schon stärker über den maritimen Terror, diesmal hat U-20 den Dampfer »Arabic« am 19. August 1915 auf den Meeresgrund geschickt, 44 Menschen sterben, darunter drei Amerikaner. Wieder protestiert die Regierung Wilson, wieder gelobt die deutsche Regierung, Passagierschiffe würden künftig verschont. So geht das dahin. Amerika schickt Protestnoten, Amerika echauffiert sich, die deutsche Marineführung verspricht Beschränkung, hält sich aber nicht daran. Am 24. März 1916 torpediert UB-29 die französische Passagierfähre »Sussex« im Ärmelkanal, mindestens 50 Tote, unter den Verletzten sind mehrere Amerikaner.

Das diplomatische Verhältnis zwischen Amerika und Deutschland ist bis zum Zerreißen angespannt. Aber auch im Verhältnis der USA zu Großbritannien kommt es jetzt zu

Verstimmungen. Washington verübelt den Briten die Ausweitung der Seeblockade und stört sich an den Kriegszielen der Alliierten, zu denen die Kontrolle des Atlantikhandels gehört. Die US-Regierung warnt nun Banken und Investoren davor, weitere Kredite zu gewähren. Ohne neue Kredite aber kann Großbritannien den Krieg allenfalls drei Monate fortführen. Allmählich rückt Amerika in den Mittelpunkt. Allmählich fällt Präsident Wilson die Rolle zu, die er für sich beansprucht: die des Vermittlers, des ehrlichen Maklers, der souverän und distanziert die europäischen Händel beobachtet und nach Auswegen aus dem Krieg sucht.

Es ist Deutschland, das im Sommer 1916 zuerst an den amerikanischen Präsidenten mit der Bitte um Vermittlung herantritt. Wilson zwingt das kredithungrige Großbritannien dazu, sich auf den diplomatischen Kanal zur Friedenssuche einzulassen. Am 18. Dezember 1916 fordert der Präsident die Kriegsgegner förmlich dazu auf, ihre Kriegsziele zu benennen, damit er prüfen kann, ob eine Friedensinitiative Aussicht auf Erfolg haben kann. Widerstrebend kommen die Alliierten am 10. Januar 1917 dem nach. Großbritannien kann sich nicht leisten, Amerika zu verprellen. Frankreich verlangt Wiedergutmachung für erlittenes Unrecht, wozu die Rückgabe Elsass-Lothringens und auch Reparationen zählen. Die Alliierten fordern zudem das Recht der Völker auf Selbstbestimmung, was das Ende der Vielvölkerstaaten Österreich-Ungarn und des Osmanischen Reiches bedeutet.

Während Wilson Ausschau hält, ob die Zeit schon reif ist für seine neue internationale Ordnung, tobt im deutschen Kaiserreich der Machtkampf um die Führung des Krieges und seine Ziele. Reichskanzler Theobald von Bethmann Hollweg sucht die Annäherung an Amerika, aber er ist das schwächste Glied in der Befehlskette. Admiral Tirpitz tritt für den bedingungslosen

U-Boot-Krieg ein, um Großbritannien in die Kapitulation zu zwingen und das Patt im kontinentalen Stellungskrieg aufzulösen. Die Oberste Heeresleitung wiederum unter Generalfeldmarschall Paul von Hindenburg und Erich Ludendorff rät zunächst vom verschärften Seekrieg ab, weil dann Amerika in den Krieg eingreifen könnte, schwenkt aber Ende 1916 um. Auf den U-Booten ruht plötzlich wieder die Hoffnung der Deutschen, die Wende doch noch erzwingen zu können; dabei hatte sich diese Erwartung bisher keineswegs erfüllt.

Ein erstaunliches Wagnis zudem, da Deutschland gerade aus gutem Grund die Annäherung an Amerika gesucht hat. »Unter dem Eindruck der misslungenen Verdun-Offensive war die Bereitschaft gefährlich gewachsen, ›à la baisse‹ zu spekulieren und alles auf die eine noch ungeprüfte Karte des unein-

U-Boote liegen in Reihe im Hafen von Kiel kurz vor Kriegsende im Oktober 1918

geschränkten U-Boot-Krieges zu setzen«, schreibt Fiebig-von Hase. Am 9. Januar 1917 verkündet Kaiser Wilhelm II., dass der maritime Terror ab dem 1. Februar wiederaufgenommen werden soll.

Ungläubig und tief enttäuscht nimmt Präsident Wilson die deutsche Ankündigung über den totalen U-Boot-Krieg zur Kenntnis. Er hat für bare Münze genommen, dass Deutschland ihn um Vermittlung ersucht, er hat sich auch nicht von seinen Beratern überzeugen lassen, die darin nur eine Finte oder allenfalls ein Intermezzo sehen und es für unvermeidlich halten, dass Amerika Krieg führen muss, um den Krieg zu entscheiden. Er gibt jetzt die Illusion auf, er könne zwischen den Kriegsgegnern vermitteln. Sein Stolz ist verletzt, er hat Deutschland stets bewundert.

Doch immer noch tut sich Wilson schwer, die Konsequenzen zu ziehen. Am 3. Februar 1917 bricht Amerika zwar die diplomatischen Beziehungen mit dem deutschen Kaiserreich ab. Aber dann wartet der Präsident ab, ob Deutschland mit dem bedingungslosen U-Boot-Krieg wirklich ernst macht. Aus seiner Sicht liegt noch immer kein hinreichender Grund vor, dass Amerika die Neutralität aufgibt. Es ist so ähnlich wie im Zweiten Weltkrieg, als Franklin Roosevelt auch einerseits den Krieg vorbereitet, aber andererseits, zur Verzweiflung Großbritanniens, zögert und abwartet, bis der absolute Kriegsgrund endlich da ist. Mit Pearl Harbor ist die Zimmermann-Depesche nicht zu vergleichen, aber sie gibt 1917 den Ausschlag für Amerikas Eintritt in den Krieg.

Arthur Zimmermann ist Staatssekretär im Auswärtigen Amt in Berlin. Er schreibt an den mexikanischen Präsidenten Venustiano Carranza und unterbreitet ihm das Angebot, Deutschland werde sein Land, sofern es Amerika den Krieg erklären sollte, dabei unterstützen, »dass Mexiko in Texas, Neu-Mexiko, Arizona früher verlorenes Gebiet zurückerobert«. Der britische Geheimdienst fängt das verschlüsselte Telegramm ab und spielt es der US-Regierung zu. Die Wirkung ist wie gewünscht: ungeheure Empörung, Aufruhr, Racheschreie. Der Krieg mit Mexiko um diese Gebiete liegt gerade 70 Jahre zurück.

Jetzt handelt Wilson. Am 2. April hält der US-Präsident im Kongress eine denkwürdige Rede, in der er pathetisch zur Verteidigung der Freiheit und zur Teilnahme am Kreuzzug der Demokratien gegen aggressive Autokratien aufruft. Am 6. April erklärt Amerika dem Deutschen Reich den Krieg: »Es ist schrecklich, dieses große friedliebende Volk in einen Krieg zu führen. Doch Recht ist kostbarer als Frieden«, sagt Woodrow Wilson. Im Mai 1917 führt Amerika die Wehrpflicht für alle Männer zwischen 21 und 30 Jahren ein, 4,75 Millionen werden schließlich eingezogen. Mehr als 2 Millionen US-Soldaten kommen dann in Europa zum Einsatz und verstärken die erschöpften Briten. Dabei sind auch 350 000 Schwarze, die meisten leisten, streng separiert von den weißen Kameraden, Arbeitseinsatz hinter der Front.

Langsam, aber sicher wendet sich der Krieg. Mittlerweile haben die Alliierten eine Strategie gegen den totalen U-Boot-Krieg der Deutschen gefunden. Die amerikanische Flotte fasst jetzt ihre Handelsschiffe zu Geleitzügen zusammen und schützt sie mit Kriegsschiffen. Im Sommer 1917 ist nicht mehr zu leugnen, weder in Berlin noch in Wien, dass U-Boote diesen Krieg nicht gewinnen. Zugleich hat die amerikanische Kriegserklärung die Moral und die Ressourcen der Alliierten gestärkt.

Als im Sommer 1918 US-Divisionen geballt in die Kämpfe auf dem europäischen Kriegsschauplatz eingreifen, ohne dass die deutschen U-Boote die großen atlantischen Transportoperationen ernsthaft gefährden, »entpuppten sich auch in dieser Hinsicht die Versprechungen der kaiserlichen Militärberater als dilettantenhaftes Wunschdenken«, beschreibt Fiebig-von

Hase die Wende. Mit dem deprimierenden, verlustreichen Stellungskrieg auf dem Kontinent ist es jetzt vorbei. Gemeinsam mit den Alliierten bringen die US-Truppen die letzte deutsche Offensive zum Stehen. Unter General John Pershing reibt die Expeditionsarmee das deutsche Westheer auf. Am Ende sterben 116 000 amerikanische Soldaten in diesem europäischen Krieg, 204 000 sind verwundet.

Über den Umweg der Kriegsteilnahme wird Woodrow Wilson endlich zur Schlüsselfigur für den Frieden, wie er es sich gewünscht hat. Schon am 8. Januar 1918 hat er seinen Friedensplan in 14 Punkten vorgelegt, der nun als Grundlage für die Verhandlungen in Paris dient. Der zentrale Zweck besteht darin, »in der Zukunft Deutschlands Macht zum Bösen« einzuschränken, wie der Präsident sagt. Daher sollen Deutschland und seine Verbündeten sämtliche annektierten Gebiete zurückgeben: Belgien, Elsass-Lothringen, Serbien, Montenegro, darüber hinaus soll Polen als Staat seine Wiedergeburt erleben. Die Völker Österreich-Ungarns sollen »die freieste Gelegenheit zu autonomer Entwicklung« bekommen, das gilt auch für das Osmanische Reich.

Woodrow Wilson will aber auch ein großzügiger Sieger sein. Er tritt dafür ein, dass Deutschland dem Völkerbund, der als Krönung einer neuen internationalen Ordnung gegründet werden soll, angehören darf. »Die Aufnahme würde nicht nur gewährleisten, dass die Deutschen dem Postulat kollektiver Sicherheit folgen müssen, sondern ihnen auch den Zwang auferlegen, die Reform der internationalen Ordnung anzunehmen«, schreibt Ross Kennedy in seinem Buch »The Will to Believe«. Typisch für Wilson ist das Pathos, mit dem er die Meinung vertritt, die Völkergemeinschaft sei imstande, Kriege von nun an hinter sich zu lassen, indem sie aggressive Nationalstaaten in eine internationale Ordnung einbindet und so eindämmt. Aber im Gegenteil legt der Frieden nach diesem Krieg die Saat für den nächsten.

Warum es so gekommen ist, dafür gibt es viele Gründe. »Im Felde ungeschlagen« sei das deutsche Heer, heißt es alsbald, und die nationale Rechte findet Widerhall für die Dolchstoßlegende, die sie fortan wie eine Monstranz vor sich herträgt – als wäre die Heimat, und damit sind auch Regierung und Kaiser gemeint, dem Heer in den Rücken gefallen. Zudem enthält der Versailler Vertrag allerlei Ungerechtigkeiten, die Reparationen, die die Alliierten den Deutschen auferlegen, sind astronomisch hoch. Schwerer noch aber wiegt, dass Amerika, anders als Wilson es wollte, Europa wieder sich selbst überlässt. So bleibt der Völkerbund ein schwaches Gebilde und die neue internationale Ordnung ein Torso.

Was Woodrow Wilson, dem Intellektuellen, seit August 1914 vorschwebte, wird erst sein Nachfolger Franklin Roosevelt verwirklichen. Durch den Zweiten Weltkrieg steigt Amerika endgültig zur Weltmacht auf und dämmt Deutschlands Macht zum Bösen dauerhaft ein. Jetzt erst entsteht eine internationale Ordnung, die Europa befriedet. Raymond Aron, der französische Soziologe, hat einmal gesagt, das 20. Jahrhundert hätte auch das deutsche Jahrhundert werden können. Man könnte auch sagen: Deutschland erst hat in zwei Kriegen das 20. Jahrhundert zum amerikanischen gemacht.

Hilfloses Wimmern

Auch das Leben der Daheimgebliebenen wurde verwüstet in diesem totalen Krieg. Die Lebensmittelproduktion brach zusammen, rund 700 000 Deutsche starben an Unterernährung.

Von Joachim Mohr

Der Schrecken des Krieges kam schnell in die Stadt. Er brachte Verwundete und Verzweiflung, verursachte Hunger und Not. Noch Ende Juli 1914 hatte die »Freiburger Zeitung« geschrieben: »Wie eine Springflut durchrauschte die ganze Stadt eine Welle höchster patriotischer Begeisterung.« Auf der Freiburger Paradeallee, der Kaiserstraße, sammelten sich Tausende Menschen mit Fahnen und Gesängen zu patriotischen Umzügen. Als am 1. August der Krieg ausgerufen wurde, jubelten sie.

Doch nur wenige Wochen später ähnelte die »Perle des Breisgaus«, wie ein zeitgenössischer Reiseführer sie rühmte, einer Stadt im Ausnahmezustand: Überall sah man Männer in Uniformen, die meisten Touristen hingegen waren abgereist. Ein Großteil der männlichen Einwohner war zum Kriegsdienst eingezogen; darunter zahlreiche Firmenbesitzer, viele Arbeiter und Handwerker. Dutzende Betriebe mussten geschlossen werden. Viele Familien verloren über Nacht ihren Ernährer. Gleichzeitig stiegen die Preise für Lebensmittel und zahlreiche andere Waren; es waren die ersten Zeichen der kommenden Inflation. Viele Soldatenfamilien, insbesondere wenn sie schon zuvor an der Armutsgrenze gelebt hatten, gerieten innerhalb kurzer Zeit in Not.

Hilfloses Wimmern

Die Front zu Frankreich im Westen lag nur etwa 50 Kilometer von Freiburg entfernt. So konnten die Bürger den Lärm der Gefechte von Anfang an hören. Die »Stimme des Krieges« nannte die sozialdemokratische Freiburger Tageszeitung »Volkswacht« das regelmäßige Donnern des Artilleriefeuers. Seit dem 1. August galt das Kriegsrecht in der Stadt. Die Exekutivgewalt ging nun vom Standortkommandanten aus. Die berühmte Albert-Ludwigs-Universität reduzierte ihren Lehrbetrieb auf ein Minimum – es gab ohnehin kaum mehr Studenten. Bereits Mitte August, nur wenige Tage nach Kriegsausbruch, lagen in Lazaretten, verteilt über die ganze Stadt, schon rund 3000 verwundete und verstümmelte Soldaten, deutsche, aber auch französische. Erstmals kehrten in großer Zahl Soldaten mit schwersten Verletzungen zurück und machten so für alle das Grauen der Kämpfe sichtbar.

Durch die Industrialisierung des Krieges, neue Waffen wie Maschinengewehre oder Giftgas, verwandelten sich die Schlachtfelder in Schlachthäuser. Andererseits ermöglichte ein modernes Sanitätswesen im Feld, dass selbst vielfach Verwundete, die früher an der Front verblutet wären, überlebten. Gleichzeitig erreichten die ersten Meldungen, dass ihre Männer und Väter gefallen waren, Freiburger Familien und erschütterten die Angehörigen. Auch in anderen deutschen Städten veränderte sich der Alltag der Menschen innerhalb weniger Wochen. Insgesamt waren über 13 Millionen deutsche Männer während des vierjährigen Schlachtens militärisch im Einsatz, über 2 Millionen fanden dabei den Tod.

Obwohl die meisten Städte und Dörfer des Deutschen Reiches ja fern der Fronten lagen, bildeten sie für die Bürger rasch keine friedlichen und sicheren Zufluchtsorte mehr. Wie in keinem modernen Krieg zuvor, kam es im Ersten Weltkrieg zur »systematischen Auflösung der Grenzen zwischen der militärischen und zivilen Sphäre«, schreibt der US-amerikanische Historiker Roger Chickering in seiner umfassenden Studie über Freiburg im Ersten Weltkrieg.* Nicht nur der Soldat im Einsatz, »das Leben jedes Mannes, jeder Frau und jedes Kindes« in den kriegführenden Staaten war von den militärischen Auseinandersetzungen und ihren Folgen berührt.

Die Industriebetriebe wie die Landwirtschaft in der Heimat arbeiteten nun für den Bedarf der riesigen Armeen, die Volkswirtschaften wurden dem Krieg und seinem Materialhunger untergeordnet. Arbeit, Schule, Familie, Freizeit – alle Lebensbereiche mussten sich den Kriegszielen beugen. Die moralische Unterstützung von zu Hause, vor allem durch die Angehörigen, war ein entscheidender Faktor, um den Kampfeswillen der Soldaten in diesem millionenfachen Sterben aufrecht zu halten und die Qualen und die Entbehrungen zu ertragen. Für die Daheimgebliebenen galt wie für die Frontkämpfer zu jeder Zeit die Parole »Durchhalten«.

Der Erste Weltkrieg kann zu Recht als »totaler Krieg« bezeichnet werden, der wirklich alles erfasste, die Truppen wie die Zivilbevölkerung. Das Wort von der »Heimatfront« beschreibt zutreffend, wie sich auch der Alltag zu Hause bis in den hintersten Winkel militarisierte. So wurden schon kurz nach Kriegsbeginn Lebensmittel knapp. Mitte 1914 importierte Deutschland noch rund ein Viertel seiner Nahrungsmittel. Von August 1914 an blockierte die britische Flotte den Seeweg zu den deutschen Häfen. Die Briten wollten die Rüstungsindustrie vom Nachschub abschneiden, aber auch die deutsche Bevölkerung aushungern. In der Folge stiegen die Preise drastisch.

---

*   Roger Chickering: »Freiburg im Ersten Weltkrieg. Totaler Krieg und städtischer Alltag, 1914–1918«, Ferdinand Schöningh Verlag, Paderborn, 2009.

Hilfloses Wimmern

Bereits im Mai 1915 kosteten Nahrungsmittel im Deutschen Reich durchschnittlich 65 Prozent mehr als vor Kriegsbeginn. In Freiburg erhöhte sich in den ersten beiden Kriegsjahren der Brotpreis um 40 Prozent, der Preis für Schweinefleisch um 70, der Kartoffelpreis um 75 und der Preis für Eier gar um 150 Prozent. Zwar wurden den Arbeitnehmern Lohnerhöhungen gewährt, doch diese konnten die steigenden Lebenshaltungskosten nicht ausgleichen, die Kaufkraft schwand: Allein zwischen Frühjahr 1914 und September 1916 sank der Reallohn reichsweit in der Kriegsindustrie um knapp 22 Prozent, in der zivilen Industrie sogar um gut 42 Prozent. Viele Menschen arbeiteten bis zur Erschöpfung, um über die Runden zu kommen. Die Arbeitszeiten in den Betrieben stiegen, insbesondere in der Rüstungsindustrie, oft auf zwölf Stunden und mehr. Auch nachts und sonntags wurde wieder mehr gearbeitet, selbst ältere Kinder mussten mit anpacken.

Das erste Nahrungsmittel, das bereits Anfang 1915 rationiert wurde, war Brot. Ab 1916 gab es auch Butter, Fleisch, Eier und Kartoffeln offiziell nur noch auf Lebensmittelkarten, ebenso wie Kaffee, Tee, Zucker, Hülsenfrüchte und Teigwaren. Als im Mai 1916 erstmals Fleischkarten ausgegeben wurden, berechtigten sie jeden, 800 Gramm Fleisch pro Woche zu beziehen. Zum Ende des Jahres hatte sich die Menge bereits auf 225 Gramm reduziert. In Freiburg wurden vor dem Krieg rund 50 000 Liter Milch pro Tag verbraucht, im Frühjahr 1916 waren es gerade noch 20 000 Liter.

Dabei konnten selbst die Bezugsscheine häufig nicht garantieren, dass die Hungernden die ihnen zustehenden Lebensmittel bekamen, weil schlicht nicht genug Waren vorhanden waren. Und die Nahrungsmittel wurden nicht nur knapper, sondern auch schlechter: Brot musste mit Kartoffeln oder Kartoffelmehl gestreckt werden, es war oft grob, zäh, feucht. Milch verdünnte man mit Wasser. Aus geröstetem Getreide, Nüssen oder Rüben wurde »Kriegskaffee« hergestellt. Für das Kriegskochbuch »Des Vaterlandes Kochtopf« warb der Verlag mit den Worten: »Die Küchenfrage ist jetzt eine Bewaffnungsfrage geworden, um dem englischen Aushungerungsplan wirkungsvoll zu begegnen.«

Im Januar 1915 ordnete Berlin den großen »Schweinemord« an: Unter patriotischen Fanfarenklängen wurden neun Millionen Tiere getötet, weil sie »Mitfresser« in Konkurrenz zu den Menschen seien. Der Leiter des Freiburger Gesundheitsamtes schrieb Ende 1916: »Fleisch ist knapp, Eier sind noch knapper, beide aber sind so teuer, dass ärmere und selbst mittlere Familien sich diesen Luxus, selbst wenn sie in hinreichender Menge zu erhalten wären, nicht leisten können.«

Fast alle größeren Städte richteten Suppenküchen für Arme ein. In Hamburg kamen jeden Tag bis zu 150 000 Menschen, das war ein Sechstel der gesamten Bevölkerung, zu diesen Notspeisungen. In Freiburg erhielten im Januar 1917 fast 8000 Einwohner dort ihre täglichen Mahlzeiten. Dabei war das Essen von minderer Qualität. Ein Hamburger beschwerte sich: »Es wird ... derartig schlecht gekocht, dass man an manchen Tagen diesen Brei mit Ekel und Brechreiz in sich hineinquält.«

Im sogenannten Steckrübenwinter 1916/17 war die Not besonders groß. Eine Hamburgerin klagte: »Schon fünf Wochen keine Kartoffeln, Mehl und Brot knapp. Man geht hungrig zu Bett und steht hungrig wieder auf. Nur die ewigen Rüben, ohne Kartoffeln, ohne Fleisch, alles in Wasser gekocht.« Die Kohlrübe wurde eigentlich als Viehfutter angebaut – nun gab es Suppen, Frikadellen, Koteletts, Klöße, Mus und sogar Marmelade aus dieser nicht sehr nahrhaften Frucht.

Im ganzen Land hungerten die Menschen, vor allem die der unteren sozialen Schichten. 1918 deckten die offiziellen Lebensmittelrationen nur noch knapp 60 bis 70 Prozent des Kalorienbedarfs des Einzelnen bei leichter und nur noch rund 50 Prozent bei schwerer Arbeit. Schätzungsweise 700 000 Deutsche starben während des Krieges an den Folgen von Unterernährung. Die enorme Zahl der Toten auch an der Heimatfront wirkte zusätzlich demoralisierend auf die Bevölkerung – sie entsprach etwa einem Drittel der deutschen Gefallenen auf den Schlachtfeldern.

Kleidung, Haushaltswaren und andere Artikel des täglichen Lebens konnten sich viele nicht mehr leisten. Gegen Ende des Krieges trugen viele Bedürftige nur noch Lumpen am Körper. »Seht doch die Arbeiter richtig an! Sie laufen mit zerrissenem Zeug, Hemden und Strümpfen herum«, klagte ein Teilnehmer auf einer Versammlung Hamburger Hafenarbeiter im Dezember 1917. Insbesondere die Arbeiterschaft in den Großstädten und im Ruhrgebiet verelendete in einem Ausmaß, das an die Zeit zu Beginn der Industrialisierung Mitte des 19. Jahrhunderts erinnerte.

Da es unter anderem auch an Leder mangelte, gab es ab 1916 immer weniger Schuhe zu kaufen; selbst die Reparatur von Sandalen oder Stiefeln gestaltete sich schwierig. Deshalb kaufte die Stadt Freiburg 1917 Holzsohlen für über 60 000 Paar primitive Ersatzschuhe. Im Frühjahr 1918 musste die Mehrheit der Einwohner, einschließlich der öffentlich Bediensteten, sogenannte Einheitsschuhe tragen: schwere, unbequeme und ungesunde, aus billigem Tuch und hölzernen Sohlen gefertigte Treter.

Der Mangel an fast allem brachte schnell einen blühenden Schwarzmarkt hervor. Außerhalb des staatlichen Kontrollsystems waren praktisch alle Güter verfügbar – es war nur eine Frage des Geldes. Metzger, Bäcker und Lebensmittelhändler hielten Waren für zahlungskräftige Kunden zurück, Kaufleute erhoben heimliche Zulagen auf alles, was sie anboten. In Freiburg wurde ein Käsehändler mehrmals zu Geldstrafen verdonnert, schließlich schlossen die Behörden sein Geschäft, und er wurde sogar inhaftiert, weil er von seinen Kunden überhöhte Preise verlangt hatte.

Hamsterfahrten waren der sichtbarste Teil des Schwarzmarktes. Wer konnte, machte am Wochenende mit dem Rucksack einen Ausflug aufs Land, um jeden noch so kleinen Bauernhof auf der Suche nach Lebensmitteln abzuklappern. In Freiburg begaben sich 1916, insbesondere an Sonntagen, Tausende Einwohner auf den Weg ins Umland, »ganze Prozessionen«, so berichtete eine lokale Zeitung. Besonders begehrt waren Butter, Eier, Käse und Kartoffeln. Ende 1917 brachte ein Pfund Butter

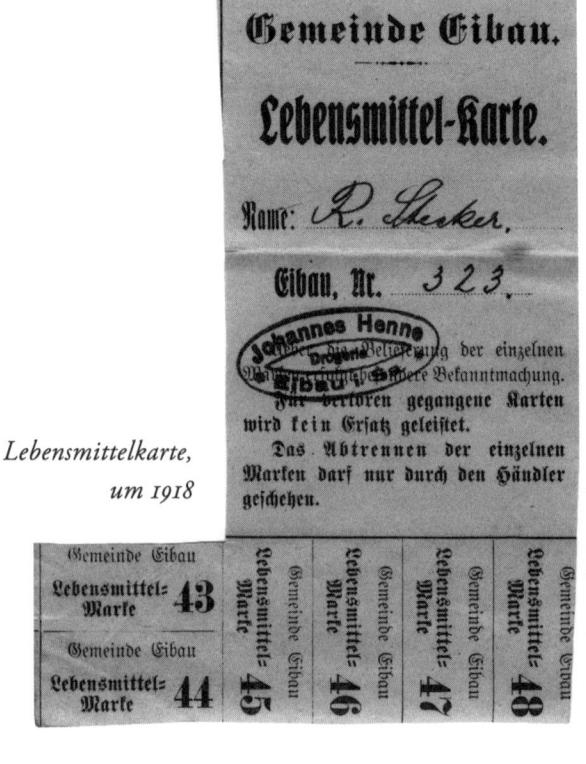

Lebensmittelkarte, um 1918

bis zu zehn Mark, das Vierfache des verordneten Höchstpreises. Eier wurden doppelt so teuer wie vorgeschrieben verkauft.

Die Polizei versuchte das verbotene Hamstern einzudämmen. Zwei typische Fälle: Ein Mädchen wurde im Frühjahr 1917 auf dem Weg nach Freiburg mit fünf Pfund Butter, zwei Schinken und Speck erwischt. Eine Frau, die behauptete, schwanger zu sein, hatte zwei große Stücke Quarkkäse und drei Pfund Butter unter ihrer Jacke. Die meisten kamen glimpflich davon, denn die Ordnungshüter scheuten zu harte Maßnahmen, weil sie wussten, dass die Not ohne Schwarzmarkt noch größer werden würde. Das allgegenwärtige Elend höhlte Recht und Gesetz aus. Die Zahl der Diebstähle und Betrügereien steigerte sich während der Kriegszeit immens, das Fälschen von Lebensmittelkarten war weit verbreitet.

Die Not, vor allem aber die mit dem Elend verbundenen Ungerechtigkeiten, verschärften die sozialen Konflikte in der wilhelminischen Klassengesellschaft. Viele Bürger neideten etwa den Schwerarbeitern in der Rüstungsindustrie ihre erhöhten Rationen an Lebensmittelmarken. Die hungernden Massen in den Städten schimpften auf die Bauern und Großagrarier. Industrielle galten, teilweise zu Recht, als Kriegsspekulanten. »Die schönen Reden vom Durchhalten gelten nur für die arbeitende Klasse, die herrschende Klasse hat sich mit ihrem Geldsack schon genügend versorgt«, wetterte eine Frau in einer Hamburger Kriegsküche 1917.

Gerade das Leben vieler Frauen änderte sich am Kriegsort Heimat radikal: Frauen ersetzten in Betrieben und Behörden die fehlenden männlichen Arbeitskräfte, sie mussten die Rolle des Ernährers übernehmen und versuchten, ihre Familien durchzubringen.

Der Anteil der Frauen an den Arbeitern in der Industrie wuchs im Reich zwischen 1913 und 1918 von 22 auf 34 Prozent. In Freiburg hatten Ende des Krieges Frauen zwei Drittel aller industriellen Arbeitsplätze eingenommen, sie schufteten als Mechanikerinnen, Monteurinnen, Werkzeugmacherinnen. Insgesamt arbeiteten in der Garnisonsstadt rund ein Fünftel mehr Frauen als vor dem Krieg: Sie fuhren auch Straßenbahnen, betrieben Bäckereien, halfen auf den städtischen Ämtern aus.

Besonders viele Arbeiterinnen ackerten in der Munitionsindustrie. Die Krupp AG in Essen beschäftigte vor 1914 weniger als 3000 Frauen – 1918 im Januar waren es 28 000. Ein Arbeiter beschrieb den Alltag in einem Berliner Rüstungsunternehmen: »Keine Nacht ohne Zusammenbruch einer oder mehrerer Frauen an den Maschinen, infolge Erschöpfung, Hunger, Krankheit. In der Kantine kam es fast täglich zu Schreianfällen von Frauen, manchmal auch zu deprimierenden Schlägereien untereinander, wenn angeblich ›die Kelle nicht gefüllt‹ war.«

Entsprechend den Anfang des 20. Jahrhunderts gängigen Rollenbildern engagierten sich insbesondere Frauen aus der

Hilfloses Wimmern

bürgerlichen Mittelschicht in sozialen Diensten. Sie strickten und nähten für die Männer an der Front, schickten Pakete, sogenannte Liebesgaben, zu den Truppen. Sie organisierten Armenküchen. Der Katholische Frauenbund in Freiburg forderte »die Erhaltung und Belebung des Opfermutes der Frauenwelt in dieser schweren Zeit«. Helene Lange, Symbolfigur der deutschen Frauenbewegung, dichtete 1914: »Die Grenzen schirmt der Männer Stahl – / Zum Kampf mit tausendfacher Qual / Steht auf, ihr deutschen Frauen!«

Zehntausende freiwillige Krankenschwestern, oft unverheiratete junge Frauen, halfen in den Lazaretten und wurden dort mit dem Grauen des Krieges konfrontiert. »Wie alle anderen jungen Mädchen hatte ich mir die Verwundetenpflege romantisch vorgestellt: Limonade reichen, Kissen richten, kühle Hände auf Fieberstirnen legen ... und flirten. Der Übergang in die Wirklichkeit war jäh: Sie bedeutete Schweiß- und Uringeruch, bedeutete das hilflose Wimmern von Männern, die als Helden ausgezogen waren und jetzt nach ihrer Mutter, ihrer

Lazarett in der Hasenheide bei Berlin

Frau riefen.« So schreibt eine dieser Krankenschwestern in ihren Erinnerungen.

In Freiburg gab es 5 Universitätskliniken und 28 Krankenhäuser, täglich wurden dort zwischen 2000 und 4000 Patienten versorgt. Die ersten Verwundetentransporte 1914 lockten große Mengen Neugierige an, die den Verkehr vor dem Bahnhof in der Stadtmitte zum Erliegen brachten. Schnell entschied die Verwaltung deshalb, die Verletzten nur noch außerhalb des Zentrums am Güterbahnhof und nachts ankommen zu lassen.

Mehr als vier Millionen deutsche Soldaten wurden im Krieg verwundet. Schon früh gehörte es zum Alltag im Deutschen Reich, dass auf den Straßen, in Läden, Kirchen oder Kinos zum Teil fürchterlich entstellte junge Männer zu sehen waren: ohne Arme und Beine, blind und taub, mit zerschossenem Gesicht, widerwärtigen Narben und Wunden; teilweise fehlten ganze Teile des Kopfes. Hinzu kamen Hunderttausende traumatisierte und seelisch kranke Kämpfer, die wegen ihrer unübersehbaren Nervenschwäche oft als »Kriegszitterer« bezeichnet wurden. Allein in der Psychiatrischen Klinik in Freiburg wurden während des Krieges rund 2000 Soldaten stationär und Tausende ambulant behandelt. Die meisten psychisch Kranken blieben jedoch mit ihren Nöten allein. Viele körperlich oder seelisch Versehrte fanden keine Arbeit mehr, bettelten oder zogen als Hausierer von Tür zu Tür. Meist war nicht nur ihr Leben, sondern auch das vieler Familien vernichtet.

Bereits ab Ende 1915 kam es in vielen Städten des Deutschen Reichs immer wieder zu Hungerkrawallen. Häufig begann es in Schlangen vor Lebensmittelgeschäften zu brodeln, die Wartenden stachelten sich in ihrer Verzweiflung gegenseitig an, bis sie dann Geschäfte plünderten oder Wurfgeschosse gegen die heraneilenden Ordnungskräfte warfen. Vor allem Frauen, aber auch Jugendliche und Kinder beteiligten sich an diesen Verzweiflungsaktionen.

So protestierten am 15. Oktober 1915 vor einem Laden in der Landsberger Allee im Berliner Stadtteil Lichtenberg erst nur einige Frauen gegen den Butterpreis. Gegen Abend hatte sich eine Menge von 5000 bis 6000 Menschen angesammelt, es wurde geschimpft, gebrüllt, Steine flogen. Erst nach einem Polizeieinsatz, so ein Bericht, herrschte gegen 22.30 Uhr wieder »Ruhe auf der Straße«. In Freiburg stürmten im Sommer und Herbst 1916 bei mehreren Zwischenfällen Hunderte von Frauen verschiedene Läden. Dabei gab es nicht nur Sachschäden, sondern auch Verletzte. Einmal drangen die Protestierenden sogar in das Rathaus ein, um ihrem Zorn Luft zu machen. Der Leiter des Lebensmittelamtes konnte die Bürger mit Mühe beruhigen.

Je länger das Töten in den Schützengräben dauerte, der Hunger und das Leid in der Heimat wuchsen, umso stärker wurden die Proteste politisch. Mit Beginn des Jahres 1918 kam es im Deutschen Reich zu einer Streikwelle. Hunderttausende Arbeiter und Arbeiterinnen befanden sich immer wieder im

LUFTKRIEG
Gefahr von oben

Freiburg hatte im Ersten Weltkrieg mehr Luftangriffe auszuhalten als jede andere deutsche Stadt: Französische und britische Flugzeuge warfen bei 25 Angriffen insgesamt 289 Bomben über der Stadt ab – 31 Menschen starben, rund 100 wurden verletzt. Alle Mächte zusammengenommen, wurden im Ersten Weltkrieg über 190 000 Kampfflugzeuge produziert. Allerdings konnten die einzelnen Maschinen nur wenige Bomben tragen.

Ausstand, allein in der Hauptstadt Berlin, dem Zentrum der Rüstungsfabriken, rund 180 000. Selbst in der Freiburger Provinz legten im August 200 Holzarbeiter in vier Betrieben die Arbeit nieder.

Als die deutsche Frühjahrsoffensive 1918 im Westen gescheitert war, machte sich unter den Soldaten Kriegsmüdigkeit breit: Immer mehr Männer verweigerten Befehle und versuchten, dem Dienst zu entfliehen. Ebenso bröckelte der Durchhaltewille an der Heimatfront, auch die Menschen zu Hause waren mit ihren Kräften am Ende. »In dem Augenblick, als die militärische Disziplin zusammenbrach, war auch der wilhelminische Obrigkeitsstaat am Ende«, schreibt der Historiker Volker Ullrich.

Der Berliner Polizeipräsident schilderte die Stimmung in der Bevölkerung im Juli 1918 so: »Im Volk wird nur noch eine Frage mit Interesse erörtert, die Beendigung des Krieges ... Denn jeden graut es vor einem fünften Kriegswinter.« In Freiburg berichtete die Polizei: »Die Bevölkerung ist durchweg mutlos geworden.« Appelle an das patriotische Pflichtgefühl verhallten längst wirkungslos. Anfang November 1918 wurden in vielen deutschen Städten Arbeiter- und Soldatenräte gebildet, in Berlin genauso wie im badischen Freiburg. Die alte Ordnung, die Monarchie, brach zusammen, die Republik unternahm ihre ersten Gehversuche. Was noch für Jahre blieb an der Heimatfront war das Elend: der Hunger, die Verletzungen, das Sterben – Millionen zerstörter Leben.

Die Bestie von Berlin

Alle Kriegsparteien betrieben in großem Stile Propaganda. Erstmals wurde das neue Medium Film zur Massenbeeinflussung genutzt.

Von Christoph Gunkel

Der Krieg war gerade ein paar Stunden alt, da fielen bei Nürnberg schon die ersten Bomben. Wenig später schnitten indische Sikhs im Dienste Großbritanniens schlafenden deutschen Soldaten die Kehle durch und tranken deren Blut. Und die Deutschen? Sie hackten Kindern die Hände ab und waren auch sonst eine brutal-effiziente Mordmaschine: Selbst aus den Körpern ihrer Gefallenen gewannen sie in einer speziellen Leichenfabrik noch Glycerin für die Herstellung von Munition.

Keine dieser Zeitungsmeldungen war wahr. Geglaubt wurden sie vermutlich trotzdem millionenfach, nicht nur weil die Medien massiv wie nie zuvor Stimmung für den Krieg machten. »Geliebte Lügen« nennt der Historiker Klaus-Jürgen Bremm die Propaganda im Ersten Weltkrieg, weil die Menschen das glauben wollten, was ihre bestehenden Überzeugungen verstärkte. Das Massensterben hatte schnell dazu geführt, dem Gegner jede Bestialität zuzutrauen. Und so schrieb schon nach wenigen Kriegswochen eine Londoner Zeitung, die Deutschen seien keine Menschen mehr, sondern Monster: Es helfe nur noch, sie zu töten.

Schnell entwickelte sich der Erste Weltkrieg zu einem gewaltigen Feldversuch auf dem Gebiet der Massenbeeinflussung. Dem noch jungen Medium Film wurde dabei eine »überragende

Epochenwende

Macht« zugeschrieben, wie es etwa im Gründungsdokument der Ufa hieß. Bis 1916 besuchten allein im Kaiserreich 34 Millionen Zuschauer in den Kinos die Wochenschauen der Messter-Film GmbH. Ununterbrochen flimmerten kriegsverherrlichende Streifen »Wie Max sich das Eiserne Kreuz erwarb«, »Fräulein Feldwebel« oder »Durch Pulverfass und Kugelregen« über die Leinwände. Großbritannien zeigte den Kassenschlager »Britain prepared« im Frühjahr 1916 sogar 44-mal an der fernen Ostfront, auch wenn der martialische Leinwand-Aufmarsch mitunter von der Artillerie der real kämpfenden Österreicher gestört wurde.

Der Kampf um Worte und Bilder erschien den Regierungen derart wichtig, dass sie Millionen investierten und zahlreiche, oft heillos miteinander konkurrierende Propagandaämter gründeten. Sie sollten desillusionierte Frontsoldaten zum Weiterkämpfen motivieren, Niederlagen in Siege umdeuten und

Deutsche Postkarte, um 1916

Die Bestie von Berlin

den Durchhaltewillen des eigenen Volkes stärken, es gar von Unruhen abhalten. Die womöglich kriegsentscheidende Unterstützung neutraler Staaten gewinnen.

Am besten vorbereitet schienen anfangs die Deutschen. Schon nach wenigen Wochen hatten sie Millionen Flugblätter und Broschüren etwa mit positiven Berichten über die deutsche Flotte vor allem in neutralen Staaten wie Italien und den USA verteilt. Nervös forderte der spätere Premier David Lloyd George, die Flut der »deutschen Falschmeldungen und Haarspaltereien« müsse besser bekämpft werden. Kaiser Wilhelm II. war über die patriotische Berichterstattung in der heimischen Presse derart begeistert, dass er Journalisten auf einem Empfang entzückt zurief: »Sie schreiben ja famos!« Beängstigend für London waren auch die Versuche des Orientexperten Max von Oppenheim, die Muslime in den britischen und französischen Einflussgebieten zum Dschihad gegen ihre Besatzer aufzuhetzen und damit einen Flächenbrand vom Nahen Osten bis nach Afghanistan zu entfachen.

Und dennoch geriet Berlin bald propagandistisch in die Defensive. Die offizielle Lesart vom reinen Verteidigungskrieg war nach dem völkerrechtswidrigen Überfall auf Belgien wenig glaubhaft. Als deutsche Soldaten dort Tausende Zivilisten erschossen und die weltberühmte Bibliothek von Löwen in Brand steckten, war dies eine Steilvorlage für die britische und französische Presse: Karikaturen zeigten sie plündernd inmitten ermordeter Zivilisten, dazu der zynische Ausruf: »Es muss Platz gemacht werden für unsere Kultur!« Es war der Beginn eines langlebigen Klischees, das die Soldaten aus dem Land der Dichter und Denker fortan als mordlüsterne »Hunnen« und Barbaren porträtierte. Deutsche Offiziere erschienen nun wahlweise als Menschenfresser mit Pickelhaube, Sensenmann (der mit einem Kelch Blut einen Toast auf die Kultur ausspricht) oder Gorilla, der in der Pranke einen Knüppel mit der Aufschrift Kultur schwingt.

Viele Journalisten verstanden sich als Soldaten mit der Feder und mussten gar nicht auf Kurs gebracht werden. Die »Financial News« etwa behauptete dreist, der Kaiser habe Prämien für die Versenkung von Schiffen mit Frauen an Bord ausgelobt. Aber auch die Deutschen scheuten sich nicht, Falschmeldungen wie die über die angebliche Bombardierung bei Nürnberg zu lancieren.

Und doch fürchtete das britische Außenministerium, die heimischen Zeitungen könnten es womöglich mit plumper Hass-Rhetorik und durchschaubaren Phantasiemeldungen übertreiben – und damit die Glaubwürdigkeit Großbritanniens gefährden. Daher traf sich Premier Herbert Asquith Anfang September 1914 mit dem Journalisten und Kabinettsmitglied Charles Masterman diskret zu einer Runde Golf. Aus der Partie ging der wohl subtilste Versuch hervor, die Öffentlichkeit im neutralen Ausland zu beeinflussen. Masterman sollte an der Spitze eines neuen Amtes eine versteckte Propaganda betreiben: feinsinnig und scheinbar ausgeglichen im Ton, literarisch auf hohem Niveau. Sie sollte die Eliten im neutralen Ausland als Meinungsmacher überzeugen. Das Credo seiner Behörde: »Es ist besser, diejenigen zu beeinflussen, die selbst andere beeinflussen können, als unmittelbar die Masse der Bevölkerung anzusprechen.« Schon bald waren renommierte Autoren wie Thomas Hardy oder Herbert G. Wells (»Der Krieg der Welten«) angeworben.

Alle engagierten Autoren warben angeblich als Privatleute für die britische Sache und veröffentlichten weiter in ihren Verlagen – obwohl sie nun vom Staat bezahlt wurden. So entstanden Kriegsromane, in denen sich die Haltung der Regierung wiederfand, der bekannte Schriftsteller John Buchan etwa

Die Bestie von Berlin

verfasste ab 1915 in einem monatlichen Magazin eine parteiische »Geschichte des Krieges«. Mitunter flog die sorgsam kaschierte Verbindung zur Regierung auf: »Peter Pan«-Erfolgsautor James M. Barrie wurde in den USA als Propagandist enttarnt, und Buchan ging zur Armee. Trotzdem dürfte die Arbeit Mastermans ein Erfolg gewesen sein. Schon Mitte 1915 hatten seine Mitarbeiter 2,5 Millionen Bücher und Info-Hefte verbreitet, übersetzt in 17 Sprachen. In den USA sammelte der Schriftsteller Gilbert Parker für die Behörde Adressen von insgesamt 260 000 wichtigen Persönlichkeiten und schickte ihnen höflich scheinbar neutrales Hintergrundmaterial zu.

Doch je länger der Krieg dauerte, desto unruhiger wurde die britische Regierung unter ihrem neuen Premier David Lloyd George. Der wertete Mastermans Behörde ab und vertraute lieber dem mächtigen Verleger Alfred Harmsworth: Der König des Boulevards setzte in der Auslandspropaganda nun wieder auf scheinbar Bewährtes – die marktschreierische Ansprache der Massen.

Nicht nur in Großbritannien spürten die PR-Experten nach und nach die Grenzen der als Wundermittel gefeierten Propaganda. Der überpathetische, optimistische Tonfall der zensierten Meldungen musste für die kriegsmüden Menschen zunehmend zynisch klingen. Im Kaiserreich empfanden selbst hohe Militärs inzwischen die stets gleichen, harmlosen Bilder der »Wochenschauen« als langweilig, und Kriegsfilme wollte kaum jemand mehr sehen. Resigniert prangerte Anfang 1918 ein Bericht über die deutsche Kinopropaganda in Bulgarien den »primitiven Geschmack« des Publikums an, das lediglich nach »Unterhaltung und Erregung der Lachlust« giere.

Zu diesem Zeitpunkt konnten nur noch in den USA Kriegsfilme wie »Der Kaiser – die Bestie von Berlin« ein Millionenpublikum begeistern; die Regie führte Carl Laemmle, ein nach

Epochenwende

Hollywood ausgewanderter jüdischer Schwabe. Da hatte der Krieg auch Hollywood erfasst, Kinostars wie Douglas Fairbanks oder Charlie Chaplin warben für Kriegsanleihen gegen Deutschland. Als Laemmle sah, wie man beim Publikum mit Filmen gegen die Krauts ankam, legte er sogar noch nach dem gewonnenen Krieg nach: Der Film »Herz der Menschlichkeit« von 1919 zeigt einen fiesen »Hunnen«, der eine Rotkreuzschwester vergewaltigen will und erst mal ein Kind aus dem Fenster wirft, das ihn dabei stört.

Manipulierte Wirklichkeit

*Das große Sterben von 1914 bis 1918 wurde
so umfassend fotografiert wie kein Konflikt zuvor –
doch viele Bilder sind nicht echt.*

Von Annette Großbongardt

Die neue Kamera der Dresdner Ernemann-Werke hieß »Liliput« und hatte einen großen Vorteil: Sie war so leicht und klein, dass sie mit der Feldpost verschickt und problemlos im Marschgepäck verstaut werden konnte. Das sächsische Traditionsunternehmen, das 1904 schon eine Tropen-Klappkamera herausgebracht hatte, stellte seine Produktpalette in den Kriegsjahren ganz auf das die Nation umwälzende Ereignis ein. Mit der Ernemann-»Feld-Kamera«, auch als Waffenrockkamera bekannt, seien »die besten Erfolge auf allen Kriegsschauplätzen« zu erzielen, versprachen die Werbeannoncen der Firma.

Tatsächlich war es eine Neuerung dieses Krieges, dass die Soldaten massenhaft Kleinbildkameras mit ins Feld nahmen und persönliche Fotos von ihren Kriegserlebnissen schossen. Während die Profis mit wuchtigen Plattenkameras samt Stativ das Geschehen an der Front ins Bild setzten, versuchten sich Zehntausende von Amateuren als private Fotoreporter. Allein die »Vest Pocket Autographic« von Kodak wurde über 1,7 Millionen Mal verkauft.

Doch so sensationell die neue Möglichkeit war, sich die Geschichte ins Fotoalbum zu holen, es waren nicht die Schnappschüsse der Infanteristen und Offiziere, die die kollektive Erinnerung an diesen Krieg prägten. Dafür sorgten berufsmäßige Fotografen wie der Australier Frank Hurley und die militärisch bestallten Kriegsberichterstatter. Der Autodidakt Hurley, der mit spektakulären Aufnahmen von der Antarktis-

Expedition des Polarforschers Ernest Shackleton berühmt geworden war, hatte sich im Rang eines Hauptmanns 1917 der »Australian Imperial Force« als Truppenfotograf angeschlossen. Für seine Bilder von der Westfront ging er hohe Risiken ein. Wegen seiner Waghalsigkeit, wohl auch Abenteuerlust, hieß er bei den Soldaten bald nur noch »der verrückte Fotograf«.

Mit seiner Einheit geriet Hurley im Oktober 1917 in Flandern in die Schlacht von Passendaele, bei der die alliierten Angreifer im Schlamm versanken und extrem hohe Verluste erlitten. Dort schoss er sein wohl berühmtestes Foto des Ersten Weltkriegs: Es zeigt eine verwüstete Landschaft, Soldaten, die sich über ihre gefallenen Kameraden beugen. Die Bestie Krieg hatte zugeschlagen, und Hurley war dabei – doch das Foto zeigt nicht die Wirklichkeit. Denn der Fotograf hatte es in der Dunkelkammer manipuliert: Für größere Dramatik montierte er einen Gewitterhimmel mit durchbrechender Sonne über das Schlachtfeld. Hurley machte das nicht mal heimlich, offen sprach er davon, dass die Fotografie ein Medium sei, das man gestalten müsse, um das bestmögliche, gewünschte Ergebnis zu erzielen. Seine Schummeltechnik bekam sogar einen eigenen Fachbegriff: Komposit-Bilder.

Weil das aber nicht alle so entspannt sahen wie Hurley, entstand schon damals ein Streit darüber, wo die Grenzen der Bildbearbeitung in der Pressefotografie liegen. Der Historiker Charles Bean, Leiter der australischen Kriegsdokumentation und selbst erfahrener Kriegsberichterstatter, ging gegen Hurleys Bilder vor. Doch der ließ seine Beziehungen spielen und zeigte seine Aufnahmen sogar 1918 auf einer Londoner Ausstellung.

Der Kriegsfotograf der damaligen Zeit war eben »keineswegs ein Sendbote der Wahrheit«, betont der Wiener Politologe und ausgewiesene Kenner der Fotogeschichte Anton Holzer, er war »der heldenhafte Schatten des Soldaten«, eingebunden in die Armee, »embedded« heißt das heute. Viele Kampfszenen wurden für ihn gestellt. Auf allen Seiten

*Auch in der populären Münchner Zeitschrift
»Die Jugend« schalteten die Ernemann-Werke
Anzeigen für ihre Feld-Kameras*

sorgten Propagandastellen dafür, dass der Krieg so dargestellt wurde, wie man ihn vermittelt sehen wollte. In Deutschland war es das Bild- und Filmamt (Bufa), auch Österreich und die Alliierten hatten ihre Bildstellen, die kräftig zensierten. In den zwanziger und dreißiger Jahren wurde weiter manipuliert, nun bei der Gestaltung der offiziellen Bildbände und Bücher – vor allem in Deutschland und Österreich häufig mit revanchistischer Tendenz. So wurden heroische Aufnahmen ausgewählt, Bilder von zivilen Opfern, Massakern, Deportationen, Hinrichtungen ausgesiebt. »Nicht unabhängige Wissenschaftler«, schreibt Holzer, »sondern ehemalige Offiziere und Verantwortliche der Kriegs-Propagandainstitutionen waren in den Kriegsarchiven mit der Geschichtsschreibung des Krieges befasst.«

Schwankende Existenz

Wie die Gegner des Zweiten Weltkriegs,
Hitler, Stalin und Churchill, den Ersten Weltkrieg
erlebten – mitunter kamen sie sich ziemlich nahe.

Von Norbert F. Pötzl

Der bärtige Georgier, der Anfang Januar 1913 mit dem Zug aus Krakau in Wien eintraf, nannte sich Stavros Papadopoulos. Auf der Flucht vor der zaristischen Polizei bezog der 34-Jährige Quartier bei einem russischen Ehepaar in der Schönbrunner Schlossstraße. Emsig arbeitete der Mann, der sich im Jahr zuvor den Kampfnamen Stalin, der »Stählerne«, zugelegt hatte, im Auftrag des Bolschewiki-Führers Wladimir Lenin an einem Aufsatz: »Marxismus und nationale Frage«. Seinen Unterschlupf verließ er selten. Nur manchmal am Nachmittag ging er im nahen Schlosspark spazieren.

Dort vertrieb sich oft auch ein 23-jähriger gescheiterter Maler die Zeit, der von der Kunstakademie abgewiesen worden war und nun in einem Männerwohnheim logierte. Gelegentlich konnte er in den Alleen seine Zeichnungen und Aquarelle verkaufen. Der verkrachte Künstler, er hieß Adolf Hitler, könnte dem russischen Revolutionär hier durchaus begegnet sein. So nah kamen sich die späteren Tyrannen nie wieder.

Nach vier Wochen in Wien reiste Stalin zurück nach St. Petersburg. Dort wurde er in der Nacht zum 24. Februar bei einem Maskenball in Frauenkleidern verhaftet – ein Genosse hatte ihn verraten. Ein Gericht verurteilte ihn zu vier Jahren Verbannung in der sibirischen Provinz Turuchansk. Im März

Schwankende Existenz

1914 wurde Stalin in den äußersten Norden des weiten Landes transportiert, in das Dorf Kureika, wo ein paar Dutzend Menschen in acht baufälligen »Isbas«, hölzernen Bauernhütten, hausten. Der 35-jährige Verbannte begann eine Beziehung mit dem 13-jährigen Waisenmädchen Lidija und schwängerte es. Das Kind wurde im Dezember geboren, starb aber bald.

Als Stalin von der Ermordung des habsburgischen Thronfolgers in Sarajevo hörte, war für ihn klar, wo die Schuldigen saßen: »Die bourgeoisen Vampire der kriegerischen Länder haben die Welt in ein Blutbad gestürzt … Massenschlachtungen, Vernichtung, Hunger und … Brutalität, damit ein paar gekrönte und ungekrönte Räuber fremde Länder plündern und ungezählte Millionen einstreichen können.«

Stalin, 1878 im georgischen Gori als Josef Wissarionowitsch Dschugaschwili geboren, einst Schüler am orthodoxen Tifliser Priesterseminar, war seit 1898 Mitglied der Sozialdemokratischen Arbeiterpartei Russlands und hatte geholfen, die Parteikasse mit Hilfe von Banküberfällen aufzufüllen. Später wurde er Mitglied des Zentralkomitees der Bolschewiki. Schon sechsmal war er in die Verbannung geschickt worden, und jedes Mal hatte er fliehen können. Diesmal aber machte er dazu keine Anstalten: Er führte ein bequemes Leben, seine Bewacher erlaubten ihm, Freunde zu treffen, auf die Jagd zu gehen, sogar wochenlang aus Kureika zu verschwinden. Vor allem hatte die Verbannung einen Vorteil für Stalin: Er konnte sich dem Wehrdienst in der zaristischen Armee entziehen.

Hitler hingegen, der im April 25 Jahre alt geworden war, meldete sich am 3. August 1914 freiwillig zum Kriegsdienst in der bayerischen Armee – man schaute bei der Rekrutierung nicht so genau hin, dass der Bewerber eigentlich Österreicher war. Sein Einkommen war zu der Zeit noch immer »sehr schwankend«, und er leide unter chronischen Frostbeulen, wie er in einem rührseligen Brief an seine heimische Musterungsbehörde in Linz schrieb, wo er sich schon vor Jahren hätte melden sollen. In München nun ließ er sich von der patriotischen Bewegung anstecken; am Vortag seiner freiwilligen Meldung hatte er auf dem Münchner Odeonsplatz an einer großen Kundgebung teilgenommen. »Ich schäme mich auch heute nicht, es zu sagen, dass ich, überwältigt von stürmischer Begeisterung, in die Knie gesunken war und dem Himmel aus übervollem Herzen dankte, dass er mir das Glück geschenkt, in dieser Zeit leben zu dürfen«, brüstete er sich später in »Mein Kampf«.

Am 1. September 1914 wurde Hitler an die 1. Kompanie des neugegründeten 16. Bayerischen Reserve-Infanterie-Regiments überstellt, das in den frühen Morgenstunden des 23. Oktober, singend und unter Hurra-Geschrei, die belgische Grenze überquerte, um gegen Frankreich in den Krieg zu ziehen.

In London trieb zu der Zeit der 40-jährige Marineminister Winston Churchill, der sich als Kriegsberichterstatter in Sudan und Südafrika um die Jahrhundertwende einen Namen gemacht hatte, Pläne zur Entwicklung einer neuartigen Waffe voran – ein frühes Modell des Panzers. »Es wäre ganz leicht, in kurzer Zeit eine Anzahl von Dampftraktoren mit kleinen, gepanzerten Gefechtsständen zu konstruieren, in denen, gegen Kugeln geschützt, Mannschaften und Maschinengewehre untergebracht werden könnten«, schrieb Churchill am 5. Januar 1915 an Premierminister Herbert Henry Asquith: »Mit dem Raupenzug wäre die Möglichkeit gegeben, ohne Schwierigkeiten Schützengräben zu überqueren.« Dem Projekt wurde zunächst, wie Churchill in seinen Kriegsmemoiren (»Die Weltkrise«) bedauerte, »ein Begräbnis mit allen Ehren in den Archiven des Kriegsamts zuteil«, doch später sollten die gepanzerten Fahrzeuge unter ihrem englischen Namen »Tank« tatsächlich eine wichtige Rolle im Krieg spielen.

Schwankende Existenz

Längst war Churchill ohnehin von anderen »ernsten Admiralitätsgeschäften in Anspruch genommen« – an einem Kriegsschauplatz am Rand Südosteuropas. Dort lag das Osmanische Reich zwar »bereits im Sterben«, wie Churchill notierte. Aber kaum marschierten die Armeen im Westen, machten die in drei Kriegen gerade geschlagenen Türken erneut mobil und verbündeten sich mit den Mittelmächten Deutschland und Österreich-Ungarn. Gemeinsam mit den Deutschen, die der osmanischen Flotte zwei Kreuzer zur Verfügung stellten, kontrollierten sie seit Beginn des Krieges die Meerenge der Dardanellen. Damit versperrten sie der russischen Schwarzmeer-Flotte die Durchfahrt ins Mittelmeer und verhinderten Hilfslieferungen der Alliierten für Russland.

Um die Blockade zu durchbrechen, ließ Churchill nach einem umstrittenen Plan am 18. März 1915 eine Flotte der Entente die osmanischen Streitkräfte angreifen. Doch die Attacke scheiterte schnell an der türkischen Küstenartillerie beiderseits der Dardanellen und an einer wirksamen Seeminensperre. Vom 25. April an versuchten daraufhin alliierte Truppen, auf der türkischen Halbinsel Gallipoli zu landen; monatelang lieferten sich die Gegner in einem aussichtslosen Stellungskrieg erbitterte Gefechte, bis die Verbündeten im Dezember aufgaben. Da waren mehr als 100 000 Soldaten auf beiden Seiten gefallen.

Das Fiasko an den Dardanellen kostete Churchill das Amt. Auf Drängen des konservativen Koalitionspartners war er im Mai 1915 als Marineminister abgesetzt worden – auch weil seine ehemaligen Parteifreunde ihm noch immer seinen Wechsel 1904 zu den Liberalen verübelten. Der ausgebildete Offizier meldete sich freiwillig an die Front in Nordfrankreich. »Die letzten Szenen an den Dardanellen«, erinnerte sich Churchill, »spielten sich ab, als ich im 2. Bataillon der Gardegrenadiere in der Gegend von Lavantie Dienst machte.« Zur selben Zeit diente Hitler als Regimentsordonnanz in Fromelles – keine acht Kilometer Luftlinie von Churchill entfernt.

Churchill war der erfahrenste Militär der späteren Kriegsgegner. Seine Kadettenzeit hatte er an der berühmten Royal Military Academy Sandhurst absolviert, mit 21 war er Leutnant in einem Husarenregiment und kämpfte zwischen 1895 und 1899 in mehreren Kolonialkriegen. Vielleicht sah er seinen Kriegseinsatz als ausreichende tätige Buße für Gallipoli, jedenfalls drängte Churchill im Frühjahr 1916 zurück ins Parlament. Am 6. Mai 1916 wurde sein Entlassungsgesuch aus der Armee angenommen – gerade noch rechtzeitig, denn nur wenige Wochen später erlitt sein Regiment in der Schlacht an der Somme schwere Verluste. Ein Jahr später wurde Churchill Munitionsminister unter dem neuen Premier Lloyd George.

Nun kamen die von ihm geforderten Panzer doch noch zum Einsatz. »Fünfzig dieser unter größter Geheimhaltung und unter dem vorsätzlich irreführenden Namen ›Tanks‹ entwickelten Maschinen waren fertiggestellt worden«, schrieb der spätere Premier zufrieden. »Als sich zeigte, mit welcher Leichtigkeit sie über Schützengräben hinwegfuhren und Hindernisse niederlegten, die zu Versuchszwecken hinter der britischen Stellung angelegt waren, ließen sich die führenden Köpfe des Heeres von dem der Konstruktion zugrunde liegenden Gedanken überzeugen.«

Bei den Angriffen der Briten wurde auch Hitler am 5. Oktober 1916 zum ersten Mal seit Kriegsbeginn verwundet, als eine Granate in den Unterstand der Meldegänger in Le Barque einschlug, einem zwei Kilometer hinter der Front gelegenen Dorf. Ein Granatsplitter traf Hitler im linken Oberschenkel. Der Gefreite wurde in ein Armeelazarett nach Beelitz bei Berlin gebracht, wo er etwas mehr als zwei Monate blieb.

Schwankende Existenz

In diesem Oktober wurde Stalin doch noch zur Armee einberufen. Dass das zaristische Russland sogar Verbannte rekrutierte, offenbarte die Personalknappheit des Militärs. Möglicherweise hatte sich Stalin auch freiwillig gemeldet, um sich Unterhaltspflichten zu entziehen, nachdem er Lidija ein zweites Mal geschwängert hatte. Das Kind, der Sohn Alexander, kam im Frühjahr 1917 nach Stalins Abreise aus Kureika zur Welt. Auf Rentierschlitten fuhren 20 Verbannte, unter ihnen Stalin, den gefrorenen Jenissej hinunter. Sie kamen durch viele kleine Siedlungen, wo sie sich ausgiebige Pausen mit Saufgelagen und Fressorgien gönnten – sie hatten es nicht eilig, in den Krieg geschickt zu werden. »Die Deutschen werden noch genug Zeit haben, uns zu Hackfleisch zu machen«, sagte Stalin.

Erst Anfang Februar 1917 trafen die Schlitten in der nordostsibirischen Provinzhauptstadt Krasnojarsk ein. Der Musterungsarzt erklärte Stalin wegen eines verkrüppelten Arms, Folge einer Infektion im Kindesalter, für »untauglich für den Militärdienst«. Das war zwar sein Glück, doch zugleich war es peinlich für einen künftigen Oberbefehlshaber der Roten Armee, der nicht weniger Soldat als Politiker sein wollte.

Nach Aufständen in der russischen Hauptstadt, die inzwischen von Petersburg in Petrograd umbenannt worden war, übernahmen am 1. März eine Provisorische Regierung und ein von einem Arbeiter- und Soldatenrat gewähltes Exekutivkomitee die Macht. Zar Nikolai musste abdanken. Stalin traf am 12. März in Petrograd ein. Er und seine Gefolgsleute waren bereit, die Provisorische Regierung zu dulden, solange sie nur einen Defensivkrieg führte und die grundlegenden bürgerlichen Freiheiten gewährte. Lenin hingegen, der noch in der Schweiz festsaß, forderte den Sturz der Regierung und den sofortigen Frieden mit Deutschland. Am 27. März 1917 bestieg Lenin den berühmten Zug, der ihn quer durch Deutschland und dann über Schweden nach Russland brachte. Stalin empfing ihn am 3. April auf dem Finnischen Bahnhof in Petrograd und vollzog sofort eine Kehrtwende – nun unterstützte er Lenins Kurs.

Kriegsminister Alexander Kerenski ordnete im Juni 1917 eine Offensive gegen das kaiserliche Deutschland an. Er hoffte, dies werde der Provisorischen Regierung Auftrieb im Volk geben. Aber Russlands letzter Angriff wurde zur Katastrophe. Die Truppen der Mittelmächte drangen tief ins Land ein. In der Oktoberrevolution wurde die Regierung von den Bolschewiki gestürzt, die sofort Friedensverhandlungen einleiteten. Stalins Anteil an der Oktoberrevolution war gering. Dennoch erhielt er, nicht zuletzt wegen seiner Schrift »Marxismus und nationale Frage«, in der ersten Sowjetregierung den Posten eines Volkskommissars für Nationalitätenfragen.

Britische und französische Truppen unterstützten im 1918 ausbrechenden Bürgerkrieg die antibolschewistischen Kräfte in Russland. Churchill meinte, der Bolschewismus müsse »bereits in der Wiege erwürgt werden«. Mit seiner Forderung, sich noch stärker militärisch zu engagieren, fand er indes nicht einmal bei seinen liberalen Parteifreunden Gehör.

»Gegen Ende des Jahres 1917 schien der Tiefpunkt der Niedergeschlagenheit des Heeres überwunden zu sein«, schrieb Hitler, der im März an die Front zurückgekehrt war, in »Mein Kampf«: »Die ganze Armee schöpfte nach dem russischen Zusammenbruch wieder frische Hoffnung und frischen Mut.« Weil Hitler am 4. August 1918 in gefährlicher Mission eine Meldung zu den Fronteinheiten seines Regiments gebracht hatte, wurde der Meldegänger für das Eiserne Kreuz I. Klasse vorgeschlagen – der jüdische Regimentsadjutant Hugo Gutmann setzte sich für die hohe Auszeichnung ein. Der Historiker Thomas Weber (»Hitlers erster Krieg«) schließt daraus, dass Hitler zu diesem Zeitpunkt noch kein glühender Antisemit gewesen sein konnte – sonst »wäre es zumindest sonderbar, dass sich ein jüdischer Offizier große Mühe gegeben haben sollte, ihm ein Eisernes Kreuz zu verschaffen«.

Vielmehr sei Hitler politisch »orientierungslos« aus dem Krieg heimgekehrt. Dafür spricht auch, dass Hitler sich im Frühjahr 1919 in den Soldatenrat wählen ließ und sich einer Regierung anschloss, »die er später als heimtückisch, verbrecherisch und jüdisch beherrscht« beschrieb (Weber). Sogar im Trauerzug für den linkssozialistischen bayerischen Revolutions-Ministerpräsidenten Kurt Eisner marschierte Hitler im Februar 1919 mit – ein Film zeigt ihn mit einer schwarzen Trauerbinde und einer roten, die ihn als Anhänger der sozialistischen Revolution auswies; vielleicht war es aber auch nur jemand, der ihm ähnlich sah. Radikal nach rechts schwenkte Hitler wohl erst im September 1919. Er besuchte eine Versammlung einer kaum bekannten kleinen Partei, die sich Deutsche Arbeiterpartei nannte. Eine Woche später trat er ihr bei. Es dauerte nicht lange, bis er die führende Figur dieser Partei wurde, die bald als NSDAP firmierte.

»Mein Kampf« schrieb er nach dem gescheiterten Putschversuch 1923 in der Landsberger Festungshaft. Darin stilisierte Hitler seine Kriegserfahrung zum Geburtsmythos der nationalsozialistischen Bewegung. In den vier Jahren an der Westfront, tönte er, habe er wie ein Prophet Offenbarungen erhalten, um Deutschland vom Trauma jener Niederlage zu befreien, das einer im Feld unbesiegten Nation von Sozialisten, Demokraten und Juden zugefügt worden sei: »Mögen Jahrtausende vergehen, so wird man nie von Heldentum reden und sagen dürfen, ohne des deutschen Heeres des Weltkriegs zu gedenken.«

»Zerstörende Ströme und Explosionen«

Der Schriftsteller Walter Benjamin machte 1912 in Berlin Abitur – fast die gesamte Klasse zog in den Krieg.

Von Kristina Maroldt

Es ist eines der letzten Male, dass sie sich in die hölzernen Bänke zwängen: 20 Abiturienten der Charlottenburger Kaiser-Friedrich-Schule. Fast alle sind Söhne gutsituierter Regierungsräte oder Kaufleute – ein Querschnitt jener aufstrebenden Mittel- und Oberschicht, die 1912 (zum Zeitpunkt der Fotoaufnahme) das gesellschaftliche Leben in der Industrie- und Handelsmetropole prägte. Bald werden sie nach Freiburg oder München ziehen, Jura oder Medizin studieren, so planen sie jedenfalls, und am Aufschwung des Kaiserreichs mitwirken.

Sechs Jahre später ist ein Viertel von ihnen tot. Mindestens fünf sind schwer verletzt, die restlichen vom Grauen des Ersten Weltkriegs für immer traumatisiert. Deutschland in jener Zeit beschreibt Walter Benjamin als eine Welt, »in der nichts unverändert geblieben war als die Wolken und unter ihnen, in einem Kraftfeld zerstörender Ströme und Explosionen, der winzige, gebrechliche Menschenkörper«.

Der Philosoph und Schriftsteller müsste eigentlich auf dem Foto zu sehen sein, denn das Bild zeigt seine Abiturklasse. Wo Benjamin jedoch saß und ob er überhaupt am Tag der Aufnahme anwesend war, lässt sich heute nicht mehr sagen. Die Klasse bestand aus 22 Schülern, auf dem Bild sind aber nur 20 zu sehen, dazu ein Lehrer. Ob mit oder ohne Benjamin – das leicht verwackelte Foto macht neugierig: Was ist aus den jungen Männern geworden?

Momme Brodersen, Historiker und Autor zahlreicher Bücher zu Walter Benjamin, hat sich über 20 Jahre durch Archive gewühlt, um die Lebensläufe der Charlottenburger Abiturienten zu rekonstruieren. Herausgekommen ist die bewegende Sozialbiografie einer Gruppe junger Menschen, die vom Ersten Weltkrieg und von den Stürmen des 20. Jahrhunderts in die Knie gezwungen wurden.*

Dabei glauben 1914 noch alle an die Zukunft. Fast die ganze Klasse, darunter etliche jüdische Schüler, meldet sich freiwillig zum Militärdienst. Die Kriegspropaganda zu hinterfragen, darauf ist keiner von ihnen vorbereitet. Zucht und Ordnung gelten in Schule wie Elternhaus als oberste Tugenden. Seinen Privatlehrer beschreibt Benjamin als »vom Schlage jener Unteroffiziere, mit deren Hilfe meine Eltern glaubten, mich beizeiten für meinen Dienst im kaiserlichen Heer heranbilden zu müssen«. Er selbst allerdings zieht nicht in den Krieg. Er studiert ab 1915 in München, dann in Bern, auch um einer drohenden Einberufung zu entgehen.

»Verstummt« kehren die Überlebenden vier Jahre später aus dem Felde zurück, »nicht reicher«, sondern »ärmer an mitteilbarer Erfahrung«, notiert Benjamin. Fast schon manisch stürzen sie sich in die unterbrochene Ausbildung, versuchen rasch wieder Normalität herzustellen. Tatsächlich etablieren sich fast alle in bürgerlichen Berufen, machen Karriere als Rechtsanwalt, Arzt oder Physikprofessor. Erst nach mehreren Jahren zeigt der Krieg eine nachhaltige Folge: Die eher unpolitische Generation der zwischen 1880 und 1895 Geborenen ergreift nun entschieden Partei – im linken Sinne wie im rechten.

Ein jüdischer Klassenkamerad Benjamins etwa sieht den Krieg jetzt als »ungeheures Verbrechen«, er tritt für die Weimarer Republik ein und setzt sich bis zu seiner Flucht aus Deutschland 1933 immer wieder für Benachteiligte ein. Ein protestantischer Lehrersohn hingegen empfindet die deutsche Niederlage als tiefe »Schmach«. Er wird Mitglied der antisemitischen Glaubensbewegung »Deutsche Christen« und lässt später, inzwischen selbst Pastor, gern die SA-Uniform unter dem Talar hervorblitzen.

---

* Momme Brodersen: »Klassenbild mit Walter Benjamin. Eine Spurensuche«. Siedler Verlag, München, 2012.

Die »Machtergreifung« der Nationalsozialisten spaltet die Klasse endgültig in zwei Lager: Von den vier noch lebenden christlichen Mitschülern treten zwei der NSDAP bei. Zwei jüdische Klassenkameraden sterben in den Händen der Nazis – in Auschwitz und in einer Strafanstalt. Die anderen retten sich ins Exil, einige gehen nach Palästina.

Auch Benjamin lebt mehrere Jahre armselig in Paris, bis er 1940 an der französisch-spanischen Grenze Selbstmord begeht. Keiner der Exilanten kehrt nach Deutschland zurück, höchstens zu kurzen Besuchen. Zu tief sind die Wunden, die ihnen dort zugefügt wurden.

So trennt nach dem Zweiten Weltkrieg die einst so einträchtig wirkenden Klassenkameraden mehr als die Distanz ihrer nun weit verstreuten Wohnorte. Eine Wiederholung des Gruppenfotos zum 50. Abiturjubiläum? Bei dieser Generation unmöglich.

Sommer der Anarchie

Mit patriotischer Begeisterung marschierten die Russen 1914 in den Krieg. Doch das Zarenreich verfiel, und bald folgten Enttäuschung, Wut – und die Revolution.

Von Uwe Klußmann

Während die Völker Europas im Sommer 1914 langsam in die Katastrophe taumelten, entspannte sich der russische Kavalleriegeneral Alexej Brussilow in einem deutschen Kurort. Zusammen mit seiner Ehefrau genoss der 60-Jährige in Bad Kissingen die heilsame Wirkung des Wassers im Luitpoldbad. Für die zahlreichen Gäste aus Russland hatte die Verwaltung zum Konzert im Kurpark eine Kulisse des Moskauer Kreml errichtet. Das Orchester spielte die russische Hymne »Gott, schütze den Zaren!«. Doch beim Feuerwerk flogen plötzlich Raketen auf die Papierattrappe, die Feuer fing und abbrannte. Ein Versehen? Die deutschen Besucher jubelten, die Russen schwiegen. Vor der niedergebrannten Kreml-Kopie spielten die Musiker nun die Kaiser-Hymne »Heil dir im Siegerkranz«. Für General Brussilow war das eine »deutsche Frechheit«, empört reiste er Mitte Juli 1914 ab.

Er kam gerade rechtzeitig zum Kriegsbeginn in seiner Heimat an. Auch in Russland schlug der Nationalismus längst hohe Wellen. Am 4. August, drei Tage nach der deutschen Kriegserklärung, stürmten tausend wütende Russen in St. Petersburg die deutsche Botschaft gegenüber der Isaaks-Kathedrale. Sie warfen Möbel und Dokumente auf die Straße und hissten auf dem Botschaftsdach die russische Fahne.

Weitere Zehntausende Demonstranten zogen mit Ikonen, Zarenbildern, russischen Flaggen und dem Ruf »Nieder mit den Schwaben!« durch Petersburg. Im selben Monat wurde die Stadt an der Newa, die Zar Peter 1703 nach deutschem Vorbild gegründet hatte, in Petrograd umbenannt. Nur wenige verweigerten sich dem chauvinistischen Taumel wie der Schriftsteller Leonid Andrejew, der am 28. August in sein Tagebuch schrieb: Die Deutschen sind »Menschen genau wie wir und fürchten uns wahrscheinlich nicht mehr und nicht weniger als wir sie«.

Zu Kundgebungen unter der Parole »Für Glaube, Zar und Vaterland« strömten in Moskau Zehntausende auf die Straßen und den Roten Platz am Kreml. Der Präsident der Staatsduma, Michail Rodsjanko, sagte dem französischen Botschafter Maurice Paléologue, der Krieg habe »all unseren inneren Streitigkeiten ein Ende bereitet«. Die »Selbstherrschaft« des Zaren zeigte sich als Hort der Harmonie. Es herrsche, schwärmte der Parlamentsvorsitzende, eine patriotische Begeisterung wie 1812 im Kampf gegen Napoleon.

Bloß diesmal waren die Franzosen die Verbündeten. Der französische Staatspräsident Raymond Poincaré hatte die russische Führung bei einem Besuch in Petersburg vom 20. bis 23. Juli ermuntert, Serbien gegen Österreich-Ungarn zu unterstützen. Mit nationalem Pathos kaschierte das Zarenregime, wie abhängig es vom französischen Finanzkapital war. Der »drohende Krieg«, kabelte der russische Außenminister Sergej Sasonow am 31. Juli 1914 an die Botschaft in Paris, versetze die russischen Banken wegen Devisenmangels in eine »sehr schwierige Lage«. Es sei »notwendig, dass unsere Hauptgläubiger, d. h. die französischen Banken, nach Möglichkeiten ihre Forderungen auf Zahlungen aufschieben«.

Vergebens hatte das russische Staatsratsmitglied Pjotr Durnowo noch im Februar in einer Denkschrift für »freundschaftliche und gutnachbarliche Beziehungen« mit Deutschland geworben. Die 1907 zwischen Russland, Großbritannien und Frankreich geschlossene »Triple-Entente« sei eine »künstliche Kombination«. Russland, warnte der Ex-Innenminister, verfüge nur über unzureichende militärische Reserven und »begrenzte finanzielle Ressourcen«. In einem Krieg werde das Land »zweifellos in die Anarchie« getrieben, zumal es einen »günstigen Boden für soziale Erschütterungen« biete. Daran glaubte auch ein 44-jähriger Russe, der vor der zaristischen Geheimpolizei ins Exil geflüchtet war: Wladimir Uljanow, genannt Lenin, Führer der marxistischen Bolschewiki, verband mit dem Krieg große Hoffnungen – auf den Ruin des Zarenreiches. Als der Krieg ausbrach, lebte er bei Zakopane, das zu Österreich-Ungarn gehörte.

Die Regierung spielte politisch russisches Roulette, doch der kühl kalkulierende Lenin hatte einen Kompass für die Katastrophe. Er sah den militärischen Konflikt als einen »bürgerlichen, imperialistischen, dynastischen Krieg«: »Vom Standpunkt der Arbeiterklasse und der werktätigen Massen aller Völker Russlands wäre das kleinere Übel die Niederlage der Zarenmonarchie und ihrer Truppen«, schrieb er in einem Aufsatz Anfang September 1914. Daher gelte es, »Propaganda für die Revolution« zu machen. Er wollte den Krieg zum Bürgerkrieg machen. Mit dieser Haltung hatten sich die Bolschewiki zu Kriegsbeginn extrem isoliert. Denn die ersten Meldungen von der Front beflügelten die Zarentreuen. Russische Truppen überschritten am 17. August die deutsche Grenze und drangen weit nach Ostpreußen vor.

Die Soldaten »benahmen sich im allgemeinen gut«, es habe etwa in Insterburg, dem heutigen russischen Tschernjachowsk, nur »einzelne Übergriffe« gegeben, so Paul Lindenberg, Kriegsberichterstatter beim Oberkommando des deutschen Ostheeres 1915 in seiner Propagandaschrift »Gegen die Russen mit der Armee Hindenburgs«. Die »halbwüchsige Jugend« Ostpreußens habe sich gar, monierte der Berichterstatter, »mit den russischen militärischen Gästen angebiedert«. Doch schon in der letzten Augustwoche zerschlug das deutsche Heer unter Paul von Hindenburg und Erich Ludendorff die Angreifer in der Schlacht von Tannenberg, nahe dem heute polnischen Allenstein. Die Reste der russischen Truppen verließen Ostpreußen nach der Winterschlacht in Masuren im Februar 1915.

Bis Ende 1914 verlor die Armee des Zaren 1,2 Millionen Mann – Tote, Verwundete und Gefangene. Immer schwieriger wurde die Lebensmittelversorgung. In Moskau, wo das Bolschoi-Theater das Publikum mit der patriotischen Oper »Ein Leben für den Zaren« bei Laune hielt, wurde im November 1914 die Butter knapp. Das Kriegsjahr 1915 brachte Russland »die größten Rückschläge des ganzen Krieges«, so der Historiker Horst Günther Linke. Deutsche und Österreicher stießen gemeinsam an der Ostfront vor. Die Österreicher eroberten im Juni das westukrainische Lemberg zurück, die Deutschen besetzen am 5. August Warschau. Ihr Einmarsch in der Hauptstadt Polens, damals kein selbständiger Staat, hinterließ bei den Russen einen »furchtbaren Eindruck«, schrieb der russische Oberst Andrej Snessarjow.

Eine Ursache für die verheerenden Rückschläge beschrieb General Brussilow später in seinen Memoiren: »Der Krieg hat uns überrascht.« Russland, so der Militär, sei »in technischer Hinsicht ungenügend vorbereitet« gewesen, vor allem im Eisenbahnwesen. Das Zarenreich hatte im europäischen Teil nur zehn Prozent der Eisenbahndichte Deutschlands. Die Folge waren wachsende Probleme bei der Versorgung der Fronttrup-

Die Ostfront

- Mittelmächte und Verbündete
- Russland und Verbündete
- neutrale Staaten
- ········ weitestes Vordringen der Russen 1914/15
- ─ ─ ─ Frontverlauf September 1915
- ▬▬▬ Frontverlauf nach Brussilow-Offensive September 1916
- ───── Frontverlauf Ende 1917
- ─ ─ ─ Vormarsch der Mittelmächte Frühjahr/Sommer 1918

pen und des Hinterlandes. Hinzu kam die Führungsschwäche des Monarchen.

Nikolai II. übernahm am 5. September 1915 selbst die Armeeführung im Stabsquartier, der »Stawka« in Mogiljow im heutigen Weißrussland, und setzte den Oberkommandierenden, den in der Armee geschätzten Großfürsten Nikolai Nikolajewitsch, ab. Das schockierte die Truppenführer. Denn der Zar war »in militärischen Fragen wie ein Kleinkind«, so Brussilow, der im März 1916 den Oberbefehl über die Südwestfront bekam. Der General erlebte den Monarchen als »unfähig, mit den Militärs zu sprechen – er wusste nicht, was er sagen sollte«. Die »Verbindung des Zaren mit der Front«, so Brussilow, »bestand lediglich darin, dass er jeden Abend Meldungen über die Frontereignisse bekam«.

Die Nachrichten waren dramatisch. Im August 1915 besaß ein Drittel der russischen Soldaten keine Gewehre, allenthalben mangelte es an Munition. Gewaltig waren die Verluste an Offizieren und Unteroffizieren. Junge, unerfahrene Offiziere führten Truppen, die zu 80 Prozent aus Bauernsöhnen bestanden, häufig Analphabeten. Die russische Kriegführung erwies sich als hilflos. Das gestand auch Kriegsminister Wladimir Suchumlinow ein, im Juni 1915 wegen Korruptionsvorwürfen entlassen und danach vorübergehend inhaftiert. In seinen Memoiren beschrieb er sich als »Sklave meines Amtes«, gelähmt von fruchtlosen Beratungen eines bürokratischen Apparats.

Kein Wunder, dass sich ab Sommer 1915 Kriegsmüdigkeit ausbreitete. Liberale Zeitungen forderten Reformen – »etwa während des Krieges?«, fragte der zum Generalmajor beförderte Snessarjow entsetzt in einem Brief. Der gebildete Offizier hatte 1910 in einem Aufsatz den Pakt mit Briten und Franzosen kritisiert, der Russland in einen Konflikt mit Deutschland treibe: »Wir haben kein Recht, einen Krieg zu riskieren.« Jetzt wusste er wie die meisten seiner Kameraden keinen Ausweg, während Deutsche und Österreicher Ende 1915 fast ein Viertel des europäischen Territoriums Russlands besetzt hielten.

Regierungskritische Offiziere und Generäle, Liberale und gemäßigte Sozialisten standen wie hilflose Ärzte am Krankenbett des Zarismus. Lenin dagegen, Anfang September 1914 übergesiedelt nach Bern in der Schweiz, setzte auf den gewaltsamen Tod des Patienten. Im September 1915 schrieb er: »Das Leben lehrt. Das Leben geht den Weg über die Niederlage Russlands zur Revolution in Russland.« Doch noch war es nicht so weit. Noch wirkte die über Jahrhunderte gewachsene patriotische Tradition der Russen, die ihr Land gegen Eindringlinge stets erbittert verteidigten. Selbst der Generalstab des deutschen Feldheeres bescheinigte den russischen Gegnern eine »bewundernswerte Hartnäckigkeit« und einen »zähen Widerstand«.

Der russische Kampfeswille bündelte sich 1916 zu einem großen Vorstoß, der »Brussilow-Offensive«, benannt nach dem General. Russland stand seit einer Konferenz der Verbündeten im Dezember 1915 unter wachsendem Druck, einen erneuten Angriff zu beginnen. Im April 1916, die Deutschen stürmten gegen die Festung Verdun an, baten die Franzosen die Russen erneut um eine Entlastungsoffensive. Anfangs griffen die Zarentruppen auf einer Breite von 300 Kilometern in der Mitte und im Süden der Front an. Nach breitem Artilleriefeuer zogen sie mit der Infanterie nach. So stießen die Russen 80 bis 120 Kilometer vor und eroberten Gebiete im Westen der heutigen Ukraine. Bis Ende August machten sie rund 450 000 Gefangene. Doch die Zarenarmee hatte gewaltige Verluste – rund 850 000 Soldaten und Offiziere fielen während der Offensive, wurden verwundet oder gefangen genommen.

Auch südlich des Kaukasus hatten die Russen 1916 im Kampf gegen das mit Deutschen und Österreichern verbündete Osmanische Reich unerwartete Erfolge. Im Februar nahmen Einheiten der russischen Kaukasusfront die türkische Stadt Erzurum ein, im April eroberten sie Trabzon. Die militärischen Vorstöße des Jahres 1916 waren nur noch ein Aufbäumen, denn das Zarenreich hatte nicht mehr die innere Kraft zu einem längeren, erfolgreichen Krieg. Transportprobleme und Munitionsengpässe hatten Brussilows Offensive zum Stehen gebracht. Der große Durchbruchsversuch war gescheitert. Snessarjow hoffte noch im Juni 1916 in einem Brief, »zum Herbst« würden »die Feinde liquidiert«. Der stets gut informierte französische Botschafter Paléologue dagegen befand bereits im Juli, die Russen führten einen »Erschöpfungskampf«.

Das konnte dem Strategen Lenin im Schweizer Exil nur recht sein. In Zürcher Bibliotheken rüstete er sich für den politischen Vormarsch seiner Partei. Gestützt auf Studien renommierter Ökonomen, schrieb er von Januar bis Juni 1916 die Broschüre »Der Imperialismus als höchstes Stadium des Kapitalismus«. Darin charakterisierte er den Imperialismus als »Herrschaft des Finanzkapitals« und einer monopolartigen »Finanzoligarchie«. Dieses System schaffe »auch unter den Arbeitern privilegierte Kategorien«. Damit dringe »die imperialistische Ideologie auch in die Arbeiterklasse ein«, was sich in der Politik der Sozialdemokraten zeige.

Lenins Konsequenz: Der Imperialismus war nur durch eine revolutionäre Kraft zu beseitigen, die sich von allen politischen Parteien scharf abgrenzen musste, auch von denjenigen Sozialisten, die auf Vaterlandsverteidigung setzten. Lenin nannte sie »Sozialchauvinisten«. Der Führer der Bolschewiki wusste, dass er sich auf die Schwächen seiner Gegner verlassen konnte. Auf das politisches Schwanken und die Inkonsequenz fürstlicher und bürgerlicher Kritiker des Zarenregimes, welche die Macht des Herrschers nur begrenzen wollten.

Vorbote der Systemkrise war die Versorgungslage, die sich 1916 dramatisch verschlechterte. Schon im Frühjahr mussten die Moskauer auf ihren geliebten Osterkuchen, den »Kulitsch«, verzichten, weil es keine Eier gab. Vor Bäckereien und Metzgereien mehrten sich die Schlangen. Im Überfluss lebte dagegen eine schmale Schicht von Spekulanten, die knappe Güter heimlich horteten. Der Staat reagierte hilflos, mit lächerlichen Strafen. Die Ganoven waren häufig mit korrupten Beamten im Bunde. »Das Volk stöhnt in den Krallen von Raubtieren«, hieß es dazu in einem Bericht der Geheimpolizei in Moskau (»Streng geheim«) vom April 1916. Sechs Monate später konstatierte ein Geheimdienstdossier in Petrograd die »Unfähigkeit der russischen Verwaltung sowohl zur Organisation der Etappe als auch zur Kriegführung«. Dem Lande drohe, so die Staatswächter, »in allernächster Zeit zerstörerisches Chaos, katastrophale und wilde Anarchie«.

Einen Blick in den Abgrund warf auch Frankreichs Botschafter Paléologue Mitte Januar 1917. Beim Empfang des Diplomatischen Korps durch Nikolai II. bemerkte er: »Im ganzen prächtigen, goldstrotzenden Gefolge des Zaren befindet sich kein einziges Antlitz, das nicht Angst verriete.« Wie berechtigt die Furcht der Mächtigen vor dem Volk war, zeigte sich wenige Wochen später. In Petrograd brachen Unruhen und Streiks aus. Gegen die Proteste eingesetzte Soldaten liefen zu den Demonstranten über. Bedrängt von Duma-Präsident Rodsjanko und einigen Generälen, auch Brussilow, blieb dem Zaren keine andere Wahl, als am 15. März abzudanken. Die eben noch unangreifbar scheinende Monarchie brach zusammen.

Eine am selben Tag gebildete Provisorische Regierung, in die im Mai auch gemäßigte Sozialisten eintraten, übernahm die Macht. Sie trat ein schweres Erbe an, denn die Armee befand sich in einem desolaten Zustand. Im Kriegswinter 1916/17 wurden im immer schlechter genährten russischen Heer sogar die Stiefel knapp. Soldaten desertierten zu Zehntausenden. Den Wunsch des Volkes nach Frieden konnte die neue Regierung nicht erfüllen. Denn wie das Zarenregime hing sie am Tropf britischer und französischer Kriegskredite. Russlands Staatsverschuldung wuchs von 1914 bis September 1917 von umgerechnet 5 Milliarden US-Dollar auf 16,6 Milliarden.

Briten und Franzosen drängten die Russen, den Krieg gegen Deutschland fortzusetzen. Die neuen liberalen Regenten und ihre Unterstützer im Generalstab hofften in ihrer Revolutionseuphorie, die neuen demokratischen Freiheiten würden den Kampfgeist der Truppe heben. Immerhin konnten sich die Soldaten nun politisch organisieren und offen ihre Meinung äußern. Kriegs- und Marineminister Alexander Kerenski prahlte im Mai 1917, zwei Monate bevor er zum Ministerpräsidenten aufstieg, die russischen Streitkräfte seien »die freiesten in der Welt«.

Wie diese Freiheit genutzt wurde, beschrieb Snessnarjow, jahrelang Divisionsstabschef, in Briefen ab März 1917. Soldaten verprügelten Offiziere, betranken sich, verweigerten den Dienst. Einer verkündete sein derbes Verständnis von Liberalität: »Ich will scheißen, wo ich will«, so ein Soldat. »Nur noch ein großer Misserfolg an der Front und aus dem Freien Russland wird sofort das zügellose Russland«, notierte Snessarjow Ende März 1917. Der Misserfolg ließ nicht lange auf sich warten. Obwohl General Brussilow die russische Armee bereits im Mai als »vollkommen außer Kontrolle« einstufte, befahl Kriegsminister Kerenski für den 1. Juli eine Offensive. Das militärische Abenteuer des gelernten Juristen, der mit piepsiger Stimme hysterische Reden hielt, scheiterte nach wenigen Tagen.

Vielerorts lockten die Deutschen russische Soldaten zwischen den Fronten in improvisierte Bordelle. Das Fiasko an der Front beschleunigte den Zerfall der Armee. Generalstabsoffiziere machten die Bolschewiki und ihre Zersetzungsarbeit für das Scheitern der Offensive verantwortlich. Damit weckten die Militärs bei den desillusionierten Soldaten erst recht Interesse an der radikalen Partei. Deren Chef war im April 1917 mit Hilfe der deutschen Regierung per Bahn über Sassnitz auf Rügen, Schweden und Finnland nach Russland zurückgekehrt. Unermüdlich propagierte Lenin eine Landreform und sofortigen Frieden – demokratische Forderungen, die durchzusetzen die Demokraten unfähig waren. Dass seine Partei die totale Macht und jede Opposition ausschalten wollte, sagte er nicht. Seine These aber, der Krieg sei »nur für ein kleines Häuflein sich am Krieg bereichernder Millionäre von Vorteil«, fand täglich mehr Zustimmung.

So sicherte sich Lenin massenhaften Zulauf, vor allem in den Arbeiter- und Soldatenräten, die sich überall im Lande als Keime neuer Machtorgane bildeten. Der Zustrom stärkte seine Partei. So konnte er taktisch mit den Deutschen kooperieren, ohne strategisch von ihnen abhängig zu werden. Die Bolschewiki ließen sich ihre Kampfkassen mit rund 82 Millionen Goldmark von der deutschen Regierung füllen, die den Kriegsgegner im Osten lähmen wollte. Während die Provisorische Regierung den Krieg fortsetzte, wurde Lenin zum Idol der Geschundenen in den Schützengräben. Denn er war der einzige russische Politiker, der für sofortigen Frieden stand. Und der einzige, der die massenhaften Verbrüderungen von Soldaten an der Front unterstützte.

Russlands »sozial rachitische Elite«, zernagt von der »Oligarchisierung der Macht«, wie der russische Historiker Andrej Fursow analysiert, hatte im anarchischen Sommer 1917 ausgespielt. Ihr Versuch, im Bund mit Frankreich und England Teil des Westens zu werden, endete mit ihrem Ruin. Als die Regierung

Teilnehmer eines im September 1917 gescheiterten Militärputsches nicht bestrafte, waren ihre Tage gezählt. Im Spätherbst fuhren die Bolschewiki die politische Ernte ein. Während in Petrograd ein Kongress der Arbeiter- und Soldatenräte tagte, setzten bolschewistische Truppen am 8. November die Provisorische Regierung im Winterpalais fest. Der Umsturz, der nach dem alten Kalender am 25. Oktober begonnen hatte, wurde bald »Oktoberrevolution« genannt. Die Bolschewiki bildeten eine neue Regierung, den Rat (Sowjet) der Volkskommissare, geführt von Lenin.

Der gestürzte Premier Kerenski entkam ins Ausland. Sein Exil in den USA ab 1940 gab ihm Zeit nachzudenken über »das Geheimnis des Erfolges der bolschewistischen Propaganda«. Lenin siegte, so Kerenski in seinen 1965 erschienenen Memoiren, weil »die Bolschewiken eine einfache Sprache redeten und an den tiefverwurzelten Selbsterhaltungstrieb appellierten«.

Nur wenige Stunden nach der Machtergreifung formulierte Lenin seine wirkungsvollste Botschaft, die den Wunsch des Volkes aufgriff: das »Dekret über den Frieden«. Die »Arbeiter- und Bauernregierung« schlug darin »allen kriegführenden Völkern und ihren Regierungen vor, sofort Verhandlungen über einen gerechten demokratischen Frieden aufzunehmen«, und zwar einen Frieden »ohne Annexionen und Kontributionen«. Der Wunsch blieb weit von der Wirklichkeit entfernt. Der Separatfrieden mit den Mittelmächten, den die sowjetische Regierung nach mehrmonatigen Verhandlungen am 3. März 1918 im heute weißrussischen Brest-Litowsk abschloss, war für Russland bitter.

Das größte Flächenland der Welt verlor mehr als ein Viertel seines europäischen Territoriums und seines Eisenbahnnetzes. Es musste auf Estland, Lettland und Litauen, auf Finnland und die Ukraine verzichten. Warum er diesem »unglaublich schweren Frieden« zustimmte, begründete Lenin Ende Februar

1918 im Parteiblatt »Prawda«: Der Friedensschluss sei »dadurch unbedingt notwendig, dass wir keine Armee haben, dass wir uns nicht verteidigen können«. Denn aus der Truppe waren bis März 1918 etwa drei Millionen Soldaten desertiert, und 1,7 Millionen Mann waren seit Kriegsbeginn gefallen.

Die Lage änderte sich erst nach dem Waffenstillstand in Westeuropa im November 1918. Die Deutschen mussten aus den besetzten russischen und ukrainischen Gebieten abziehen. Wie Kartenhäuser zerfielen nun Ende 1918 die im Osten Europas von den Deutschen installierten Marionettenregime, im Baltikum, in Polen und der Ukraine. Das ostslawische Land, seit Jahrhunderten Teil des Russischen Reiches, geriet 1919/20 in den Machtbereich der Bolschewiki.

Indem Lenin das russische Kernland wieder mit Gebieten vereinte, die zum Zarenreich gehört hatten, machte er sich frühere Feinde zu Verbündeten. Snessarjow, der noch im Juni 1917 in einem Brief gewettert hatte, man müsse Lenin »aufhängen«, trat wie General Brussilow in den Dienst der 1918 geschaffenen Roten Armee, ebenso wie Tausende anderer zaristischer Militärs. Nicht Sympathie für den Bolschewismus trieb diese russischen Offiziere, sondern der Wille, ihr Land zu verteidigen. Und auch die Hoffnung, die neue Staatsmacht werde nicht so traditionsfeindlich bleiben, wie sie sich zunächst gebärdete. Schrittweise eignete sich das Sowjetregime das Erbe des Russischen Imperiums an. Und formte gewaltsam aus einem Verliererstaat des Ersten Weltkriegs eine Weltmacht.

Die große Irreführung

Sogar die SPD stimmte den Kriegskrediten zu.
Doch die Opposition wuchs von Jahr zu Jahr –
bis zur Revolution.

Von Rainer Traub

Noch Tage vor Kriegsausbruch, am 25. Juli 1914, rief der SPD-Parteivorstand zu Massendemonstrationen gegen das »verbrecherische Treiben der Kriegshetzer« auf; mehr als eine halbe Million Menschen folgten. Sie wandten sich vor allem gegen die provokative Politik der Donaumonarchie. Die Demonstranten forderten, das Deutsche Reich solle seinen ganzen Einfluss auf den österreichischen Bündnispartner nutzen, um den Frieden zu wahren; keinesfalls dürfe es sich in einen Krieg hineinziehen lassen.

Die Sozialdemokraten und ihre Anhänger wussten zu diesem Zeitpunkt nicht, dass Berlin über Geheimkanäle Wien bereits absolute Solidarität versichert, also im Kriegskurs klar ermutigt hatte. Die Herrschenden des wilhelminischen Reichs verheimlichten ihre Ziele, weil sie mit Widerstand rechnen mussten. Für Militär und Politik war der gefährlichste Gegner die SPD. Denn die Parteigründer August Bebel und Wilhelm Liebknecht hatten schon im Reichsgründungs-Krieg von 1870/71 energisch die Annexion von Elsass-Lothringen bekämpft und ihre Solidarität mit Frankreichs arbeitender Bevölkerung erklärt. Sie hatten daraufhin mit Festungshaft für ihre kühne, klare Haltung gebüßt. Ihretwegen waren Sozialdemokraten im Reich als »vaterlandslose Gesellen« verfemt: Dem imperialen Nationalismus setzten sie Bebels berühmte Losung »Diesem System keinen Mann und keinen Groschen!« entgegen.

Die SPD stellte die größte Fraktion im Reichstag. Sie hatte bei den letzten Vorkriegswahlen von 1912 mehr als ein Drittel der Stimmen geholt. Auch über die mit ihr verbundenen Gewerkschaften übte sie großen Einfluss auf die Arbeiterschaft aus. Sie war die Führungsmacht und das allseits bewunderte Vorbild jener Parteien, die sich 1889 zur sozialistischen Internationale zusammengeschlossen hatten. Die Vertreter der europäischen Arbeiterschaft, die SPD voran, hatten einander seither immer wieder geschworen, den drohenden Krieg durch Verbrüderung zu verhindern. Wilhelm II. und der Generalstab erwogen deshalb zunächst, die SPD-Führer präventiv zu verhaften – als eine Art Enthauptungsschlag gegen den erwarteten Widerstand. Sie kamen dann aber mit subtileren Mitteln ans Ziel.

Denn Kanzler Theobald von Bethmann Hollweg setzte auf Beschwichtigung statt Konfrontation. Er nutzte den Umstand, dass Teile der Arbeiterbewegung am Stigma der »Vaterlandslosigkeit« litten und sich trotz der offiziellen Klassenkampfrhetorik danach sehnten, als Patrioten anerkannt zu werden. Er ließ die SPD mit einem Lügengewebe umgarnen, das auf ihre verwundbarste Stelle zielte: die Russenfurcht. Mehrfach wurden in den letzten Julitagen SPD-Vertreter ins preußische Innenministerium bestellt: Die Regierung wünsche selbst den Frieden und wolle Demonstrationen keineswegs verbieten. Nur solle die SPD bitte nicht der massiv antideutschen Stimmung in Russland durch unbedachte Kritik an der eigenen Staatsführung Vorschub leisten. Albert Südekum, Vertreter des rechten Parteiflügels, versicherte dem Reichskanzler daraufhin ehrerbietig, er müsse keinerlei Kampfaktion der SPD befürchten.

Schlau schürte die Regierung die in der Arbeiterbewegung tief verwurzelte Angst vor dem Despotismus im Osten: Seitdem die Zarentruppen 1849 die Niederwerfung der Freiheitsbewegung in Österreich-Ungarn angeführt hatten, war Russland allen europäischen Demokraten, vor allem den Sozialdemokraten, als Bollwerk der Reaktion verhasst. Sogar Parteichef Bebel hatte 1904, damals schon 64 Jahre alt, im Reichstag erklärt, gegen einen Angriff des Zarismus würde er persönlich das Gewehr schultern.

Die Taktik, das Deutsche Reich als argloses Opfer einer russischen Aggression darzustellen, ging perfekt auf. Am Abend des 31. Juli 1914 teilte das Kriegsministerium den militärischen Kommandos mit, »nach sicherer Mitteilung« habe die SPD »die feste Absicht, sich so zu verhalten, wie es sich für jeden Deutschen unter den gegenwärtigen Verhältnissen geziemt«. Buchstäblich über Nacht schlug die Stimmung auch bei den Arbeitern um. Dazu trug die sozialdemokratische Presse bei, die nun insgesamt auf die offizielle Propaganda hereinfiel, die Armee werde nur zur Verteidigung mobilisiert – russische Barbarenhorden seien schon im Anmarsch. Instinktiv entschied sich die Arbeiterschaft für ihre vermeintlich bedrohte Heimat.

Die deutschen Gewerkschaftsvorstände riefen bereits am 2. August zur Einstellung aller Lohnkämpfe auf, zur patriotischen Zusammenarbeit mit dem alten Klassenfeind. Mit dieser Haltung, die als »Burgfrieden« in die Geschichte des Ersten Weltkriegs einging, nahmen sie in vorauseilendem Gehorsam den berühmten Appell Wilhelms II. vorweg, der erst zwei Tage später kam: »Ich kenne keine Parteien mehr, ich kenne nur Deutsche!« An diesem 4. August 1914 geschah dann auch im Reichstag, was bis Ende Juli unvorstellbar gewesen war: Die SPD-Fraktion erklärte ihre Zustimmung zu den Kriegskrediten.

In einer gewundenen Erklärung zum Protokoll gab sie der »imperialistischen Politik« die Verantwortung für den Krieg und verwies darauf, »noch bis in die letzten Stunden hinein durch machtvolle Kundgebungen für die Aufrechterhaltung des Friedens gewirkt« zu haben. Alle Anstrengungen seien »vergeblich gewesen. Jetzt stehen wir vor der ehernen Tatsache des Krieges. Für unser Volk und seine freiheitliche Zukunft steht bei einem Sieg des russischen Despotismus viel, wenn nicht alles auf dem Spiel.« So einhellig, wie die sozialdemokratische Bewilligung der ersten Kriegskredite im Reichstag ausfiel, war sie zwar keineswegs zustande gekommen. Denn nach dramatischen Diskussionen in der SPD-Fraktion hatte sich tags zuvor eine Minderheit ihrer Abgeordneten gegen die Kriegskredite ausgesprochen. Aber die geheiligte Parteidisziplin verlangte, die einmal getroffene interne Mehrheitsentscheidung nach außen geschlossen, also einstimmig zu vertreten. Deshalb votierte sogar Karl Liebknecht, der Sohn des Parteigründers und hellsichtigste Kriegsgegner, im Reichstag mit Ja.

Am Abend jenes Tages versammelte Rosa Luxemburg, die nach der Abstimmung zwischen Verzweiflung und unbändigem Zorn schwankte, in ihrer Berliner Wohnung ein Grüppchen von Kriegsgegnern aus der Parteiintelligenz. Aber nur ein winziger Teil der Arbeiter trat dem patriotischen Taumel offen entgegen – wie einige junge Brandenburger mit ihren satirischen Flugblatt-Versen: »Ihr ungezählten Millionen / Aus Schacht und Feld, aus Stadt und Land, / Ihr seid nun Futter für Kanonen, / Die schuf des Proletariers Hand! / Jetzt schießt man auf den Bruder gern, / Weil es der Wunsch der hohen Herrn! / Vernichtung vieler Menschenleben, / Das ist das Ziel, das wir erstreben. / Das nennt man jetzt den heil'gen Krieg, / Mit uns das Volk, mit uns der Sieg!«

Es brauchte einige Zeit, bis der vermeintliche Verteidigungskampf zur Rettung des Vaterlandes in den Schützengräben als imperialer Eroberungskrieg verstanden wurde. Während sich Sozialdemokraten und gutgläubige Arbeiter Pickelhauben aufsetzten, verfielen auch die Linksparteien der anderen kriegführenden Länder zumeist dem Chauvinismus und riefen zu den Waffen.

Mit der Mobilmachung am 1. August 1914 wurde nach einem preußischen Gesetz von 1851 der Belagerungszustand verhängt, den die Propagandisten des Burgfriedens bereitwillig hinnahmen. Die kriegsrechtlichen Befugnisse gingen an die stellvertretenden Militärbefehlshaber der 24 Armeekorpsbezirke über, in die das Reich aufgeteilt war. Sie waren direkt dem Kaiser unterstellt und hatten de facto diktatorische Vollmachten. Der US-Historiker Gerald Feldman argumentiert, in dieser Art Militärdiktatur trete der autoritäre Wesenskern des auf »Blut und Eisen« (Bismarck) gegründeten Kaiserreichs rein hervor: »Die Bismarcksche Revolution von oben, aus der das vereinigte deutsche Reich hervorging, war eine Tat des Heeres gewesen; die Aufgabe, erster Hüter der inneren und äußeren Sicherheit des Reiches zu sein, fiel nunmehr dem Heer zu.«

Zensur und Armee hatten die Aufgabe, Opposition gegen den Krieg im Keim zu ersticken. Offen ausgetragene Debatten über einen möglichen Widerstand waren nahezu unmöglich geworden. Dennoch mobilisierten die linken Kriegsgegner, nachdem sie ihren Schock überwunden hatten, alle Kräfte. Karl Liebknecht, der seine Unterordnung unter die »Parteidisziplin« längst bereute, schrieb einem Genossen Ende September 1914: »Selbst vom denkbar ›nationalsten‹ Standpunkt aus hat unsere Fraktion einen ungeheuerlichen Fehler gemacht. Durch ihre Zustimmung hat sie zugleich alle Dämme niedergerissen, die im Auslande dem Kriege und der äußeren und inneren Beteiligung der Volksmassen an diesem Kriege entgegenstanden.«

Als am 2. Dezember 1914 weitere Kriegskredite bewilligt werden sollten, stimmte Liebknecht als einziger SPD-Mann mit Nein. Doch bis Dezember 1915 war bei der Abstimmung in der SPD-Fraktion die Zahl der Nein-Stimmen auf 44 gestiegen, die nun fast die Hälfte der Partei vertraten. Im Reich griffen Hungerunruhen um sich. Im Januar 1916 entzog die Mehrheit der SPD-Abgeordneten im Reichstag Liebknecht die Rechte eines Fraktionsmitglieds, um den – aus ihrer Sicht wie jener der Militärs – gefährlichsten Kriegsgegner zu isolieren. Sie erreichte das Gegenteil. Im März 1916 wurden bereits 18 Dissidenten aus der SPD-Fraktion verbannt; sie bildeten die »Sozialdemokratische Arbeitsgemeinschaft«.

Im schweizerischen Dorf Zimmerwald waren im September 1915 Vertreter der europäischen Linken – von der SPD unter anderem der entschiedene Kriegsgegner Georg Ledebour – zusammengekommen, die die Burgfriedenspolitik ihrer Parteien ablehnten. Sie forderten, wie bei einer zweiten Konferenz im April 1916, die Rückkehr zum Internationalismus und Frieden ohne Annexionen und Kriegsentschädigungen. Auf der äußersten Linken stand jeweils der russische Delegierte Wladimir Iljitsch Lenin von der Partei der Bolschewiki allein mit seiner Forderung, den Krieg in einen Bürgerkrieg zum Sturz des internationalen Kapitalismus umzuwandeln.

In der neutralen Schweiz erschien im Frühjahr 1916 auch die Broschüre eines gewissen Junius: »Die Krise der Sozialdemokratie«. Hinter dem Pseudonym verbarg sich Rosa Luxemburg, die ihre leidenschaftliche Kritik am »Selbstmord der europäischen Arbeiterklasse« aus dem Königlich-Preußischen Weibergefängnis in Berlin hatte herausschmuggeln können: »Das im August, im September verladene und patriotisch angehauchte Kanonenfutter verwest in Belgien, in den Vogesen, in den Masuren in Totenäckern, auf denen der Profit mächtig in die Halme schießt. Das Geschäft gedeiht auf Trümmern, Städte werden zu Schutthaufen, Dörfer zu Friedhöfen, Länder zu Wüsteneien, Bevölkerungen zu Bettlerhaufen, Kirchen zu Pferdeställen; Völkerrecht, Staatsverträge, Bündnisse, heiligste Worte, höchste Autoritäten in Fetzen gerissen.« Lückenlos reihte sie die Beweise aneinander, die zeigten, wie die deutsche Regierung und Wilhelm II. das Volk mit der Rede von der »aufgezwungenen Notwehr« getäuscht hatten.

Aber in diesem Jahr 1916 mehrten sich auch die Anzeichen für wachsende Unruhe in der Arbeiterschaft, die weit schwerer an der Kriegslast trug als die Oberschicht. Zum ersten Mal seit Kriegsbeginn wurde am 1. Mai in mehreren Großstädten demonstriert. Noch beschränkten sich die Forderungen zumeist auf höhere Zulagen und bessere Lebensmittelversorgung. Aber am Potsdamer Platz in Berlin rief Karl Liebknecht an der Spitze der Demonstranten lauthals: »Nieder mit dem Krieg! Nieder mit der Regierung« – und wurde auf der Stelle verhaftet. Als er Ende Juni wegen Hochverrats vor Gericht stand, traten in Berlin Zehntausende Rüstungsarbeiter in Proteststreik. In Stuttgart, Bremen und Braunschweig folgten andere. »Liebknecht ist heute der populärste Mann in den Schützengräben«, schrieb Karl Kautsky, der bekannteste Theoretiker der SPD, Anfang August 1916 einem Genossen. »Die unzufriedenen Massen sehen in ihm den Mann, der für das Ende des Krieges wirkt, und das ist ihnen jetzt die Hauptsache.«

Zu Beginn des Jahres 1917 verschärften die immer kritischere Ernährungslage im Reich und die Nachricht von der russischen Februarrevolution die politische Situation. Es gärte an der Front, in den Fabriken und in der SPD. Spontane Streiks nahmen zu. Die aus der Partei verbannten Kriegsgegner konstituierten sich im April 1917 als Unabhängige Sozialdemokratische Partei Deutschlands (USPD). Deren linken Flügel bildete die »Spartakusgruppe«, wie sich der Kreis um die Inhaftierten Liebknecht und Luxemburg seit 1916 nannte.

Die große Irreführung

Im Sommer 1917 veränderte die Hoffnung auf Frieden auch die Fronten der bürgerlichen Parteien im Reichstag. Die Kräfte der Mitte, Zentrum und Fortschrittspartei, hatten im Gegensatz zur Militärkamarilla und zur Rechten den Glauben an einen »Siegfrieden« verloren. Sie forderten nun wie die USPD und die SPD einen Verständigungsfrieden – wobei Letztere unter Führung von Friedrich Ebert und Philipp Scheidemann an ihrer Geschichtsversion vom aufgezwungenen Verteidigungskrieg festhielt. Die Nachkriegskoalition zeichnete sich ab.

Die Oktoberrevolution, die mit der Parole »Brot und Frieden« siegte, und der deutsch-russische Separatfrieden von Brest-Litowsk im März 1918 entzogen der Propaganda von der Gefahr durch reaktionäre Barbarenhorden im Osten endgültig den Boden. Die Proteste wurden politischer, Streiks griffen auf das gesamte Reich über. Hunderttausende legten im Januar 1918 die Arbeit nieder, viele Rüstungsbetriebe standen still. Ein letztes Mal gelang es der Reichsleitung, die Proteste zu ersticken. Streikführer wurden an die Front strafversetzt, willfährige Gewerkschaftsführer und rechte Sozialdemokraten warben für Ruhe und Ordnung. Doch im Frühsommer 1918 endete der verzweifelte Versuch einer letzten deutschen Großoffensive mit riesigen Verlusten; Desertionen nahmen bald sprunghaft zu.

Als Ende Oktober 1918 ein Flottenbefehl in Kiel die deutsche Hochseeflotte im bereits verlorenen Krieg zur »Entscheidungsschlacht gegen England« schickte, meuterten die Besatzungen mehrerer Schiffe. Schnell breitete sich unter roten Fahnen ein Matrosenaufstand aus. Überall im Reich bildeten sich Arbeiter- und Soldatenräte. Sie forderten Frieden, Republik und Sozialismus. Das Kaiserreich war am Ende.

Schleichender Tod

*Als der Krieg 1918 langsam zu Ende ging, sollte eine
andere Katastrophe da erst beginnen: An der Spanischen
Grippe starben weltweit Dutzende Millionen Menschen.*

Von Hubertus J. Schwarz

Die Krankheit begann beinahe harmlos. Die Menschen klagten über Glieder- und Kopfschmerzen. Dann, nur Stunden nach den ersten Symptomen, stieg die Körpertemperatur. Wer sich mit der Spanischen Grippe infiziert hatte, bekam Schüttelfrost und krampfartige, quälende Hustenanfälle. In den nächsten zwei Tagen kletterte das Fieber dann weit über 40 Grad. Die Haut der Kranken verfärbte sich durch eine stockende Durchblutung tiefblau. Dann kam der Tod. Die meisten Infizierten starben an einer schweren Lungenentzündung, die den entkräfteten Körper befiel. Die neuartige Grippe raffte so zwischen 1918 und 1920 Dutzende Millionen Menschen dahin. Eine Pandemie, wie sie die Menschheit noch nie erlebt hatte.

Der Ursprung der Seuche ist bis heute nicht sicher bekannt. Die erste Meldung kam aus Spanien. »Eine merkwürdige Krankheit mit epidemischem Charakter ist in Madrid aufgetreten«, kabelte die Nachrichtenagentur Fabra im Mai 1918. So wurde der schleichende Tod in der Presse zur »Spanischen Grippe«. Wahrscheinlich kam das Virus jedoch aus den USA. Durch den Kriegseintritt der Vereinigten Staaten drängten sich Anfang 1918 die Rekruten in den Kasernen. Die ersten Massenerkrankungen wurden im Frühjahr aus dem Camp Funston im US-Bundesstaat Kansas gemeldet. Über 56 000 Soldaten waren dort im extremen Winter unter widrigen Bedingungen zusammengepfercht. Für eine Epidemie waren das optimale Voraussetzungen. Drei Wochen nach der ersten Krankmeldung waren 38 Rekruten tot und 1100 schwer erkrankt.

Die militärischen Befehlshaber aber ignorierten die Berichte über eine schwere Influenza. So erreichte die Seuche durch die Truppentransporte im Juni 1918 Mitteleuropa. Hier verbreitete sie sich rasend schnell unter der Zivilbevölkerung und den Soldaten beider Seiten. »Die Grippe griff überall stark um sich«, schrieb General Erich Ludendorff. Er schob das Versagen seiner Sommeroffensive an der Westfront auf das grassierende Virus. Auf der Gegenseite war die britische Marine durch Zehntausende Krankheitsfälle so geschwächt, dass ihre Schiffe wochenlang nicht auslaufen konnten.

Ab dem Herbst 1918 brandete eine zweite Infektionswelle über die Welt. Rasant stieg die Zahl der Betroffenen in Europa, Afrika und den USA. Die halbherzig angeordneten Quarantänen wurden nur selten durchgesetzt. Auf dem Scheitelpunkt der »Herbstwelle« schätzten die preußischen Behörden, dass zwei Drittel der Bevölkerung infiziert waren. Im Berliner Westend-Krankenhaus wurden nur noch Grippekranke aufgenommen, die mindestens 41 Grad Fieber hatten. Ähnlich verlief es im übrigen Europa, die Zahl der Toten ging in die Hunderttausende. »Kaum eine Familie blieb von der Krankheit verschont; in sehr vielen Fällen wurden sogar alle Mitglieder von der Seuche ergriffen. In den Städten leerten sich die Geschäfte und die Schulen, auf dem Lande stand fast der ganze Wirtschaftsbetrieb still«, berichtete ein Breslauer Arzt im Oktober. Wirksame Medikamente fand man nicht, weder Aspirin noch Kuren schlugen an, die Menschen waren dem Virus schutzlos ausgeliefert. Erst im Frühjahr 1919 ebbte die Rate der Neuerkrankungen allmählich ab.

Die Bilanz war verheerend: Weltweit starben, je nach Schätzung, zwischen 27 und 50 Millionen Menschen. Der Maler Egon Schiele fiel ihr ebenso zum Opfer wie der Soziologe Max Weber oder Sigmund Freuds Tochter Sophie. In Indien raffte die Spanische Grippe mehr Menschen dahin, als im gesamten Ersten Weltkrieg getötet worden waren. Im Deutschen Reich wiederum fielen etwa 300 000 Personen dem Virus zum Opfer.

Gebannt ist die Gefahr bis heute nicht – die Spanische Grippe war nichts anderes als eine Frühform der Vogelgrippe.

»UM FRIEDEN KÄMPFEN«

Rosa Luxemburgs Briefe aus dem Gefängnis

Die linke Sozialdemokratin Rosa Luxemburg, die mit Karl Liebknecht gegen die Kriegsunterstützung der SPD 1914 die »Gruppe Internationale« gründete, wurde wegen ihrer Aufrufe zum Widerstand gegen den Krieg ab 1915 insgesamt drei Jahre und vier Monate inhaftiert, zunächst im Berliner »Weibergefängnis«. In der Haft schrieb sie politische Texte und Briefe an ihre Freundin Mathilde Jacob, eine sozialistisch gesinnte Stenotypistin. Auszüge:

APRIL 1915
Vorbei ist der Rausch. Die Reservistenzüge werden nicht mehr vom lauten Jubel der nachstürzenden Jungfrauen begleitet, sie grüßen nicht mehr das Volk aus den Wagenfenstern mit freudigem Lächeln; sie trotten still, ihren Karton in der Hand durch die Straßen, in denen das Publikum mit verdrießlichen Gesichtern dem Tagesgeschäft nachgeht. Jetzt fallen Millionen Proletarier aller Zungen auf dem Felde der Schmach, des Brudermords, der Selbstzerfleischung mit dem Sklavengesang auf den Lippen.
Aus der »Junius-Broschüre«

28. MAI 1915
Mein liebes Fräulein Jacob!
Herzlichen Dank für die herrlichen Rosen und Tannenzweige, sowie alles andere. Aber – aber: Ich d a r f nicht so oft Blumen kriegen und nicht so häufig lange Briefe. Sie werden ahnen, dass es nicht mein Herz ist, das mir diese Zeilen diktiert, sondern – das Reglement.

20. SEPTEMBER 1916
Niemals hätten die Machthaber gewagt, ein solches Schandurteil (gegen Liebknecht, der wegen »Hochverrats« zu vier Jahren und einem Monat Haft verurteilt worden war) zu fällen, wären sie nicht seit Ausbruch des Krieges daran gewöhnt, daß deutsche Sozialdemokraten kuschen. Liebknechts Zuchthausurteil ist also ein Kainszeichen auf der Stirn der offiziellen deutschen Sozialdemokratie, ein Siegel ihres Verrates an den Pflichten des intellektuellen Sozialismus und den historischen Aufgaben des Proletariats.
Der Sozialismus hat sich beim Ausbruch des Weltkriegs als Faktor der Geschichte ausgeschaltet. Der Krieg brachte deshalb eine ungeheure Stärkung der kapitalistischen Klassenherrschaft, der politischen und sozialen Reaktion und des Militarismus mit sich. Aber um Frieden kämpfen heißt nicht, untertänige Bittschriften an die Regierung zu unterzeichnen. Um Frieden kämpfen heißt auch nicht, in polizeilich genehmigten Versammlungen Beifall klatschen und für Friedensresolutionen Hände hochheben, um am andern Tage ruhig weiter Munition für den Krieg mit eignen Händen zu bereiten, das »Durchhalten« zu ermöglichen und mit hungerndem Magen die Militärdiktatur geduldig zu ertragen.
Liebknechts Ketten werden fallen, wenn die deutsche Sozialdemokratie das Kainszeichen des Verrats am internationalen Sozialismus von ihrer Stirne wegwischen wird, wenn Millionen Frauen und Männer im Lande wie im Schützengraben den Mut finden, ebenso furchtlos wie Liebknecht den Ruf zu erheben:
Nieder mit dem Krieg!
Nieder mit der Regierung!
Aus »Spartacus« Nr. 1

23. APRIL 1917
Meine liebste Mathilde!
Ihre Bitte hingegen, bald nach Hause zu kommen, die Sie jetzt so oft wiederholen, kann ich nicht erfüllen; eben ist mir ein neuer Haftbefehl zugegangen, für drei Monate ist also wieder vorgesorgt. Sie scheinen wirklich anzunehmen, daß es von meinem guten Willen abhängt, hier fortzukommen. Liebste, schreiben Sie mir gleich eine gute Zeile, mir ist so elend zumute ...

Im Juli 1917 wird Luxemburg, inzwischen auf 46 Kilo abgemagert, ins Strafgefängnis Breslau verlegt. Dort verfasst sie 1918 ihre berühmte Schrift »Zur russischen Revolution«, in der sie vor der Diktatur der Bolschewiki warnt: »Freiheit ist immer Freiheit der Andersdenkenden.«

3. JUNI 1918
Meine liebste Mathilde!
... Die braune Taube, die ich hier im Winter in meiner Zelle pflegte, als sie krank war, erinnert sich doch wohl meiner »Wohltaten«: sie hat mich einmal in dem Hof, wo ich nachmittags spazieren gehe, entdeckt und wartet nun jeden Tag pünktlich auf mich, sitzt neben mir aufgeplustert auf dem Kies und läuft mir nach, wenn ich eine Runde mache.

Am 8. November 1918 wird Rosa Luxemburg aus der Haft entlassen. In Berlin gibt sie nun die »Rote Fahne« heraus. Zur Jahreswende 1918/19 begründet sie die KPD mit – zwei Wochen vor ihrer Ermordung.

»Löwe von Afrika«

Mit schwarzen Hilfstruppen kämpfte der deutsche General Lettow-Vorbeck vier Jahre lang gegen eine alliierte Übermacht in Ostafrika. In dem sinnlosen Kolonialkrieg starben weit über 120 000 Menschen.

Von Thilo Thielke

Die rotgesichtigen britischen Angehörigen des North-Lancashire-Regiments und ihre aus Kaschmir herbeigeschafften Schützen gaben in der tropischen Nacht ein Bild des Jammers ab. »In wilder Flucht floh der Feind in dicken Klumpen davon, und unsere Maschinengewehre, aus Front und Flanke konzentrisch auf ihn wirkend, mähten ganze Kompanien Mann für Mann nieder«, notierte der siegreiche deutsche General Paul von Lettow-Vorbeck viele Jahre später in seinen Memoiren »Meine Erinnerungen aus Ost-Afrika«: »Mehrere Askari kamen freudig strahlend heran, über dem Rücken mehrere erbeutete englische Gewehre und an jeder Faust einen gefangenen Inder.«

Zu allem Überfluss fiel am Ende des Getümmels noch ein Schwarm Insekten über die Geschlagenen her. Was für ein Triumph über die britische Militärmacht. Eintausend kaiserliche Soldaten, verstärkt durch schwarze Hilfstruppen, schlugen im November 1914 mindestens 6000 bis 8000 Briten und Inder in die Flucht.

Deren Landungsversuch bei Tanga im Norden des heutigen Tansania war damit gescheitert. Noch eine Weile sollte die schwarz-weiß-rote Trikolore über der Hafenstadt am Indischen

Ozean flattern. Auf mindestens 2000 gefallene Feinde schätzte Lettow-Vorbeck die Verluste des Gegners – »aber größer noch war die moralische Einbuße des Feindes«.

So geschockt seien die Engländer von der Kriegskunst ihrer deutschen Widersacher gewesen, dass sie diese später fragten, »ob wir dressierte Bienen verwandt hätten«, feixte der Held in der Rückschau – und begründete damit eine der vielen Mythen, die ihn ein Leben lang begleiteten. »Löwe von Afrika« nannten ihn seine Anhänger später. Man verglich ihn mit dem legendären Lawrence von Arabien, der für die Engländer versprengte Arabertruppen gegen die mit dem Kaiser verbündete osmanische Armee führte. Sie bewunderten ihn als Guerillaführer einer Armee, die nie größer als 17 000 Mann gewesen sein soll, davon etwa 3000 Deutsche und 14 000 Askaris, schwarze Soldaten.

Mit diesem eher kümmerlichen Aufgebot habe er vier Jahre eine Übermacht von 300 000 Briten, Indern, Südafrikanern, Belgiern und Portugiesen an der Nase herumgeführt, brüstete sich Lettow-Vorbeck in seinen Memoiren. Am Ende des Ostafrika-Krieges, so der Mythos, musste man ihn zwingen aufzugeben; im Felde sei Lettow-Vorbeck, im Gegensatz zu seinen Kameraden an der europäischen Front, tatsächlich unbesiegt geblieben.

Kein Wunder, dass Hurra-Patrioten nach dem schmählichen Versailler Frieden von 1919 besonders den Mann mit dem rechts hochgeklappten Hut der Schutztruppen besangen, wie sich die militärischen Einheiten in den deutschen Kolonien in Afrika nannten: »Als Deutschland ward der Sieg geraubt,/An den es bis zuletzt geglaubt,/Vergaß er seiner Sieger Ruhm,/Und seiner Helden Heldentum«, dichtete 1927 der ehemalige Landsturmmann Friedrich Wilhelm Mader in seinen Afrika-Erinnerungen »Am Kilimandscharo«: »Es sah nur Schmach, Leid und Verrat,/Die Frucht der Drachensaat./Ein

Name nur durch Nacht und Not/Strahlt ihm, wie Zukunftsmorgenrot:/Lettow-Vorbeck.«

Als Schlachtfeld waren die Kolonien der europäischen Mächte eigentlich gar nicht vorgesehen – doch keine der Kriegsparteien hielt sich an die Abmachungen der »Kongoakte«, die auf der Berliner Afrika-Konferenz von 1884/85 vereinbart worden war. Danach sollten die afrikanischen Besitzungen ungeachtet von Konflikten oder Kriegshandlungen der Kolonialmächte in Europa neutral bleiben. Doch bereits am 8. August 1914 eröffneten britische Truppen das Feuer. Ihre Haubitzen bestrichen die deutsche Festung Daressalam von See aus. Und eine Woche später überfiel ein deutsches Kommando unter Führung Lettow-Vorbecks die britische Kenia-Grenzstation in Taveta.

Der große Krieg hatte nun auch in Afrika begonnen. Das war gar nicht im Sinne des deutschen Gouverneurs Heinrich Schnee; der wollte am liebsten sofort kapitulieren und drohte später damit, Lettow-Vorbeck wegen Hochverrats vor ein Kriegsgericht zu bringen. Berlin wollte keinen Konflikt in Afrika. Doch der eigensinnige General glühte für diesen Krieg, und so kam ihm der britische Angriff gerade recht. »Ich wusste, dass das Schicksal der Kolonien, wie das jedes deutschen Besitzes, auf den europäischen Schlachtfeldern entschieden werden würde«, schrieb er später. »Die Frage war, ob wir die Möglichkeit hatten, die große heimische Entscheidung von unserem Nebenkriegsschauplatze aus zu beeinflussen.«

Er rekrutierte jeden, der ein Gewehr halten konnte, scharte schließlich rund 3000 Weiße um sich und 14 000 Askaris. Dass man mit diesem Häuflein eine Armee von angeblich 300 000 Mann nicht in einer Feldschlacht besiegen konnte, war von Anfang an klar. Lettow-Vorbeck versuchte das auch gar nicht: Sein Ziel war vor allem die Ugandabahn, mit der die Briten Kampala mit dem kenianischen Hafen Mombasa verbanden.

Epochenwende

Mit Bomben und nächtlichen Überfällen setzten die Deutschen den überlegenen Einheiten des mit den Briten verbündeten südafrikanischen Generals Jan Christiaan Smuts zu, kappten Telegrafenmasten, sprengten Gleise, kaperten Munitionszüge – allein 30 000 alliierte Soldaten, Inder, Südafrikaner, Briten, mussten zum Schutz der Bahn eingesetzt werden.

Dass Lettows Kleinkrieg das Geschehen in Europa tatsächlich beeinflusst hat, darf bezweifelt werden – die alliierten Truppen in Ostafrika, mit denen es die Deutschen zu tun hatten, waren wohl nie für den Einsatz in Europa vorgesehen. Und auch die Truppenstärke des Feindes wurde später nach unten korrigiert: 148 000 bis 240 000 sollen es maximal gewesen sein, von denen nie mehr als 50 000 bis 87 000 im Einsatz waren. Die besonders von Lettow-Vorbeck viel beschworene Entlastung für Europa ging deshalb gar nicht auf. Dass es keine nennenswerten Erhebungen der Askaris gegen die deutschen Offiziere gegeben habe, sei ein Beleg für die moralische Integrität des Generals und seiner Truppe, behaupteten Lettows Leute – und die meisten Deutschen, hungrig nach Kriegshelden, glaubten ihnen allzu gern.

Inzwischen hat das Bild vom Edelmann im ostafrikanischen Busch Risse bekommen. »Es gibt nichts an Lettow-Vorbeck, das heute noch verehrungswürdig wäre«, schreibt der Historiker Uwe Schulte-Varendorff in seiner Lettow-Vorbeck-Biografie »Kolonialheld für Kaiser und Führer«. Und manche, wie die »Süddeutsche Zeitung«, nennen ihn »wohl einen der größten Kriegsverbrecher« in der deutschen Geschichte.

Zeit seines Lebens hat sich der Spross einer preußischen Offiziersfamilie auf Kriegsschauplätzen getummelt. Zwischen China, Hamburg und Südwestafrika hinterließ er eine blutige Spur. Seine Feuertaufe erlebte Lettow-Vorbeck als Freiwilliger während des sogenannten Boxeraufstands. Im Jahre 1900 hatte

Kaiser Wilhelm II. Truppen nach China in Marsch gesetzt – sie sollten vereint mit Großbritannien, Frankreich, Russland, Österreich-Ungarn, Japan und den Vereinigten Staaten den Widerstand rebellischer Chinesen, die Missionare und chinesische Christen ermordet hatten, niederschlagen.

Wilhelm II. hatte sich damals durch besondere Härte hervorgetan, in seiner später als »Hunnenrede« bekanntgewordenen Ansprache verlangte er: »Kommt ihr vor den Feind, so wird er geschlagen, Pardon wird nicht gegeben; Gefangene nicht gemacht. Wer euch in die Hände fällt, sei in eurer Hand.« Wie vor 1500 Jahren »die Hunnen unter ihrem König Etzel« sollten die Feldgrauen im Reich der Mitte wüten und den Namen Deutschlands bekannt machen, »dass niemals wieder ein Chinese es wagt, etwa einen Deutschen nur scheel anzusehen«.

Der abenteuerlustige Lettow-Vorbeck, bis dato Oberleutnant im Großen Generalstab, kam als Adjutant zur I. Ostasiatischen Infanteriebrigade, erhielt zunächst das Transportkommando über einen Trupp ostsibirischer Kosaken, ehe er auch an Kampfeinsätzen gegen die Boxer teilnehmen durfte. Er nahm Chinesen gefangen, wurde Zeuge standrechtlicher Erschießungen. Im Kommando jenes Lothar von Trotha, der einige Jahre später den Hereroaufstand in Deutsch-Südwestafrika niederwerfen sollte, wurde er schließlich zum Hauptmann befördert.

Doch bevor er General von Trotha nach Afrika folgte, kehrte Lettow-Vorbeck noch einmal üppig dekoriert ins Kaiserreich zurück; behängt mit dem amerikanischen »Military Order of the Dragon« und dem preußischen »Roten-Adler-Orden 4. Klasse mit Schwertern«; der russische »St. Stanislaus-Orden« kam später dazu. Eine Weile hielt es Lettow-Vorbeck als Kompaniechef im Königin-Elisabeth-Garde-Grenadierregiment in Berlin-Charlottenburg aus, wo er sehnsüchtig auf seinen nächsten Einsatz im Felde wartete.

Epochenwende

1904 durfte er seine Skrupellosigkeit erneut beweisen. In der südwestafrikanischen Dornbuschsavanne hatten gerade Hereros und Hottentotten, wie die Angehörigen des Nama-Stamms genannt wurden, gegen die kaiserlich-deutsche »Kolonialmacht« rebelliert. Unter der Führung des trunksüchtigen Häuptlingssohns Samuel Maharero überfielen sie deutsche Höfe, schlugen Siedlerfamilien tot. Die deutsche »Schutztruppe« unter dem Kommando des Gouverneurs Theodor Leutwein war nicht in der Lage, den Aufruhr zu beenden – so wurde erneut Verstärkung aus Deutschland entsandt. Paul von Lettow-Vorbeck zögerte nicht lange und meldete sich freiwillig; so wurde er Adjutant im Stab seines alten Bekannten Lothar von Trotha.

Der schrieb nun ein weiteres unrühmliches Kapitel kaiserlicher Militärgeschichte. Inspiriert von Wilhelms Hau-drauf-Reden, gab er seinen Truppen den Befehl, die aufrührerischen Hereros erbarmungslos niederzuschlagen; sie richteten ein Blutbad an. »Innerhalb der deutschen Grenze wird jeder Herero, mit oder ohne Gewehr, mit oder ohne Vieh erschossen«, ordnete von Trotha an: »Ich nehme keine Weiber und keine Kinder mehr auf, treibe sie zu ihrem Volk zurück oder lasse auf sie schießen.« Historiker streiten bis heute, ob der brutale Befehl einer Aufforderung zum Völkermord gleichkam.

Unstrittig aber ist: Mehr als 60 000 Hereros und 10 000 Nama wurden niedergeschossen oder verdursteten qualvoll in der Omaheke-Halbwüste. Und Lettow-Vorbeck verteidigte noch 1957 das Verbrechen: »Ich glaube, dass ein Aufstand solchen Umfangs erst mal mit allen Mitteln ausgebrannt werden muss«, schrieb der Unbelehrbare in seinen Erinnerungen »Mein Leben«, »der Schwarze würde in Weichheit nur Schwäche sehen«.

So deutete bis dahin nicht viel darauf hin, dass sich Lettow-Vorbeck später als vermeintlich edelmütiger Askari-Führer im

»Löwe von Afrika«

Ersten Weltkrieg einen Namen machen sollte. Dabei waren es offenkundig gerade seine Erfahrungen im südwestafrikanischen Gemetzel, die ihm später in der Savannenlandschaft zwischen Tanganjikasee, Kilimandscharo und Indischem Ozean zugutekamen. »Die sowohl von den aufständischen Herero als auch Nama angewandte Taktik des Klein- beziehungsweise Guerillakriegs, bestehend aus Hinterhalten und Überfällen auf zumeist kleinere Abteilungen und dem sofortigen Rückzug in sichere Gebiete gegen einen zahlenmäßig und waffentechnisch überlegenen Gegner«, analysiert Uwe Schulte-Varendorff, »wurde von ihm im Kampf gegen die alliierten Truppen in Ostafrika kopiert und verfeinert.«

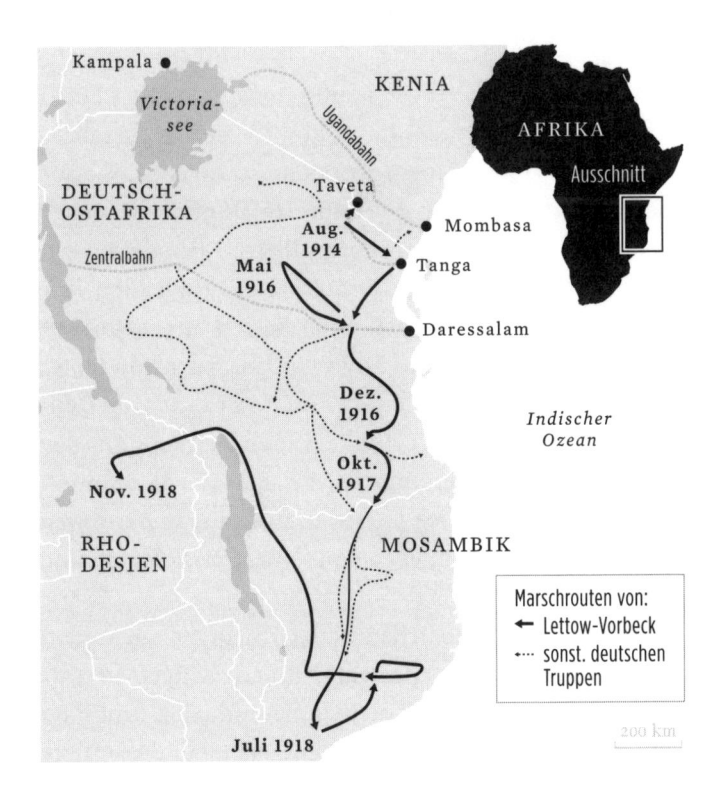

Im Januar 1914 schließlich landete Lettow-Vorbeck, nach einem Zwischenstopp in Kamerun, als Kommandeur der Kolonialtruppe in Deutsch-Ostafrika – gerade rechtzeitig zum Kriegsbeginn. Auf der Reise dorthin hatte er sich mit der jungen Dänin Karen Dinesen angefreundet, die in Kenia den Baron Blixen zu ehelichen gedachte. Später betrieb die Baronin eine Kaffeeplantage am Rande der Ngong-Berge, schrieb den Klassiker »Jenseits von Afrika« und wurde von Ernest Hemingway hoch geschätzt.

Sein Reiterbild mit Vers, das Lettow-Vorbeck der Dänin zur Hochzeit schenkte, soll sie während des gesamten Krieges sorgsam gehütet haben – falls Lettows deutsche Krieger Kenia eingenommen hätten und sie in Kriegsgefangenschaft geraten wäre.

Bis 1916 konnten Lettows häufig malariakranke Soldaten die Kolonie noch halten, dann kippte auch in Ostafrika das Kriegsglück. Unter seinem Kommando zogen nun 2000 Deutsche durch die Wildnis, fielen im damals portugiesischen Mosambik und im von Briten kontrollierten Rhodesien ein, lockten feindliche Truppen in Hinterhalte, zermürbten ihre Gegner. Erst im November 1918 kapitulierte Lettow-Vorbeck als letzter deutscher General. Da war in Europa schon längst der Waffenstillstand ausgerufen; der weit entfernt vom Mutterland kämpfende Lettow-Vorbeck hatte eher zufällig aus den Papieren eines gefangengenommenen Briten davon erfahren. Nun erst war auch der Krieg in Afrika zu Ende, er hatte weit mehr als 120 000 Menschen, vor allem schwarzen Soldaten und Trägern, das Leben gekostet.

Nach kurzer Zeit in südafrikanischer Kriegsgefangenschaft heimgekehrt, bereiteten nationalistische Anhänger Lettow-Vorbeck in Berlin im März 1919 einen triumphalen Empfang. Mit Fanfaren und Trompeten zogen der General und die Reste seiner Schutztruppe durchs Brandenburger Tor. Dass er sich später den rechten Freikorps anschloss, im Sommer 1919 in Hamburg protestierende Arbeiter terrorisierte und im März 1920 am rechtsextremen Kapp-Putsch gegen die Weimarer Regierung teilnahm, wurde ihm auch von bürgerlichen Verehrern lange verziehen. Die Bundeswehr benannte sogar Kasernen nach dem Safarikrieger.

Als der alte Ostafrikakämpfer 1964 in Hamburg im Alter von 93 Jahren einsam starb, hielt Verteidigungsminister Kai-Uwe von Hassel die Trauerrede. Als Ehrengäste hatte die Bundeswehr zwei ehemalige Askari-Soldaten einfliegen lassen.

TEIL IV

Der lange Weg zum Frieden

Gefangene der Propaganda

Gab es denn nie Friedensversuche?
Doch, sogar Deutschland machte einen
Vorstoß. Aber er war halbherzig.

Von Christian Neef

Brechend voll ist der Reichstag an diesem Dienstag zwölf Tage vor der dritten Kriegsweihnacht, die Abgeordneten sind zu einer Sondersitzung angereist. Selbst auf der Tribüne hinter der Regierungsbank herrscht Gedränge wie auch am Tisch der Stenografen, die den Verlauf der 80. Sitzung dieser Legislaturperiode zu protokollieren haben.

Dort, wo das Kabinett seine Plätze hat, steht ein Mann in der Uniform eines preußischen Infanterie-Generals: Reichskanzler Theobald von Bethmann Hollweg. 60 ist er gerade geworden und seit gut sieben Jahren im Amt. Was er verliest, ist eine Sensation: ein deutsches Friedensangebot. Es ist der 12. Dezember 1916, kurz vor 14 Uhr. »Ich habe heute Morgen«, erklärt der Kanzler, »den Vertretern derjenigen Mächte, die unsere Rechte in den feindlichen Staaten wahrnehmen, also den Vertretern von Spanien, den Vereinigten Staaten von Amerika und der Schweiz, eine entsprechende an alle feindlichen Mächte gerichtete Note mit der Bitte um Übermittlung übergeben. Das Gleiche geschieht heute in Wien, Konstantinopel und in Sofia.«

Die Rede ist nicht sonderlich lang, der entscheidende Satz kommt erst kurz vor Schluss: »Getragen von dem Bewusstsein ihrer militärischen und wirtschaftlichen Kraft, und bereit, den ihnen aufgezwungenen Kampf nötigenfalls bis zum äußersten fortzusetzen, zugleich aber von dem Wunsch beseelt, weiteres Blutvergießen zu verhüten und den Gräueln des Krieges ein Ende zu machen, schlagen die vier verbündeten Mächte vor, alsbald in Friedensverhandlungen einzutreten.«

»Skandal, Skandal«, schreit der Deutschkonservative Albrecht von Graefe. Im Block der Nationalliberalen und des Zentrums dagegen herrscht Schweigen. Beide Parteien haben gemeinsam mit den Deutschkonservativen und den Fortschrittlichen schon am Vorabend protestiert, als Bethmann Hollweg in der Reichskanzlei den Parteiführern den Vorstoß angekündigt hatte. Dafür gibt es links und in der Mitte Bravorufe.

Zur gleichen Zeit, als sein Kanzler im Reichstag auftritt, wendet sich der Kaiser an das deutsche Heer. »Soldaten!«, schreibt er: »In dem Gefühl des Sieges, den Ihr durch Eure Tapferkeit errungen habt, haben Ich und die Herrscher der treu verbündeten Staaten dem Feinde ein Friedensangebot gemacht. Ob das damit verbundene Ziel erreicht wird, bleibt dahingestellt. Ihr habt weiterhin mit Gottes Hilfe dem Feind standzuhalten und ihn zu schlagen. Großes Hauptquartier. Wilhelm I.R.«

Wie kommt es zu diesem ersten deutschen Friedensangebot seit Kriegsbeginn? Ist es ernst oder ein Bluff, eine Geste der Verzweiflung oder der Großherzigkeit? Und worum geht es eigentlich? Soll umgehend verhandelt oder der Feind weiter geschwächt werden? Wilhelm II. hat ziemlich kryptisch formuliert. Für Deutschlands Gegner ist die Sachlage sofort klar. Russlands Presse – die rechtsgerichtete wie die linksliberale – hält das deutsche Angebot für unaufrichtig. Sie bemängelt die fehlenden konkreten Friedensbedingungen, spricht von einem taktischen Manöver, um das eigene Volk zu weiteren Kriegsanstrengungen anzuspornen, und der Absicht, unter den Alliierten Zwietracht zu säen.

Gefangene der Propaganda

Die Zeitung »Swet« ruft dazu auf, den Krieg bis zur völligen Unterwerfung Deutschlands fortzuführen, weil die »frechen und unmenschlichen Deutschen« sonst eine Bedrohung für die anderen Völker blieben. Der neue Außenminister Nikolai Pokrowski erklärt vor der Duma, der wahre Sinn des deutschen Schrittes entpuppe sich als Versuch des Feindes, im letzten Augenblick aus seinen Gebietseroberungen Vorteile zu ziehen, »ehe sich seine innere Schwäche offenbart«. Russlands Parlament lehnt Friedensverhandlungen kategorisch ab.

Auch im Westen lassen sie an Bethmann Hollwegs Erklärung kein gutes Haar. Ob Briten, Franzosen, Italiener – alle sprechen von Propaganda, von einer Falle und einem Ausdruck der Schwäche, man werde den Kopf nicht in die deutsche Schlinge stecken. Die gemeinsame Antwort der Entente am 30. Dezember fällt entsprechend aus: Der Vorschlag erscheine »weniger als ein Friedensmanöver denn als Kriegsmanöver«. Es lohne nicht, überhaupt zu Beratungen zusammenzukommen.

War die Berliner Offerte tatsächlich eine Finte? Es hat nicht viele solcher Friedensaktionen im Laufe der vier Jahre von 1914 bis 1918 gegeben. Und diese wenigen schienen mehr aus der Not der Kriegslage im jeweiligen Moment und in nationalem Interesse geboren als aus dem Willen, mit dem Völkermorden wirklich Schluss zu machen.

Die Reihe der halbherzigen Aktionen beginnt mit dem Versuch Deutschlands, ab Herbst 1914 einen Separatfrieden mit Russland auszuhandeln, sie reicht über die Initiative Bethmann Hollwegs vom Dezember 1916, die Sixtus-Affäre wenige Monate später, als Österreich-Ungarn auf tollpatschige Weise mit Frankreich Geheimgespräche führt, bis zu den Vermittlungsbemühungen von US-Präsident Woodrow Wilson, den wohl ernsthaftesten Verständigungsplänen. Den Frieden von

Brest-Litowsk im März 1918 hat Deutschland dem unterlegenen Russland aufgezwungen.

Das Zarenreich möglichst schnell von der West-Koalition zu trennen und damit im Osten den Rücken freizubekommen – das war für den deutschen Generalstab von Anfang an eine reizvolle Idee. Der schnelle Vormarsch der Russen in Ostpreußen im August 1914 hatte sie zudem unangenehm überrascht. Und dass eine Entscheidung nicht zugleich in Ost und West zu erzwingen sei, galt schon vor 1914 als strategisches Axiom. So war der Krieg denn auch kein Vierteljahr alt (im Osten hatten die Deutschen die 2. Russische Armee vernichtet, im Westen leiteten die Schlachten an Marne und Aisne den Stellungskrieg ein), als Bethmann Hollweg über Mittelsmänner eine »Taube mit einem diskreten Ölzweig« an einen Russen sandte. Der Russe hieß Sergej Witte und war einst russischer Ministerpräsident; zu den Boten zählte der Berliner Bankier Robert von Mendelssohn.

Witte hatte nach dem Russisch-Japanischen Krieg 1905 als Chefunterhändler des Zaren die Bedingungen für den Friedensvertrag mit Tokio ausgehandelt und war 1914 gegen den Eintritt Russlands in den Ersten Weltkrieg gewesen. Dabei hatte er übrigens mit verblüffender Weitsicht argumentiert. Was denn habe Russland vom Krieg schon zu erwarten, kritisierte Witte im September 1914 gegenüber dem französischen Botschafter in Petrograd. »Gebietszuwachs? Herrgott, ist denn das Reich Seiner Majestät nicht ausgedehnt genug? Und dann, welches sind die Eroberungen, die man uns da vorgaukelt? Ostpreußen? Besitzt denn der Kaiser unter seinen Untertanen nicht bereits eine viel zu große Anzahl Deutscher? Galizien? Das steckt ja voller Juden! Konstantinopel, das Kreuz auf der Sophienkirche, den Bosporus, die Dardanellen?«

Und dann fügte Witte hinzu: »Setzen wir den vollständigen Sieg unserer Verbündeten voraus; nehmen wir an, dass die

Hohenzollern und die Habsburger genötigt sein werden, um den Frieden zu betteln ... Aber das bedeutet dann nicht nur den Zusammenbruch der germanischen Vorherrschaft, sondern auch die Ausrufung der Republik in ganz Mitteleuropa. Das bedeutet auch, mit einem und demselben Schlage, das Ende des Zarismus ...« Welch ein Prophet! Witte war dementsprechend aufgeschlossen für das deutsche Ansinnen und schlug eine »freimütige Aussprache der beiden Kaiser« vor, zumal diese verwandt seien. Freunde verschaffte ihm das in Russland nicht, und als Witte im März 1915 gerade mal 65-jährig verstarb, sah der Zar darin ein Zeichen Gottes – und war erleichtert. Allerdings hatte Nikolai II. den Verbündeten auch gern mit Quertreibern wie Witte gedroht: Wenn Russland als Kriegsbeute nicht mindestens Konstantinopel bekomme, gewinne bei ihm die Friedensfraktion Oberhand.

Nach Wittes Tod suchte das Auswärtige Amt nach neuen Kanälen, um dem Zaren einzuflüstern, allein England profitiere vom Krieg. Großherzog Ernst Ludwig von Hessen wurde aktiviert, ein Bruder der Zarin, wie auch die Großherzogin Luise von Baden. Die Zarin lehnte rundheraus ab, einen Mittelsmann nach Stockholm zu senden. Versuche, über eine zu Kriegsbeginn in Wien festgehaltene Hofdame Kontakt mit Petrograd herzustellen, scheiterten ebenfalls – die Mission kostete die Frau den Posten, sie wurde sogar in die Ukraine verbannt. Auch der dänische König Christian X., ebenfalls ein angeheirateter Verwandter von Nikolai II., versuchte sich mit deutscher Zustimmung an Friedenssondierungen. Die Antwort des Zaren: Die Zentralmächte müssten kapitulieren.

Zu einem Separatfrieden war Petrograd schon deshalb nicht bereit, weil nach den Niederlagen bei Tannenberg und in den Masuren Verratsgerüchte durch Russland waberten. Sie zielten auch auf die deutschstämmige Zarin – eine erregte Volksmenge forderte im Juni 1915, Alexandra Fjodorowna in einem Kloster wegzusperren. Dass die Russen abtrünnig werden könnten, fürchteten zudem die Franzosen. Immerhin gab es in Stockholm, das damals als internationale Nachrichtenbörse galt, doch die einen oder anderen Gespräche, von denen wohl auch der russische Ministerpräsident Boris Stürmer wusste. Auf deutscher Seite war der Hamburger Bankier Fritz Warburg involviert, der über gute Kontakte in Russland verfügte. Dabei skizzierten die Deutschen ihre Friedensvorstellungen: Berlin beanspruche Teile von Kurland (heute Lettland) und Litauen, Russland sollte mit Teilen Galiziens und Konzessionen am Bosporus entschädigt werden. Für Petrograd war das unannehmbar.

Auf keinen Fall wollten die Russen einen Frieden schließen, der nicht ihre Kriegsziele realisierte. Das Gleiche traf auf Großbritannien und Frankreich zu. Auch Deutschland war Gefangener der eigenen Kriegszielpropaganda geworden. Ein Frieden ohne Zusammenbruch Russlands oder die Aufkündigung des Bündnisses mit Wien war unrealistisch. Was aber sollte dann der Vorstoß Bethmann Hollwegs im Dezember 1916 ausrichten?

Seine Reichstagsrede war ein Seiltanz, ganz taktisch geprägt. Um die Nationalisten einzufangen, pries der Kanzler zuerst die bisherigen Erfolge der Mittelmächte, er sprach von der gerade erfolgten Eroberung Bukarests und den riesigen Mengen an Getreide und Lebensmitteln, die nun nach Deutschland fließen würden, von »unseren herrlichen Truppen«, von »genialer« Führung Hindenburgs und vom Kaiser als einem Mann mit tiefer Verantwortung für sein Volk.

Er schien es allen recht zu machen: Mal hallten Bravorufe von rechts, dann wieder von links. Selbst die Kriegsgegner behandelte er nachsichtig: Um »Versöhnung« gehe es und darum, dass die eigenen Rechte und Ansprüche der Verbündeten »in keinem Widerspruch zu den Rechten der anderen Nationen stehen«. Schon das klang fast revolutionär, obwohl noch nicht einmal zu erkennen war, was Bethmann Hollweg wirklich wollte: einen Verständigungsfrieden ohne Sieger und Besiegte? Einen Verzicht auf Eroberungen und Kriegsentschädigungen? Noch im Frühjahr 1916 hatte er ganz anders geklungen, da hatte er hart darauf gepocht, dass Deutschland nie zum Vorkriegsstand zurückkehren, sondern die Grenzen in Ost wie West zu seinen Gunsten verschieben werde.

Aber am Ende dieses Jahres, nach der Blutmühle von Verdun, war ihm klar, dass Deutschland die feindlichen Kräfte unterschätzt hatte. 3,4 Millionen Soldaten waren vermisst, verwundet oder tot, die Menschen hungerten und froren, der Kohlrübenwinter begann, die Preise stiegen. »Ich muss jede Möglichkeit, die sich mir bietet, in die Phalanx unserer Feinde einen Bruch hineinzubringen, benutzen«, so der Kanzler zu Vertrauten. Aber das konnte er diesem Reichstag so offen kaum sagen.

Hier steckt eines der Motive für das Angebot vom 12. Dezember: die Friedensbestrebungen in Frankreich und Britannien zu stärken und so deren Regierungen unter Druck zu setzen. Gleichzeitig konnte man gegenüber dem noch neutralen Amerika guten Willen demonstrieren. Mit der Aussicht auf Frieden wollte Bethmann Hollweg aber auch die desaströse Moral der Bevölkerung heben. Es scheint so, als habe der Reichskanzler tatsächlich das Ruder herumreißen wollen, um einen Ausweg aus dem Krieg zu finden. Doch sein Einfluss, vor allem auf den Kaiser, war nicht mehr groß genug. Konservative wie Nationalliberale hatten Wilhelm II. mit der Forderung nach einem uneingeschränkten U-Boot-Krieg da fast schon auf ihre Seite gezogen. Der Kanzler sah voraus, dass daraufhin die USA in den Krieg eintreten würden und die Niederlage für Deutschland dann unausweichlich wäre.

Seine Note reichte für einen Durchbruch aber auch deshalb nicht aus, weil sie die Kriegslage immer noch extrem beschönigte. Damit nahm er »dieser Initiative natürlich jede Chance«, schreibt der Historiker Ernst-Albert Seils. Die Gesten in Richtung der Nationalisten blieben ebenfalls wirkungslos; sie hatten nun sogar eine Rechtfertigung, den Kriegskurs noch zu verschärfen. Schon am 5. Januar 1917 erging ein kaiserlicher Erlass: »Unsere Feinde haben die von Mir angebotene Verständigung nicht gewollt. Mit Gottes Hilfe werden unsere Waffen sie dazu zwingen!«

Nachdem die Oberste Heeresleitung beim Kaiser den Druck gegen den »Flaumacher« verstärkt hatte, weil der das »Volk um die Früchte des Sieges« betrügen wolle, trat Bethmann Hollweg im Juli 1917 frustriert zurück. Erst im vierten Kriegsjahr seien »wirkliche Friedensmöglichkeiten aufgetaucht«, schrieb Bethmann Hollweg später in seinen Erinnerungen. Er meinte damit den Vermittlungsversuch des amerikanischen Präsidenten Woodrow Wilson und die päpstliche Friedensinitiative über den Nuntius Eugenio Pacelli in München. Pacelli wird später sagen, Bethmann Hollwegs Abgang habe den Friedensaussichten geschadet.

»Kriegsfuror war ein Kennzeichen des Weltkriegs«, so fasste der einstige Kanzler kurz vor seinem Tod 1921 seine Erkenntnisse zusammen. »Die Maschine der Kriegsleidenschaft, zu Kriegszwecken geschaffen und zu immer größerer Macht ausgestaltet, hat die Politik der Staaten in der einmal eingeschlagenen Richtung festgehalten.« Für Frieden war da kein Platz.

Funke der Empörung

Im Sommer 1918 war der Krieg verloren, das Kaiserreich taumelte dem Untergang entgegen. Doch unter den nun tonangebenden Linken war umstritten, was danach kommen sollte.

Von Rainer Traub

Als die letzten Siegesträume zerstoben waren, schlug die Stimmung der deutschen Soldaten um in Kriegsüberdruss und Wut auf die Herrschenden. Noch bis in den Juni des letzten Kriegsjahres hatten die Anfangserfolge der deutschen Frühjahrsoffensive an der Westfront den Durchhaltewillen genährt. Doch die materiell weit überlegene Entente schlug an der französischen Front erfolgreich zurück und startete neue Offensiven, ein militärisches Debakel zeichnete sich ab. Vom Krieg wurde jetzt als »Schwindel« gesprochen. Und es waren nicht, wie es der Generalstab in der Legende vom »Dolchstoß in den Rücken der Front« eilig lancierte, »die vaterlandslosen Gesellen« in der Heimat, die tapferen deutschen Soldaten verräterisch in den Rücken fielen und sie so um den Sieg brachten. Im Gegenteil: Die Resignation schwappte von der Front ins Reich.
Nachdem die Westalliierten Ende September 1918 zwischen Maas und Argonnen eine vernichtende Offensive gestartet hatten, forderte General Ludendorff von der Reichsleitung ein sofortiges Waffenstillstandsangebot. Die Schuld für die Niederlage gab er nicht etwa sich selbst, sondern er machte das »Gift spartakistisch-sozialistischer Ideen« dafür verantwortlich. Vor allem die Führer der SPD und der linken USPD, so Luden-

dorffs Plan, sollten nun für das militärische Debakel in Haftung genommen werden, sie sollte der Volkszorn treffen. Mit einem schmachvollen Frieden wollte er nichts zu tun haben.

Am 1. Oktober 1918 teilte er seinem Generalstab mit, er habe Seine Majestät gebeten, »diejenigen Kreise an die Regierung zu bringen, denen wir es in der Hauptsache zu danken haben, dass wir so weit gekommen sind. ... Die sollen nun den Frieden schließen, der jetzt geschlossen werden muss. Sie sollen die Suppe jetzt essen, die sie uns eingebrockt haben«. Das Kalkül: Wenn der politische Kredit der linken Parteien – der pure Pöbel in den Augen der preußischen Offiziere – erst einmal verbraucht wäre, werde eine militärische Konterrevolution die Volksvertreter hinwegfegen. Auch die Revolution von 1848, so die historische Logik der Armee, war ja einst nach vorübergehendem, taktischem Rückzug des Militärs mit einem Gegenschlag besiegt worden. Am 3. Oktober beteiligte sich die Mehrheits-Sozialdemokratie (MSPD) an einer Regierung mit der liberalen Fortschrittspartei und dem Zentrum; beide hatten ebenso wie die SPD seit Juli 1917 im Reichstag Frieden gefordert. SPD-Fraktionschef Philipp Scheidemann und der Gewerkschafter Gustav Bauer traten in das Kabinett des liberalen Aristokraten Prinz Max von Baden ein. Der Kompromisskandidat sollte gut vier Wochen lang als letzter Kanzler des Kaiserreichs amtieren. Doch als er am Tag nach seiner Ernennung das nun unvermeidliche Waffenstillstandsgesuch an Woodrow Wilson richtete, äußerte der US-Präsident Zweifel am deutschen Friedenswillen, solange der Kaiser über den Parteien stehe. So wurde am 28. Oktober kurzerhand die Verfassung geändert und das Deutsche Reich in ein parlamentarisches Regierungssystem umgewandelt.

Tags darauf nahm die Entwicklung jedoch eine dramatische Wende: Eigenmächtig befahl die Seekriegsleitung ihrer Flotte im längst verlorenen Krieg eine aberwitzige »Entscheidungsschlacht«. Sie sprach damit allen Waffenstillstands- und Friedensbemühungen der neuen Regierung Hohn. Kieler Matrosen verweigerten den Befehl. Sie meuterten genau genommen, wie der Historiker Ulrich Kluge über »Die deutsche Revolution 1918/1919« schreibt, gar nicht gegen die Obrigkeit, »sondern widersetzten sich dem Ungehorsam der Seekriegsleitung gegenüber der Regierung«. Das änderte nichts daran, dass der Fortgang der Dinge nun nicht mehr von oben, sondern von unten bestimmt wurde.

Als ein Teil der Meuterer inhaftiert wurde, versammelten sich Soldaten und Arbeiter am 3. November zu einer Protestdemonstration in Kiel, die die Freilassung der Gefangenen forderte. Soldaten schossen in die Menge, töteten 8 Demonstranten und verletzten 29. Noch in der Nacht zum 4. November wurden auf den Schiffen und in den Kasernen Matrosen- und Soldatenräte als neue Befehlsinstanzen gewählt. Auch die davon inspirierten Fabrikbelegschaften wählten aus ihrer Mitte Arbeiterräte.

Der Funke der Empörung griff auf andere norddeutsche Küstenorte über und erfasste fast alle wichtigen Industriestädte. Großteils standen die Arbeiter- und Soldatenräte, die sich jetzt überall bildeten, unter dem Einfluss der gemäßigten Mehrheits-Sozialdemokratie. Sie begnügten sich darum mit der Forderung, die Friedensbemühungen der Regierung zu unterstützen. Doch in den traditionellen Hochburgen der Linken wie Stuttgart, Leipzig, Bremen und Hamburg, in denen die USPD stark war, klangen die Parolen radikaler. So demonstrierten am 4. November 1918 in Stuttgart schon 30 000 Menschen für einen sofortigen Waffenstillstand und eine sozialistische Republik.

Die Spaltung zwischen Revolutionären und Reformisten in der deutschen Arbeiterbewegung hatte sich im Verlauf des Krieges verschärft. Zwar stellte sich auch bei den Radikaleren kaum jemand eine Minderheitsdiktatur vor wie jenes Gewaltregime, das Lenins Bolschewiki gerade im russischen Bürgerkrieg im Namen der Räte (»Sowjets«) errichteten. Aber die Linkssozialisten machten für das Kriegsdesaster die kapitalistische Beutegier verantwortlich: Nur die Vergesellschaftung der Produktionsmittel in einer sozialistischen Republik könne die Lösung sein.

Die Führer der Mehrheitssozialdemokratie sahen das ganz anders. Der Partei- und Fraktionsvorsitzende Friedrich Ebert, ein gelernter Sattler und verdienter Gewerkschafter, war im Laufe des Krieges zu dem Schluss gekommen, ein Großteil der Deutschen sei noch nicht für die völlige Abschaffung der Monarchie bereit. Noch am 6. November plädierte der spätere Reichspräsident dafür, Wilhelm II. durch ein weniger belastetes Mitglied seiner Dynastie zu ersetzen. Kanzler Max von Baden hat Eberts Worte überliefert: »Wenn der Kaiser nicht abdankt, dann ist die soziale Revolution unvermeidlich. Ich will sie aber nicht, ja ich hasse sie wie die Pest.« Der Monarch, der sich ins Hauptquartier im belgischen Spa zurückgezogen hatte, dachte freilich nicht an Rücktritt.

Am 7. November wurde in München der erste Königsthron umgestoßen: Der USPD-Mann Kurt Eisner, Chef eines neuen »Arbeiter-, Soldaten- und Bauernrates«, verkündete »die bayerische Republik« und erklärte Ludwig III. für abgesetzt. Wilhelm II. aber klammerte sich weiter an den Hohenzollern-Thron. Deshalb rief in Berlin ein von der USPD besetzter Revolutionsausschuss für den 9. November zum Generalstreik auf. Demonstrierende Arbeiter und Soldaten zogen Richtung Regierungsviertel. Um 12 Uhr gab Max von Baden von sich aus die Abdankung des Kaisers bekannt, trat als Kanzler zurück und übergab seine Amtsgeschäfte an Friedrich Ebert.

Der Großteil der Protestierenden erwartete, der populäre Karl Liebknecht werde nun die Republik proklamieren. Dem wollte die MSPD unbedingt zuvorkommen. So rief Philipp Scheidemann um 14 Uhr vom Balkon des Reichstagsgebäudes »die deutsche Republik« aus. Zwei Stunden später proklamierte Liebknecht dann »die freie sozialistische Republik Deutschland«.

Nur wenige Wochen hielt der Versuch, die streitenden linken Lager in einer Übergangsregierung zu vereinen: Aus einem von MSPD und USPD paritätisch besetzten »Rat der Volksbeauftragten« traten die drei USPD-Mitglieder schon Ende Dezember 1918 wieder aus, weil die MSPD-Vertreter an ihnen vorbei Militär gegen revoltierende Arbeiter mobilisiert und Berlin blutige Weihnachten beschert hatten. So endete das letzte Kriegsjahr mit einem neuen innersozialistischen Zerwürfnis. Das sollte auch nach den Wahlen im Januar 1919 lange Schatten über die Republik werfen, die nun mit dem Erbe von Monarchie und Krieg leben musste.

Stunde der Abrechnung

Der Friedensvertrag von Versailles hätte
eine neue Völkerverständigung begründen können:
Die Geschichte einer verpassten Chance.

Von Thomas Darnstädt

Graf Ulrich von Brockdorff-Rantzau saß im Sonderzug von Paris nach Weimar und suchte nach Worten. »Unerträglich« fiel ihm ein, »unerfüllbar, rechtsverletzend« und vor allem »unaufrichtig«. Alles aufschreiben. Morgen früh um neun würde der Zug am Bahnhof in Weimar einfahren, bis dahin musste das Papier fertig sein, an dem der Graf feilte. Dann würde der parteilose Jurist, seit vier Monaten erst deutscher Außenminister, den versammelten Kabinettskollegen klarmachen, wie Deutschland auf das Machwerk zu reagieren habe, über das seit Wochen die deutsche Nation diskutierte: ablehnen.

Ein Sonderzug zwischen Krieg und Frieden. Paris, 16. Juni 1919, die Siegermächte haben dem deutschen Außenminister nach wochenlangem Hin und Her um den Friedensvertrag ein Ultimatum in die Hand gedrückt. Sieben Tage, dann muss der Vertrag akzeptiert sein. Wenn nicht, gibt es wieder Krieg. Doch was würde die Unterschrift des deutschen Außenministers unter diesen Vertrag zu Hause auslösen?

Diese Tage vom 16. bis zum 23. Juni haben das Schicksal Deutschlands und eines Großteils der Welt für den Rest des jungen Jahrhunderts entschieden. Der Vertrag, der schließlich in Versailles unterzeichnet wurde, geriet zum Wendepunkt für die moderne Staatenwelt. So wie der erste große Krieg des

Jahrhunderts war auch der Frieden danach ganz anders als alle vorangegangenen. Und viele bezweifelten, dass es überhaupt ein Frieden war.

»Ablehnen«, das hatte Graf von Brockdorff-Rantzau gleich gesagt, geschnarrt hatte er es nach deutscher Diplomatenart. Trotzig und arrogant war er den Siegern am 7. Mai in Versailles entgegengetreten, als sie ihm die blassgelbe Mappe mit den Bedingungen für den Frieden ausgehändigt hatten. »Die Stunde der Abrechnung ist da. Sie haben uns um Frieden gebeten. Wir sind geneigt, ihn Ihnen zu geben«, das war der Ton an jenem schwarzen Maitag in Versailles. Frankreichs Ministerpräsident Georges Clemenceau, genannt »le tigre«, hatte der deutschen Delegation einen elegant bösen Text verlesen, ein Blatt lang. Der Tiger sprach im Stehen.

Brockdorff-Rantzau antwortete mit drei Seiten, im Sitzen. Die Antwort des Deutschen war so rotzig, dass die Vertreter der Siegermächte einen roten Kopf bekamen, Großbritanniens Premier David Lloyd George vor Wut einen elfenbeinernen Brieföffner zerbrach: »Was sind Sie für ein Volk!«, wandte er sich an den schnarrenden Grafen, »Sie tun immer das Falsche.«

Was aber wäre das Richtige? Konnte man diesen Vertrag, dieses Diktat über das wehrlose Reich, akzeptieren? Deutschland sollte im Westen wie im Osten Gebiete an die Sieger-Allianz abtreten, insgesamt mehr als 70 000 Quadratkilometer mit zehn Prozent seiner Einwohner, sollte erdrückend hohe Reparationen zahlen, schließlich, und das schien das Schlimmste, die alleinige Verantwortung für den Weltkrieg übernehmen. Der Gipfel der Demütigung: Die Deutschen sollten, als Einzige der Kriegsbeteiligten, ihren Kaiser und führende Militärs als Kriegsverbrecher alliierten Gerichten ausliefern. »Welche Hand müsste nicht verdorren, die sich und uns in solche Fesseln legte?«, hatte Philipp Scheidemann, der neue Ministerpräsident der gerade geborenen Weimarer Republik, der eben erst zusammengetretenen Nationalversammlung angesichts der Pariser Bedingungen entgegengeschleudert – der Vertrag, eine Schicksalsfrage gleich zu Beginn der jungen Republik.

17. Juni 1919, Brockdorff-Rantzau rollt mit seiner kleinen Crew von Spitzendiplomaten im Eisenbahnzug quer durchs besiegte Deutschland. Fast keiner der deutschen Gegenvorschläge war im wochenlangen Gezerre nach dem 7. Mai akzeptiert worden. Einziges Zugeständnis: die Volksabstimmung in Oberschlesien. Und nun das Ultimatum. Sechs Tage noch. Die Weltgeschichte wird von nun an in Stunden und Minuten zu messen sein. Ein Frieden wird das nie und nimmer. Da in Brockdorff-Rantzaus Aktenkoffern: die maßlosen Reparationsforderungen der Alliierten. Eine erdrückende Summe sofort, der Rest nach einem Tilgungsplan über Jahrzehnte, voraussichtlich zehnmal so viel. Das würde Hungersnöte auslösen und einen Wirtschaftskrieg – wenn nicht eine internationale Wirtschaftskrise.

Nie zuvor hatte sich ein im Krieg unterlegenes Land verpflichten müssen, alle, aber auch wirklich alle Schäden eines Krieges zu begleichen. Die Briten hatten bei den Verhandlungen durchgesetzt, dass den Deutschen nicht nur alle Zerstörungen in Rechnung gestellt wurden – sondern sogar die Militärpensionen und Unterstützungen für Kriegshinterbliebene und Invaliden vom besiegten Deutschland zu zahlen seien. Was nutzte es da, dass Premier Lloyd George vorher getönt hatte: Deutschland werde, »wenn es das Gefühl hat, dass es im Frieden von 1919 ungerecht behandelt worden ist, Mittel finden, um seine Überwinder zur Rückerstattung zu zwingen«.

Mit kleinlichen, gemeinen Regelungen hatten die Franzosen noch eins draufgesetzt und mit Wirtschaftssanktionen dafür gesorgt, dass die deutsche Volkswirtschaft kaum je wieder auf

Stunde der Abrechnung

die Beine kommen sollte. Das ging so weit, dass in Artikel 275 des Vertrags den Deutschen sogar verboten wurde, ihren Weinbrand weiterhin als »Cognac« zu bezeichnen. Die Diplomaten im Zug mussten so empfinden: Deutschland ist auf dem Weg in die nächste Katastrophe. Es schien gegen jede Vernunft, was dem Reich an Gebietsabtretungen abverlangt wurde. Natürlich konnte man wenig dagegen sagen, dass Frankreich Elsass-Lothringen herausverlangte – immerhin hatten die anderen Siegermächte den Franzosen ausgeredet, alle deutschen Gebiete links des Rheins einfach zu annektieren.

Doch die neuen Grenzziehungen im Osten: Polen sollte Westpreußen und Posen bekommen, dazu nach der Volksabstimmung die oberschlesischen Industriegebiete. Danzig

Propagandaplakat gegen die Reparationen und Gebietsabtretungen (Juni 1919)

sollte unter die Regie des zu gründenden Völkerbundes gestellt werden. Brockdorff-Rantzau hatte ausführliche Gutachten erstellen lassen, wonach die Grenzziehungen den modernen Vorstellungen des Völkerrechts ebenso widersprachen wie das im Vertrag enthaltene Verbot, Österreich mit Deutschland zu vereinigen. Die neuen Auffassungen vom Selbstbestimmungsrecht der Völker, so hatte die deutsche Delegation schriftlich dargelegt, verboten es, am Grünen Tisch Grenzen zu ziehen, ohne Rücksicht auf Volksgruppen und ihre Sprache.

Das war nicht nur die deutsche Perspektive. Der mächtigste Teilnehmer der Friedenskonferenz, US-Präsident Woodrow Wilson, sah das ganz genau so. Der Amerikaner wollte Geschichte machen, den Weltkrieg als Wendepunkt zu einer neuen, gerechten Weltordnung nutzen. Dazu gehörten die Gründung eines Völkerbundes zur Sicherung des Friedens und das Selbstbestimmungsrecht der Nationalstaaten.

Die neue Staatenordnung sollte das grauenvolle europäische Spiel um Krieg und Frieden für immer beenden: An die Stelle hochgerüsteter labiler multinationaler Machtblöcke, die auf der Suche nach einer »balance of powers« immer neue Kriege produzieren, sollte eine »new society of nations« treten, ihre Geschicke sollte das Völkerrecht lenken, nicht mehr Militärs und Monarchen. Ein amerikanischer Traum, alles hätte gut werden können. Ein meist labiles Gleichgewicht der Mächte war über Hunderte von Jahren mit Aufrüstung, der Drohung von Kriegsgewalt erzeugt worden. Nun eröffnete sich die Chance, die Staatenwelt durch eine neue Weltrechtsordnung zusammenzuhalten.

Frieden durch Recht – die Idee kam einen Krieg zu früh. Erst nach dem Zweiten Weltkrieg, am absoluten Nullpunkt der europäischen Geschichte, sollte an die Stelle eines Friedensschlusses ein Prozess – in Nürnberg – und an die Stelle

Stunde der Abrechnung

von Rache- und Vergeltungsideen die Gründung der Vereinten Nationen treten, deren Charta Gewalt zwischen Staaten verbieten würde.

Der US-Friedensplan war eigentlich die Trumpfkarte der Deutschen. Schon in ihrer dramatischen Bitte um Waffenstillstand hatte sich die Berliner Regierung darauf berufen. »Ersuchen Herstellung des Friedens in die Hand zu nehmen«, hatten die Deutschen am 4. Oktober 1918 ins Weiße Haus gekabelt, nachdem ihre Oberste Heeresleitung in Panik geraten war. Und: Die deutsche Reichsregierung »nimmt das von dem Präsidenten der Vereinigten Staaten aufgestellte Programm als Grundlage für Friedensverhandlungen an«. Allen im Sonderzug mit Brockdorff-Rantzau musste klar sein, wie blauäugig das war. Niemals konnten die europäischen Kriegsgegner Deutschlands sich auf so etwas einlassen. Denn wären Wilsons Ideen Vertrag geworden, hätte dieser Krieg einen anderen Gewinner gehabt: Deutschland. In Wilsons neuer Welt wäre Deutschland der kontinentale Platzhirsch gewesen – sogar mit dem Anspruch auf weitere deutsche Gebiete.

Männer machen nicht Geschichte, die Zeit macht sich ihre Geschichte selbst. Das musste Wilson, der Rechtsprofessor aus Princeton, lernen, als er zum Weltgipfel nach Paris reiste, um seinen Frieden durchzusetzen. Sein großer Plan wurde zerfleddert, den neuen Völkerbund nahm niemand ernst. Die Interessen der Hauptsiegermächte England und Frankreich waren in Geheimverträgen längst festgezurrt. Sie hatten Nachbarn wie Italien oder Polen Zusagen über die Abtrennung deutscher und österreichischer Gebiete gemacht – als Gegenleistung für den Kriegseintritt, jeder sollte seinen Anteil der Beute bekommen. England und Frankreich, durch den Krieg über alle Maßen verschuldet, waren dringend auf Liquidität aus Reparationszahlungen angewiesen. Sie hatten die Deutschen im Krieg verteufelt, das musste sich für ihre Völker nun im Frieden niederschlagen.

Obwohl sie es hätten besser wissen können, hatten sich die Deutschen im Wohlgefühl selbstgerechter Ahnungslosigkeit in die Friedensvorbereitungen gestürzt. So reisten sie blind und taub nach Paris, als sie im Frühsommer 1919 endlich zur bereits seit Wochen laufenden Friedenskonferenz dazugeladen wurden. In zwei Sonderzügen fuhr die deutsche Delegation, 160 Mann stark, begleitet von 20 Presseleuten. Es war die Zeit der Eisenbahndiplomatie. Auch der Waffenstillstand im November 1918 war in einem Wald bei Compiègne im Salonwagen des gefürchteten französischen Marschalls Ferdinand Foch geschlossen worden, der die geschlagenen Bittsteller mit kalter Ironie empfangen hatte: »Was führt die Herren her?«

Nun erneut eine hintersinnige Inszenierung der Franzosen: Der linke Feingeist Clemenceau, der dem Friedensgipfel in Paris vorsaß, hatte Anweisung gegeben, den Deutschen ihre Situation vor Augen zu führen. Durch den Norden Frankreichs fuhren die drei Züge aus Berlin im Schritttempo, damit die Fahrgäste sehen konnten, was sie angerichtet hatten: Zwei Millionen Hektar Kulturland waren verwüstet, 200 000 Häuser lagen in Trümmern, 60 000 Kilometer Straßen waren zerstört. Krieg ist Unrecht: Dies war die Botschaft, die den Deutschen schon unterwegs entgegenschallte. Unter den in Paris versammelten Siegern aus der ganzen Welt war das längst Konsens. Mehr als 10 000 Diplomaten, Experten, Beamte mühten sich, Ordnung in die politischen Trümmer des ersten totalen Krieges der Neuzeit zu bringen.

Deutschland war da nur eines von vielen Problemen. Die ganze Welt war aus den Fugen. Ost-, Mittel- und Südeuropa mussten nach dem Zerfall der Habsburger Monarchie neu geordnet werden. Im Mittelmeerraum, wo sich Italien und

Serbien stritten, musste neuen Krisen vorgebeugt werden, aus Russland drohte die bolschewistische Revolution. Im Nahen Osten ging es um die Erbmasse des Osmanischen Reiches. Was tun mit dem aufstrebenden Japan? Und die Kolonien?

Nicht zufällig hatte Paris die Fäden in der Hand: Frankreich hatte am meisten in diesem Krieg gelitten, und es war der Angstgegner Deutschland, gegen den es haarknapp und nur mit Hilfe der amerikanischen Freunde gewonnen hatte. Noch mal würde das nicht gelingen, deshalb musste der Frieden dauerhaft und sicher sein. Die Unterbringung der deutschen Delegation in zwei Versailler Hotels hinter Bretterverschlägen und Drahtzäunen erinnerte an die Behandlung von Tieren – und das sollte sie wohl auch. Vor solchen Menschen mussten die Franzosen Angst haben. Angst, nicht Hass leitete die Franzosen.

Ein intellektueller Kreis französischer Diplomaten und Völkerrechtler hatte die Konferenz sorgfältig vorbereitet und die Deutschen genau studiert: Hatte nicht die deutsche Regierung im Krieg Völkerrecht gebrochen und der Kanzler Theobald von Bethmann Hollweg erklärt, die Nation kümmere sich nicht »um einen Fetzen Papier«? Das war das Problem: Rechts des Rheins fühlte man sich an Völkerrecht nicht gebunden. Der Fluss war aus französischer Sicht eine Zivilisationsgrenze: Die Idee des Völkerrechts gehört zu den Säulen der französischen Kultur. Ihren stärksten Ausdruck findet sie in den Menschenrechten – die Erbschaft der Französischen Revolution. Menschenrechte und Demokratie, die beiden Essentials der zivilisierten Neuzeit, teilt Frankreich seitdem mit den Vereinigten Staaten.

Die deutsche Demokratie ist im Juni 1919 gerade ein paar Monate alt. Die französischen Juristen versuchten, die Instrumente des Völkerrechts so zu schärfen, dass selbst die Deutschen nicht mehr davonkämen. Wenn man den Krieg als Verbrechen ächtet, vor allem wenn man den Kaiser und seine Generäle als Verbrecher vor ein internationales Tribunal stellt, müssten sie das doch endlich ernst nehmen.

Erlaubt es das Gewohnheitsrecht der Völker, einen Kaiser vor Gericht zu stellen? Im Völkerrecht ist alles erlaubt, was nicht verboten ist. Und ein Verbot fanden die Experten nicht. Allerdings waren sie realistisch genug, vorauszusehen, dass der Kaiser sich wohl einer solchen Verhandlung niemals stellen würde. Egal, den Franzosen ging es nicht um Rache und Vergeltung, sie wollten den Deutschen die Ehrfurcht vor dem Recht abtrotzen. Das erklärt vielleicht, warum Clemenceau so hartnäckig den deutschen Angriff als verbrecherisch und barbarisch bezeichnete. Es ging ums Prinzip, und das sollte fortan lauten: Frieden durch Recht.

Als der deutsche Außenminister am 18. Juni mit dem Ultimatum in der Tasche pünktlich in Weimar eintrifft, steht er mit seiner Ablehnung nicht allein. Alle Parteien der Nationalversammlung haben sich gegen das »Friedensdiktat« ausgesprochen. Im Kabinett sind die Ansichten gespalten. Paul von Hindenburg, der Generalfeldmarschall, der den Krieg für Deutschland verloren hat, warnt die Politiker: Militärischer Widerstand gegen einen erneuten Vormarsch der Entente sei derzeit aussichtslos. Auch in Weimar konnte man wissen, wie ernst die Alliierten ihre Drohung meinen: Marschall Foch, der Franzose, der die Militärkräfte der Sieger befehligt, lässt einen Angriff vorbereiten, der den Süden des Reichs vom Norden militärisch und dann politisch isolieren soll.

Deutschland geteilt? Niemals. Dann schon lieber, so das Kalkül im Kabinett, den Vertrag unterschreiben, der das Reich als Ganzes bestehen lässt. Damit wäre jedenfalls Zeit gewonnen, bis eine günstige Gelegenheit gekommen ist, die Verhältnisse zu wenden. Auch das ein Unfriedensplan. Bis in den Morgen hinein diskutiert das Kabinett. Eine Probeabstimmung, so wird kolportiert, soll ein Patt ergeben haben: sieben zu sieben. Andere sagen: acht zu sechs gegen den Vertrag. Noch vier Tage, das Ultimatum läuft.

Am 19. Juni erklärt Reichspräsident Friedrich Ebert das Kabinett für handlungsunfähig und überträgt die Verantwortung für das Schicksal Deutschlands der Nationalversammlung. Einen Tag später tritt SPD-Regierungschef Scheidemann mit allen Ministern zurück. Damit ist auch Brockdorff-Rantzau aus dem Amt. Männer machen keine Geschichte, der Graf schon gar nicht. Trotzig erklärt er seine Demission. Noch auf dem Totenbett wird er rebellieren: »Ich sterbe gern, ich bin ja schon in Versailles gestorben.«

Im neuen Kabinett unter dem SPD-Mann Gustav Bauer rückt der Staatssekretär und Gegenspieler Brockdorff-Rantzaus Matthias Erzberger nach vorn. Der Zentrumspolitiker ist ein kompromissbereiter Befürworter des Friedensschlusses. Doch Entspannung bringt das noch nicht. Denn am 21. Juni, zwei Tage vor Ablauf das Ultimatums, funken die Militärs dazwischen: In der schottischen Bucht von Scapa Flow haben sich die dort festgesetzten deutschen Kriegsschiffe selbst versenkt – weil der Kommandeur irrtümlich annahm, die Alliierten würden erneut angreifen. Diese, erbost, beauftragen Marschall Foch mit der Vorbereitung des Angriffs auf Deutschland für den 23. Juni, 19 Uhr.

22. Juni, noch ein Tag: Erzberger setzt im Kabinett einen letzten Kompromissversuch durch. Die Deutschen unterzeichnen den Vertrag, aber unter Vorbehalt: Das Reich erkennt seine Schuld am Krieg damit nicht an – auch nicht die Verpflichtung, den Kaiser und führende Militärs als Kriegsverbrecher auszuliefern. Die Nationalversammlung billigt die Erklärung mit 237 zu 138 Stimmen und erklärt sich »zur Unterzeichnung des

Friedensvorschlags« bereit. Um 16.22 Uhr wird die Note nach Paris telegrafiert. »Friedensvorschlag« – hatten die Deutschen noch immer nicht begriffen, worum es ging?

Dieser Friedensschluss war wie keiner zuvor. Sicher, noch nicht lang her, da hatten die Deutschen auf Augenhöhe verhandelt. Da waren sie die Sieger – gegen Frankreich im Krieg von 1870/71. Das war der klassische Weg: Zwei europäische Staaten schlagen sich und vertragen sich wieder. In der Staatenordnung, wie sie seit dem Westfälischen Frieden am Ende des Dreißigjährigen Krieges von 1648 gilt, war Krieg noch nichts Schlechtes, sondern eben die Fortsetzung der Außenpolitik mit anderen Mitteln. So ein Waffengang wurde von Militärs gern mit einem Duell verglichen, wer Schuld an der Sache hatte, spielte keine große Rolle.

Auch als das alte Regime im Oktober 1918 in Washington um Frieden bat, hatte Deutschland nicht gesehen, dass diesmal alles anders war. Am Ende war ja das Reich äußerlich unversehrt – bei allen Grausamkeiten für die Soldaten gab es keine Verheerungen im eigenen Land. So undramatisch schien die deutsche Niederlage daheim, dass es möglich war, den Bürgern vorzugaukeln, man sei gar nicht besiegt worden, sondern habe einfach aufgehört zu kämpfen. Hatten die Deutschen nicht verstanden, dass in Wilsons Konzept Krieg kein legitimes Mittel mehr war, sondern geächtet?

Schon bei ihrer Ankunft zu den Friedensverhandlungen im Januar 1919 betonte die amerikanische Delegation: dass es hier um die Aufarbeitung eines verbrecherischen Unternehmens gehe. Die Formulierungen über die deutsche Kriegsschuld im Vertrag stammten denn auch – was die Deutschen nicht wussten – von Wilsons Mitarbeiter, dem späteren US-Außenminister John Foster Dulles. Tatsächlich stieß der Kriegsschuldteil des Wilson-Konzepts auf breite Zustimmung der Verbündeten:

Stunde der Abrechnung

Erstmals behandelten die Siegerstaaten den Krieg als ein Übel, als Verbrechen gar, für das es Schuldige gab, die sich zu verantworten hatten und für ihre rechtswidrigen Taten bezahlen sollten. Aus der Sicht der Weltgeschichte war dies ein wichtiger Fortschritt hin zu einem Friedens-Völkerrecht. Aus der Weimarer Sicht des 22. Juni war es eine ungerechtfertigte Strafaktion.

Die Ablehnung aus Paris kommt um Mitternacht: Kein Vorbehalt Deutschlands wird akzeptiert. Noch 19 Stunden bis zum Ablauf des Ultimatums. Europa steht am Rand eines neuen Krieges.

23. Juni, 15 Uhr, vier Stunden noch. Die bislang ablehnenden Fraktionen der Nationalversammlung verabschieden eine Erklärung, in der sie den Kollegen, die dem Vertrag doch noch vorbehaltlos zustimmen wollen, ehrenhafte Motive zubilligen. Die Versammlung beschließt daraufhin die Unterzeichnung. In Berlin rauben Freikorpssoldaten aus dem Zeughaus französische Fahnen, die anno 1870/71 erbeutet wurden, und verbrennen sie öffentlich. Die Fahnen, so die Friedensbedingungen, sollten den Siegern ausgeliefert werden. Es ist 16.40 Uhr: In Versailles übergibt der deutsche Vertreter eine Note, in der die bedingungslose Unterzeichnung des Vertrages zugesichert wird. Zwei Stunden und zwanzig Minuten vor dem Ablauf des Ultimatums.

Das dicke Buch in englischer und französischer Sprache, das schließlich am 28. Juni auf einem Tischchen im Spiegelsaal des Versailler Schlosses liegen sollte, war weder ein Friedensvertrag noch eine Kriegserklärung, es war das Schlechteste von beidem. Es war eine »explosive Mischung«, so der Historiker Wolfgang Mommsen – aus der Welt von gestern und der Welt von morgen. An den Anfang des Vertrages hatte Wilson die Regelungen über die neue Welt-Friedensordnung rücken lassen, also über den Völkerbund und die Vermeidung von Kriegen. Auch die

Strafbestimmungen gegen Kriegsbrandstifter wie Deutschland wiesen in die Zukunft.

Doch aus dieser Zukunft konnte nichts werden, weil der Vertrag vergiftet war vom Denken des alten Europa: Das alte Machtspiel der um Vorherrschaft auf dem Kontinent ringenden Großmächte ging weiter. Gebietsabtretungen, unverhältnismäßige Reparationen sollten den Gegner kleinhalten, die eigenen Vormachtwünsche befriedigen. Das war keine New Society of Nations: Misstrauen und Angst vor den Nachbarn prägten das ganze komplizierte Konstrukt von Versailles und der flankierenden »Vorortverträge« mit den anderen Kriegsverlierern.

Aber auch die Besiegten, die sich, wo es ihnen nutzte, auf das Selbstbestimmungsrecht der Völker und Wilsons 14 Punkte berufen hatten, waren ja dem alten Geist verhaftet: Hatten sie nicht im März 1918 ihren Separatfrieden mit den militärisch hilflosen russischen Bolschewiki durch die grausame Drohung eines neuen Krieges erzwungen? Hatten die Deutschen, die sich nun so ungerecht behandelt fühlten, nicht einen Vertrag über die Zerstückelung des russischen Reiches erpresst, der ebenso ein Diktatfrieden war wie der von Versailles? In Versailles wurde der Frieden von Brest-Litowsk wieder kassiert. Und wenig verschieden waren die Druckmittel: Auch der Versailler Vertrag entstand aus der Drohung mit einem neuen Krieg – nichts blieb von den großen Worten über eine neue, gerechtere Welt.

28. Juni 1919, Spiegelsaal des Schlosses von Versailles: Frankreichs Regierungschef Clemenceau hat den großen Tag der Vertragsunterzeichnung im prächtigsten Saal der Grande Nation inszeniert. Fünf schwerversehrte französische Soldaten sind hereingeführt und aufgestellt worden. Männer ohne Gesichter, abstoßend entstellt, eine Anklage: Krieg ist Unrecht, eine Verhöhnung der Menschenrechte. Dutzende Diplomaten aus 28 Staaten sitzen an der hufeisenförmigen Tafel unter den

prachtvollen Deckengemälden mit Szenen aus den Kriegen Ludwig XIV. Fast tausend Menschen drängen sich im Saal.

Um 15 Uhr werden von livrierten Dienern die Deutschen hereingeführt. Sie treten, aufgefordert von Clemenceau, an das Tischchen mit dem dicken Buch. Wortlos zieht Außenminister Hermann Müller seinen Füllfederhalter und unterschreibt.

Es sind noch 20 Jahre und 64 Tage bis zum nächsten großen Krieg.

»Schamloser Verrat!«

Mehr als 20 Jahre lebte Kaiser Wilhelm II.
nach seiner Flucht im niederländischen Exil.
Unbelehrbar bestritt er jede Schuld
am Krieg.

Von Hans-Ulrich Stoldt

Schweigend stapften die Männer am frühen Morgen durch den noch dunklen Bahnhof der belgischen Stadt La Reid bei Spa. Der Himmel war sternenklar, und spätherbstliche Kälte kroch ihnen in die Kleider. Mit einer Laterne wies der rotbemützte Stationsvorsteher den Ausgang Richtung Chaussee. Dort sollten an einem Treffpunkt die Autos warten, so war es abgemacht. Doch irgendetwas musste in den Wirren des überstürzten Aufbruchs schiefgelaufen sein: Kein einziges Fahrzeug war in Sicht. Da standen sie nun wie Landstreicher einsam an der Straße – der letzte deutsche Kaiser Wilhelm II. nebst siebenköpfiger Entourage. Der Krieg war verloren, der Thron war es auch. Seine Majestät befand sich auf der Flucht.

Man schrieb den 10. November 1918. Knapp zwei Wochen zuvor hatte der Monarch Deutschland verlassen und war ins Große Hauptquartier der kaiserlichen Armee nach Spa gereist. Allerorts flackerten daheim revolutionäre Brandherde, in Kiel meuterten die Matrosen, und der Reichstag in Berlin hatte bereits eine Verfassungsreform auf den Weg gebracht. Für ein gekröntes Haupt fand sich darin kein Platz. Und nun?

Seine Durchlaucht könne doch den ehrenvollen Soldatentod an der Front suchen, hatten einige seiner Berater vorgeschlagen, aber das behagte Ihrer Majestät ganz und gar nicht. Andere empfahlen abzuwarten, bis Volkes Ruf nach kaiserlicher Führung ihn zurück ins Palais nach Potsdam befördern würde. So etwas hörte der Hohenzoller schon lieber, zumal er nach wie vor von seiner göttlichen Berufung und Mission überzeugt war. Die sich rasant verändernde politische Realität blendete er einfach aus.

»Wenn zu Hause der Bolschewismus kommt, stelle ich mich an die Spitze einiger Divisionen, rücke nach Berlin und hänge alle auf, die Verrat üben«, drohte er noch am 1. November. Selbst als am 7. November die Sozialdemokraten ultimativ seinen Rücktritt forderten, tönte er, er wolle »an der Spitze des Heeres die Ordnung in der Heimat wiederherstellen«. Zwei Tage später war alles vorbei. »Um Blutvergießen zu vermeiden, sind Seine Majestät bereit, als Deutscher Kaiser abzudanken, aber nicht als König von Preußen«, ließ er den Übergangs-Reichskanzler Prinz Max von Baden telefonisch wissen, doch das rettete ihn nicht mehr.

Eigenmächtig hatte die Reichskanzlei bereits wenige Stunden zuvor über das Wolffsche Telegraphische Bureau die Nachricht von der Demission verbreiten lassen: »Der Kaiser und König hat sich entschlossen, dem Throne zu entsagen.« Wilhelm schäumte: »Verrat, schamloser, empörender Verrat.« Drohte ihm das gleiche Schicksal wie jüngst den Romanows in Russland? Erst gut drei Monate war es her, dass Zar Nikolaus II. und seine Familie von den Bolschewiki gemeuchelt worden waren. Dieses Los wollte sich Wilhelm ersparen, und so stand er denn am frühen Morgen des 10. November in Belgien an jener einsamen Landstraße nahe Spa.

Endlich nahten die fehlgeleiteten Fluchtautos, und rasch fuhr die kleine Gruppe im Schutz der Dunkelheit Richtung Holland, das im Krieg neutral geblieben war. An der Grenzstation Eijsden ließ man den Kaiser zunächst gehörig zappeln, bis die niederländische Regierung ihm nach 20 Stunden Wartezeit schließlich Asyl gewährte. Mit der Eisenbahn ging es weiter – eine Spießrutenfahrt: »In allen Städten, Dörfern und selbst an den freien Strecken standen die Menschen zu Tausenden«, notierte Wilhelms Flügeladjutant Sigurd von Ilsemann, »überall bis Arnhem Gejohle und Gepfeife, Drohen mit Fäusten, Zeichen zum Gurgelabschneiden.«

Zuflucht sollten Seine Majestät und Gefolge zunächst vorübergehend bei Godard Graf von Bentinck auf Schloss Amerongen finden, östlich von Utrecht. Der Tochter des Hausherrn näherte sich Wilhelm mit den Worten: »Es tut mir leid, dass ich Sie stören muss. Aber ich bin hierhin geschickt. Können Sie mir vielleicht eine gute englische Tasse Tee geben? Ich habe so Durst.«

Eineinhalb Jahre sollten es auf Schloss Amerongen werden, wobei der blaublütige Asylant in ständiger Angst vor Anschlägen lebte und fürchten musste, den Siegermächten ausgeliefert zu werden. Die hatten nämlich im Versailler Friedensvertrag den »vormaligen Kaiser von Deutschland« als Kriegsverbrecher eingestuft, der wegen »schwerster Verletzung des internationalen Sittengesetzes« vor ein internationales Tribunal gestellt werden müsse. Doch dazu kam es nie. Die niederländische Regierung weigerte sich beharrlich, den prominenten Flüchtling einer internationalen Gerichtsbarkeit auszuliefern. Auch die neuen, nun republikanischen Herren in Deutschland zeigten sich überaus gnädig: Man wollte dem Ex-Monarchen im Exil gar die »Führung eines standesgemäßen Unterhalts« ermöglichen. Bald schon flossen Millionen Reichsmark auf Konten in Amsterdam.

So war es dem Flüchtling auch kein Problem, sich eine endgültige Bleibe zu suchen. In Doorn, zwischen Utrecht und

Arnhem gelegen, erwarb Wilhelm für 1,35 Millionen Gulden eine ursprünglich im 13. Jahrhundert entstandene ehemalige Wasserburg mit einem knapp 60 Hektar großen Parkgelände. Nach gründlicher Renovierung des Gebäudes zogen der Ex-Kaiser und seine Entourage am 15. Mai 1920 im Haus Doorn ein – es sollte die letzte Wohnstatt Wilhelms II. sein.

Eingerichtet wurde das neue Heim mit allerlei Hausrat aus früheren Residenzen des Kaisers, dem Berliner Stadtschloss, dem Schloss Bellevue, dem Charlottenburger Schloss und dem Neuen Palais in Potsdam. Rund 60 Güterwagen rollten über die Grenze, 140 Möbelwagen schafften im April 1920 alles herbei, um Wilhelm das Leben möglichst kommod zu gestalten: Möbel, Porzellan, Gemälde, persönliche Andenken, Nippes, Wandteppiche, Schnupftabakdosen, Kleider, Waffen und Uniformen. Bald war das Haus bis unter das Dach vollgestopft mit Devotionalien aus der Glanzzeit der Hohenzollern, wobei es dem Ex-Kaiser vor allem Friedrich der Große angetan hatte.

Nicht alle in Deutschland freuten sich darüber, dass man es so gut mit dem Flüchtigen meinte. Vielen sprach Kurt Tucholsky aus dem Herzen, als der ätzte:

> *Sie sitzen in den Niederlanden*
> *und gucken in die blaue Luft,*
> *der Alte mit den hohen Granden,*
> *der Junge in der Tenniskluft ...*
> *Sie schreiben Fibeln für die Kleinen –*
> *drin steht: ›Ich hab' es nicht gewollt!‹*
> *Die Krone fiel. Wer wird denn weinen!*
> *Das ganze Geld kam nachgerollt ...*

Komfortabel eingerichtet in seinem Exil, versuchte Wilhelm vergangenen Glanz zu konservieren. Nach wie vor ließ er sich von seinem knapp 30 Personen zählenden Hofstaat mit Majestät anreden, verlieh Orden und sprach Beförderungen aus. Hofmarschall, Haushofmeister und Flügeladjutant waren stets zu Diensten. »Ein lächerlicher Hofschranz steht wie ein Stock dabei und knarrt ab und zu: ›Zu Befehl‹, wenn er etwas holen soll«, spottete noch 1930 ein Gast nach seinem Besuch in Doorn.

Wilhelms zweite, über 28 Jahre jüngere Frau Hermine Prinzessin Schoenaich-Carolath, die er 1922 nach dem Tod von Kaiserin Auguste Victoria geehelicht hatte, tat ihr Bestes, um die verbliebenen Monarchisten in Deutschland bei Laune zu halten. Sie organisierte Gruppenreisen nach Doorn. In einem Basar gab es Bildchen und Andenken zu kaufen, und im Park lief leibhaftig der Ex-Kaiser herum. Der fand es weniger komisch, so zur Schau gestellt zu werden, und begehrte eines Tages auf, als Hermine 120 Neugierige zum Majestätgucken in den Park geladen hatte.

Nach Morgenspaziergang, Andacht und Frühstück frönte Wilhelm stundenlang einem seltsamen Hobby: Wie besessen zersägte und zerhackte er Bäume. Damit hatte er schon in Amerongen angefangen, zum Entsetzen seiner Gastgeber. »Bis heute wurden bereits 4824 Bäume gesägt«, notierte Flügeladjutant Ilsemann am 26. Juni 1919. Im Oktober waren es schon 11 000. Der Wald kam erst wieder zur Erholung, nachdem der prominente Flüchtling ausgezogen war und in Doorn Bäume zu spalten begann. »Durch dies Holzsägen bin ich wenigstens noch für etwas nützlich«, befand Wilhelm, auch konnte er so seine Vitalität und Tatkraft unter Beweis stellen – rüstig genug, um jederzeit auf den Thron zurückzukehren. Denn diese Idee beherrschte sein Dasein: Alles, was in Deutschland geschah, bezog er stets auf sich und seine angestrebte Wiederkehr. Und er ließ nicht nach, jene vermeintlich Schuldigen anzuprangern und zu verfluchen, denen er sein Schicksal zu verdanken habe.

Abends, im Rauchsalon, auf erhöhtem Sitz ruhend, las er Stunde um Stunde aus seinen Notizen vor, zitierte aktuelle Zeitungsausschnitte, wetterte gegen die »Saurepublik« in Deutschland. Solche Tiraden schrieb er auch in Büchern nieder, in Rechtfertigungsschriften, die belegen sollten, dass ihn keine Schuld an Ausbruch und Ausgang des Weltbrandes mit seinen Millionen Opfern treffe. Der Krieg sei durch Sabotage an der Heimatfront verlorengegangen, angeführt von Sozialisten, Bolschewiki, Juden und Freimaurern, aufgehetzt von dem »verhassten Stamm Juda«. So nährte er die Dolchstoßlegende.

Offenkundig traumatisiert durch den Verlust von Macht und Ansehen, flüchtete sich Wilhelm in Weltverschwörungstheorien mit heftigem Antisemitismus: »Ein Jude ist der unmöglichste, widerwärtigste Kerl auf der Welt.« Die extremen Äußerungen des Ex-Monarchen hätten von Goebbels, Himmler oder Hitler stammen können, urteilt Wilhelm-II.-Biograf John Röhl. Der Antisemitismus habe im Exil »eine quasi-religiöse Intensität« angenommen, »geradezu genozide Züge«. Verstörend deutlich wird dies in einem Brief aus dem Jahr 1927, als Wilhelm eine schaurige Anregung für das gab, was die Nazis einige Jahre später vollbringen würden: »Die Presse, Juden und Mücken sind eine Pest, von der sich die Menschheit so oder so befreien muss. I believe the best would be gas?«

Den Aufstieg Hitlers in Deutschland verfolgte der Ex-Monarch zunächst eher skeptisch, dann aber durchaus wohlwollend. Führerkult und Demokratiefeindlichkeit waren ihm nicht unsympathisch, und auch den Kampf der Nazis »gegen die Verjudung Deutschlands« (Wilhelm II.) entsprach ja durchaus dem eigenen ideologischen Wollen. Seine Frau Hermine suchte ganz gezielt die Nähe zur braunen Machtelite, die wiederum die alten Kaisertreuen an sich binden wollte. Dank ihrer Vermittlung besuchte Reichsmarschall Hermann Göring Anfang der dreißiger Jahre zweimal Wilhelm in seinem Exil. Ilsemann notierte: »Der Kaiser hat aus allen Äußerungen Görings entnommen, dass er für seine Rückkehr arbeiten wird.«

Als Hitler 1933 zum Reichskanzler ernannt wurde, brach Jubel in Doorn aus: »Durch die Regierungsbildung in Deutschland ist die Frage der Rückkehr das Kaisers auf den Thron wieder in den Vordergrund getreten«, schrieb Wilhelms Getreuer Ilsemann in sein Tagebuch. Verhandlungen zwischen Hitler und Vertretern des Kaiserhauses blieben jedoch ergebnislos. Tatsächlich war es bloße Hinhaltetaktik, um die verbliebenen Monarchistenfreunde im Reich gewogen zu halten und auf den bevorstehenden Feldzug gegen die Welt einzuschwören.

Den von Hitler angezettelten Zweiten Weltkrieg verfolgte Wilhelm begeistert. Tagsüber zeichnete er auf Karten Frontverläufe nach, abends dozierte er über strategische Fragen. Als im Mai 1940 die Wehrmacht in den neutralen Niederlanden einmarschierte, wurde eine Sondereinheit zum Schutz – und zur Bewachung – des Kaisers nach Doorn abkommandiert, »meine Soldaten«, glaubte Wilhelm. Drei Wochen danach besetzten deutsche Truppen Paris.

Sogleich telegrafierte Wilhelm dem Reichskanzler: »... beglückwünsche ich Sie und die gesamte deutsche Wehrmacht zu dem von Gott geschenkten gewaltigen Sieg.« Und er vergaß auch nicht zu erwähnen, wem dieser großartige militärische Erfolg eigentlich zu verdanken sei: »Die brillanten führenden Generäle in diesem Krieg kamen aus Meiner Schule, sie kämpften unter meinem Befehl im Weltkrieg als Leutnants, Hauptmänner und junge Majoren.« Der Ex-Kaiser glaubte, die militärischen Erfolge der Nazis seien die Früchte seiner Vorarbeit, so der Historiker Röhl: »Wilhelm sah in Hitler seinen Vollstrecker.«

Die finale Konsequenz dessen erleben zu müssen blieb dem letzten deutschen Kaiser erspart. Am 4. Juni 1941 um 12.30 Uhr starb er in seinem Doorner Exil an einer Lungenembolie. »Immerhin, er ist tot«, schrieb Propagandaminister Joseph Goebbels ungerührt in sein Tagebuch. »Er hat seine Zeit viel zu lange überlebt.« Zur Beerdigung in Doorn schickte Hitler schnöde einen Kranz. Auch die Trauerdelegation war mit Arthur Seyß-Inquart, dem »Reichsstatthalter« in den besetzten Niederlanden, eher unterrepräsentiert.

Sein Mausoleum im Park von Haus Doorn hatte Wilhelm selbst entworfen. In seinem Testament verfügte er: »Sollte Gottes Rathschluß mich aus dieser Welt abberufen zu einer Zeit, da in Deutschland das Kaisertum noch nicht wieder entstanden ist, so ist es mein fester Wille, da ich im Exil, in Doorn zur ewigen Ruhe eingehe, auch in Doorn beigesetzt zu werden.«

Zerfall der Imperien

Der geopolitische Konfliktstoff zwischen den europäischen Mächten war auch 1918 nicht beseitigt, im Gegenteil. Die Wurzeln für den Zweiten Weltkrieg wurden im Ersten gelegt.

Von Herfried Münkler

Bis heute werden die Folgen dieses ersten Weltkriegs in Europa unterschiedlich beurteilt: In Warschau und Prag wird man ihn kaum mit George Kennan als die »Urkatastrophe des 20. Jahrhunderts« bezeichnen, sondern als Rückgewinnung nationaler Selbständigkeit feiern. Die Briten sehen in ihm weiterhin einen Sieg, für den sie große Opfer bringen mussten, während Deutsche und Franzosen, obwohl sie sich 1918 als Verlierer und Sieger gegenüberstanden, vorwiegend mit Melancholie und Bitterkeit zurückblicken.

Den klügsten unter den zeitgenössischen Beobachtern, Max Weber etwa, war klar, dass der Krieg das Ende der europäischen Weltherrschaft bedeutete. Während einige deutsche Historiker den Krieg in Analogie zum Zweiten Punischen Krieg betrachteten, in dem Rom zum Imperium aufstieg, wobei sie Deutschland die Rolle Roms und den Briten die Karthagos beimaßen, sah Weber, als er sich ebenfalls dieser Analogie bediente, in den Vereinigten Staaten von Amerika das neue Rom. Zum Schaden der Europäer haben die Amerikaner diese Rolle allerdings erst nach einem weiteren Krieg noch schrecklicheren Ausmaßes übernommen.

In der Sicht des frühen 21. Jahrhunderts ist dieser Weltkrieg eher ein Ende als ein Anfang. Das war anders, solange sich mit der Oktoberrevolution von 1917 in Russland noch die Vorstellung eines weltpolitischen Neubeginns verbinden ließ.

Was lange Zeit, von einigen zumindest, auf der Habenseite der Geschichte verrechnet worden ist, gehört längst in die Minusspalte: Der Rote Oktober hat nicht gehalten, was er versprach; die Revolution brachte keine Befreiung der Arbeiter und schon gar keine gerechtere Gesellschaft. Und der gegenwärtige Aufstieg der neuen Zaren in Moskau und St. Petersburg, wie die Stadt inzwischen wieder heißt, nachdem sie 1914 ihren deutsch klingenden Namen hatte aufgeben müssen, lässt ihn als eine Episode der Weltgeschichte erscheinen – eines der Produkte jenes Zerfalls, der durch den Krieg in Gang gesetzt worden war.

Der Zusammenbruch der drei großen Imperien, Österreich-Ungarns, Russlands und des zuletzt stark schwächelnden Osmanischen Reichs, die Mittel- und Osteuropa sowie Kleinasien und den Nahen Osten beherrscht hatten, hinterließ ein machtpolitisches Vakuum, das Revisionskriege beförderte. Der Krieg von 1914 bis 1918, der seinen Ursprung vom Balkan aus genommen hatte, schuf dort und in Teilen Mitteleuropas eine zerklüftete Politiklandschaft, im Innern der Staaten wie in deren Verhältnis zueinander. So fand sich die instabile deutsche Republik mit ihrem durch den Versailler Frieden beförderten Revisionsdrang auch noch in einem politisch instabilen Umfeld wieder.

HERFRIED MÜNKLER
Der renommierte Politologe und Autor, Jahrgang 1951, lehrt Politische Theorie an der Humboldt-Universität zu Berlin. Im Dezember 2013 ist sein Buch »Der große Krieg. Die Welt von 1914-1918« bei Rowohlt erschienen.

Fast alle Nationen Mitteleuropas und des Balkans, die aus dem Zerfall der drei großen Imperien hervorgegangen waren, wurden damals von Groß-Ideologien beherrscht: Großrumänien, Großpolen, Großgriechenland und Großserbien, das sich als Königreich der Serben, Kroaten und Slowenen bezeichnete, bildeten einen Raum extremer Unverträglichkeit; die Polen hatten sich in einem Anschlusskrieg bis 1920 gegen die Rote Armee behauptet, die Griechen dagegen hatten ihren bis 1923 dauernden Krieg gegen die Türkei verloren. 1912 und 1913 bereits hatten der Erste und der Zweite Balkankrieg stattgefunden, der »Dritte Balkankrieg« war nicht zuletzt infolge deutschen Ungeschicks schließlich zum Weltkrieg eskaliert; nach dessen Ende gingen die Balkankriege in modifizierter Form weiter.

Der postimperiale Balkan macht den Europäern bis heute zu schaffen, und eine Änderung ist nicht abzusehen. Dass im Umgang mit diesem Raum äußerste Vorsicht geboten ist, ist eine der politischen Lehren des Ersten Weltkriegs.

Zu allem Unglück war Deutschland nach Kriegsende in seiner geopolitischen Mittellage verblieben, die vor 1914 Teil seiner Einkreisungsobsessionen gewesen ist. Der Krieg war nicht zuletzt daraus entstanden (und hatte sich aus einem lokalen Konflikt auf dem Balkan in einen großen europäischen Krieg verwandelt), dass die deutsche Führung den Ring der Mächte um sie herum hatte aufsprengen wollen. Als Bismarck nach der Reichsgründung erklärte, Deutschland sei nun »saturiert«, also gesättigt in seinem Machtanspruch, hatte er das Problem der Mittellage nach außen entschärft. Das Kaiserreich, so seine Botschaft, sei kein potentieller Aggressor.

Diese Lösung zur Pazifizierung einer unruhigen, gleichzeitig vor Kraft kaum zu bändigenden und sich doch ständig bedroht fühlenden Mitte stand nach dem Versailler Friedensvertrag als politische Option nicht zur Verfügung: Für Polen, Tschechen und Franzosen war klar, dass die Deutschen das Ergebnis des Großen Krieges revidieren wollten – durch politischen Druck oder militärischen Zwang. Vorerst aber waren sie weder zu dem einen noch dem anderen fähig.

Es wäre politisch vernünftig gewesen, die deutsche Mitte in ein europäisches Sicherheitssystem einzubinden und sie so zu neutralisieren, wie das 1990 gelang. Weil man sich dazu nicht wirklich entschließen konnte und zu den dann politisch erforderlichen Konzessionen gegenüber Deutschland nicht bereit war, fühlten sich die Deutschen abermals eingekreist. Immer wieder liebäugelten sie mit der Sowjetunion, einem ebenfalls ausgeschlossenen Akteur, um den neuerlichen Ring aufzubrechen. Das zeigt sich etwa im Vertrag von Rapallo, in dem Deutschland und Sowjetrussland schon 1922 den Verzicht auf Reparationen und die Wiederaufnahme diplomatischer und wirtschaftlicher Beziehungen beschlossen.

Es gibt eine geostrategische Verbindungslinie von Rapallo zum Hitler-Stalin-Pakt im August 1939. Sie ist der Versuch der Deutschen, aus ihrer Mittellage zu entkommen und noch einmal anzupacken, was im ersten Krieg nicht gelungen war: den Kontinent von der Mitte her anstatt den Rändern politisch zu ordnen. Das lief in jedem Fall auf die Durchsetzung einer Hegemonie in Europa hinaus. Mit Hitler steigerte es sich dann zu einem Projekt des imperialen Größenwahnsinns.

Es gehört zu den Merkwürdigkeiten in der Historiografie dieses Krieges, dass gerade in Deutschland, von wo aus die Begrifflichkeit des Weltkriegs gegen die in Frankreich und England gebräuchliche Bezeichnung des Großen Krieges durchgesetzt worden ist, die globale Dimension dieses Krieges und seine globalen Folgen weithin aus dem Blick geraten sind. Das gilt weniger für den in Afrika geführten Krieg, an den die einstige Kolonialmacht Deutschland immer wieder einmal erinnert wird, als vielmehr für den Nahen Osten, wo der Krieg eine Reihe bis heute ungelöster Probleme hinterlassen hat. Aber auch für Ostasien, wo die Verbindungen zwischen Erstem und Zweitem Weltkrieg ebenso eng waren wie in Europa.

Um die ostasiatischen Konstellationen zu begreifen, muss man etwas weiter schauen. Der Krieg hatte hier nur kurz gedauert, und eigentlich war es nur in der deutschen Kolonie Kiautschou zu Kampfhandlungen gekommen. Ende 1914 hatten die Japaner gesiegt und sich die deutsche Kolonie angeeignet, womit sie einen weiteren Fuß in der chinesischen Politik hatten. Ihre starke Stellung in diesem Raum hatten sie nicht nur dem Sieg über Russland im Krieg von 1904/05 zu verdanken, sondern auch dem bereits vor Kriegsbeginn beendeten Abzug des Großteils der britischen Kriegsflotte, die der deutschen Seerüstung wegen in der Nordsee und im Nordatlantik konzentriert wurde. Tirpitz' Flottenprogramm hatte die Briten genötigt, ihre Seeherrschaft in Regionen aufzugeben, die sie seit dem 18. Jahrhundert kontrolliert hatten. In der Folge bauten die Japaner ihre Dominanz im Pazifik aus; dabei kam den Deutschland abgenommenen pazifischen Inselgruppen große strategische Bedeutung zu.

Während des Krieges konnten weder Briten noch Amerikaner etwas dagegen unternehmen, da die Japaner mit der Möglichkeit eines Bündniswechsels spielten – eine Idee, die von dem deutschen Außenstaatssekretär Arthur Zimmermann 1917 kräftig befeuert wurde. Also machte man Japan Konzession um Konzession.

Wie in Europa sind auch in Ostasien die Wurzeln für den Zweiten Weltkrieg im Ersten gelegt worden. Der Untergang des Osmanischen Reichs hat Folgen gehabt, die bis heute andauern. Der Raum vom östlichen Mittelmeer bis nach Persien hatte zum Osmanischen Reich gehört, bis die Briten ihn 1917/18 eroberten. Hier hat das Empire die größten Gewinne aus dem Krieg eingestrichen, während es in Europa nur den Status quo wahren konnte. In Mesopotamien und auf Teilen der Arabischen Halbinsel jedoch war es die Russen und die Deutschen als lästige Konkurrenten los. In Syrien allerdings musste es die verbündeten Franzosen als Juniorpartner hinnehmen. Die Briten nahmen hier das Great Game, das sie gegen die Russen in Zentralasien gespielt und der Allianz gegen Deutschland zuliebe aufgegeben hatten, wieder auf.

Der deutsche Feldmarschall Colmar von der Goltz, der den Briten 1916 südlich von Bagdad eine schwere Niederlage beigebracht hatte, sagte dem freilich keine große Zukunft voraus: Die Herrschaft des weißen Mannes werde im 20. Jahrhundert zu Ende gehen. Von der Goltz wollte einen islamischen Aufstand gegen die Briten entfachen, um den Deutschen zum Sieg zu verhelfen. So recht er im einen Fall gehabt hat, so sehr hat er sich im anderen geirrt. Stabile Nationalstaaten sind im Nahen Osten bis heute nicht entstanden.

Noch bevor in den Verträgen von Versailles, Saint Germain und Trianon die politische Landkarte Mitteleuropas neu gezeichnet wurde, offenbarte sich freilich eine ungeahnte innenpolitische Konsequenz dieses Krieges: Dem Staat war eine Bedeutung für die Lebensführung der Menschen zugewachsen, wie er sie zuvor nie besessen hatte. Der Sozialstaat in Europa ist im Wesentlichen ein Ergebnis des Ersten Weltkriegs, und er konnte es werden, weil der Krieg einen Steuerstaat von zuvor unvorstellbaren Dimensionen hervorgebracht hat.

Um die Kosten des riesigen militärischen Unternehmens wenigstens teilweise zu finanzieren, wurden in Deutschland von der Umsatz- bis zur Vermögensteuer immer neue Abgaben eingeführt. Lange vor dem Krieg schon hatte man die Sektsteuer erfunden, die zur Finanzierung der Kriegsflotte beitragen sollte.

1919 lag die Flotte versenkt auf dem Grund von Scapa Flow, aber die Sektsteuer blieb, ebenso wie all die anderen Steuern, die unter Verweis auf die Kriegskosten eingeführt worden waren. In den anderen beteiligten Ländern war das ähnlich: Der Staat brauchte Geld, um die Schulden zu bezahlen, die er für den Krieg gemacht, und die Folgen, die dieser hinterlassen hatte.

Institutionell betrachtet war also der Staat der eigentliche Gewinner des Krieges. Der Weltkonflikt machte ein Neuarrangement bei der Aufgabenverteilung zwischen Staat und Gesellschaft erforderlich, und dabei ging eine Fülle von Aufgaben, die traditionell von der Gesellschaft erledigt wurden, auf den Staat über. Immerhin hatte dieser Staat den Familien ja den Ernährer genommen und ihn an die Front geschickt, und wenn der gefallen war, musste er nun selbst die Versorgungsaufgabe übernehmen. So bekam die Redewendung vom »Vater Staat« eine neue Bedeutung. Auch die Hunderttausenden Invaliden, die der Krieg ausgespuckt hatte, waren auf dauerhafte Versorgungsleistungen angewiesen.

Es waren keineswegs nur die Reparationszahlungen an die Siegermächte, die für den immensen Finanzdruck sorgten, der auf der Weimarer Republik lastete. Die sozialpolitischen Leistungen des jungen Staatswesens waren beachtlich, aber sie genügten in den seltensten Fällen den Erwartungen, die an es herangetragen wurden. Auch das hat zur politischen Instabilität in Deutschland nach Kriegsende beigetragen.

Die offene Bürgerkriegsstimmung, die in der Weimarer Republik immer wieder aufbrach, verdankte sich allerdings zur anderen Hälfte der verleugneten Niederlage im Weltkrieg und der Behauptung, die eigentliche Schuld trage die politische Linke. Neben dieser Dolchstoßlegende verbreitete sich überdies eine Revolutionslegende, wonach die Deutschen sich 1918/19 in einer Umwälzung eine neue sozialistische Gesellschaftsordnung geben wollten, aber daran durch ein Bündnis sozialdemokratischer Arbeiterverräter mit den alten Eliten gehindert worden seien. Was die rebellierenden Massen tatsächlich gewollt hatten, waren Frieden und Brot. Weil das alte Regime ihnen das nicht bot, hatten sie es gestürzt.

Zur Spaltung der Arbeiterbewegung kam die Deklassierung der Mittelschichtangehörigen hinzu. Es war vor allem ihr Krieg gewesen, in den sie mit großer Begeisterung gezogen waren, für den sie ihre Söhne geopfert und ihr Vermögen als Kriegsanleihe gezeichnet hatten. Der Krieg war von ihnen als die Chance begriffen worden, sich als leistungsfähig und staatstragend zu beweisen und damit aus dem Schatten des Adels herauszutreten. Deswegen war die Niederlage in diesem Krieg auch vor allem ihre Niederlage.

Zwischen Schulden und Schuldgefühlen schwankten sie nun hin und her und kamen dadurch ihrer gesellschaftlichen wie politischen Aufgabe nicht nach: eine Mitte zu bilden, die sozial integrierend und politisch zusammenhaltend war.

ANHANG

CHRONIK

1914 bis 1918: Giftgas, U-Boot-Krieg, Revolution

1914

28. Juni
Der österreichisch-ungarische Thronfolger Franz Ferdinand und seine Frau werden in Sarajevo von einem serbischen Nationalisten erschossen.

5. Juli
Kaiser Wilhelm II. sichert Österreich-Ungarn Unterstützung im Konflikt mit Serbien zu. Am 25. Juli ruft der Parteivorstand der SPD zu Kundgebungen gegen die Kriegsgefahr auf.

28. Juli
Österreich-Ungarn erklärt Serbien den Krieg. Russland, seit Januar 1914 offiziell mit Serbien verbündet, verkündet am 30. Juli die Generalmobilmachung.

1. August
Das Deutsche Reich erklärt Russland den Krieg. Einen Tag später starten die Deutschen den Westfeldzug mit dem Einmarsch in das neutrale Luxemburg, ab 3. August besetzen sie auch das neutrale Belgien. Der Bruch der Neutralität führt tags darauf zum Kriegseintritt Großbritanniens.

4. August
Der SPD-Vorsitzende Hugo Haase begründet im Reichstag die Zustimmung seiner Fraktion zu den Kriegskrediten mit der Bedrohung durch den »russischen Despotismus« und ruft: »Wir lassen in der Stunde der Gefahr das eigene Vaterland nicht im Stich!«

17. August
Russische Truppen marschieren in Ostpreußen ein.

20. August
Deutsche Einheiten besetzen Brüssel.

26. bis 30. August
In der Schlacht von Tannenberg werden russische Truppen vernichtend geschlagen.

2. Dezember
Der Sozialdemokrat Karl Liebknecht stimmt im Reichstag als einziger Abgeordneter gegen die Kriegskredite.

1915

19. Januar
Zeppelin-Luftschiffe greifen zum ersten Mal Großbritannien an.

25. Januar
In Deutschland wird Brot rationiert.

22. April
Die Deutschen verwenden in der Schlacht bei Ypern an der Westfront erstmals Giftgas.

25. April
Britische, australisch-neuseeländische und französische Truppen landen auf der türkischen Halbinsel Gallipoli.

1. Mai
Die Mittelmächte starten an der Ostfront Angriffe, die am 5. August in der Einnahme Warschaus gipfeln.

7. Mai
Ein deutsches U-Boot versenkt den britischen Passagierdampfer »Lusitania«.

23. Mai
Italien erklärt Österreich-Ungarn den Krieg.

15. Juli
Beim Sportfest des Hamburger Leichtathletikverbands steht erstmals »Handgranatenwerfen« als Sportart auf dem Programm.

9. Oktober
Die österreichisch-ungarische Armee erobert die serbische Hauptstadt Belgrad zurück. Bis Ende November besetzen deutsche, österreichisch-ungarische und bulgarische Truppen ganz Serbien. Reste der serbischen Armee setzen sich nach Griechenland ab.

20. Dezember
Ende des Rückzugs alliierter Truppen von Gallipoli nach schweren Verlusten.

1916

1. Januar
Karl Liebknecht und Rosa Luxemburg gründen die »Gruppe Internationale«, aus der später der Spartakusbund entsteht.

21. Februar
Die Schlacht um Verdun beginnt.

31. Mai bis 1. Juni
Im Skagerrak tobt zwischen der deutschen und der britischen Flotte die größte Seeschlacht der Weltgeschichte. Sie endet unentschieden.

4. Juni
Die russische Armee unter General Alexej Brussilow beginnt ihre Offensive gegen die Deutschen.

27. August
Rumänien tritt der Entente bei.

29. August
Kaiser Wilhelm II. ernennt Paul von Hindenburg zum Chef des Generalstabs und Erich Ludendorff zum Generalquartiermeister – die dritte Oberste Heeresleitung.

Paul von Hindenburg, Erich Ludendorff (1917)

15. September
Die britische Armee setzt an der Somme in Frankreich erstmals Panzer ein.

12. Dezember
Die Mittelmächte wenden sich mit einem Friedensangebot an den amerikanischen Präsidenten Woodrow Wilson.

30. Dezember
Die Entente weist die deutsche Friedensinitiative zurück.

1917

10. Januar
Kriegsprotest vor dem Hamburger Rathaus; »Steckrübenwinter«.

31. Januar
Das Deutsche Reich verkündet den uneingeschränkten U-Boot-Krieg.

8. März
Mit einem Aufstand in Petrograd beginnt die russische Februarrevolution (nach dortigem Kalender), die wenige Tage danach zur Abdankung des Zaren Nikolai II. und der Bildung einer Provisorischen Regierung führt.

6. April
Die USA erklären Deutschland den Krieg. Vier Tage zuvor hat US-Präsident Woodrow Wilson vor dem US-Kongress zum Kreuzzug der »wirklich freien und selbstbestimmten Völker der Welt« aufgerufen.

10. April
Der bolschewistische Revolutionär Wladimir Lenin reist von Zürich aus durch Deutschland in die russische Hauptstadt.

11. April
Linke Kriegsgegner gründen in Gotha die Unabhängige Sozialdemokratische Partei Deutschlands (USPD).

27. Juni
Griechenland tritt der Entente bei.

7. Juli
Der bis dahin größte deutsche Luftangriff auf London fordert 54 Tote und 190 Verwundete.

19. Juli
Der deutsche Reichstag verabschiedet auf Initiative des Reichskanzlers Bethmann Hollweg eine Friedensresolution mit einem Plädoyer für »einen Frieden der Verständigung und der dauernden Versöhnung der Völker«.

2. September

Ultrarechte Kräfte, darunter Großadmiral Alfred von Tirpitz, gründen die »Vaterlandspartei«, die Annexionsforderungen gegen Belgien, Teile Frankreichs, Luxemburg und die baltischen Provinzen Russlands erhebt. Mit ihren aggressiven Parolen gegen einen »Verzichtfrieden«, »Schlappheit« und »Verrat« legt sie die Grundlage für die Dolchstoßlegende der Nachkriegszeit.

7. November

Die Bolschewiki stürzen unter Führung Wladimir Lenins in einem bewaffneten Aufstand in Petrograd die Provisorische Regierung und formieren eine Sowjetrepublik, die sich auf Räte (Sowjets) stützt.

22. Dezember

In Brest-Litowsk beginnen Friedensverhandlungen zwischen dem Deutschen Reich und der sowjetrussischen Regierung.

1918

8. Januar

US-Präsident Wilson verkündet seine »14 Punkte«. Darin fordert er »öffentlich abgeschlossene Friedensverträge« und propagiert die »politische Unabhängigkeit und die territoriale Unverletzbarkeit der kleinen wie der großen Staaten«. Das Deutsche Reich lehnt das Programm ab.

28. Januar

In Massenstreiks in Berlin und anderen deutschen Städten fordern Arbeiter einen raschen Frieden, Wahlrechtsreformen und eine bessere Lebensmittelversorgung.

3. März

Das Deutsche Reich, Österreich-Ungarn und Sowjetrussland schließen in Brest-Litowsk einen Friedensvertrag.

21. März

Die Deutschen beginnen die erste ihrer großen Offensiven im Westen. Kurzfristig bedrohen sie Paris, aber Anfang August bricht die Westfront zusammen.

3. Oktober
Kaiser Wilhelm II. ernennt den liberalen Befürworter einer Friedensregelung, Prinz Max von Baden, zum Reichskanzler.

29. Oktober
Einheiten der deutschen Hochseeflotte in Wilhelmshaven verweigern den Befehl auszulaufen.

4. November
Aufständische Matrosen übernehmen die politische Macht in Kiel und hissen die rote Fahne. In den folgenden Tagen breitet sich die revolutionäre Bewegung in ganz Deutschland aus.

9. November
Kaiser Wilhelm verzichtet auf den Thron und setzt sich einen Tag später in die Niederlande ab. Der rechte Sozialdemokrat Philipp Scheidemann ruft in Berlin die Republik aus. Zeitgleich proklamiert der Linkssozialist Karl Liebknecht die »Freie Sozialistische Republik« nach dem Vorbild der »russischen Brüder«.

11. November
Staatssekretär Matthias Erzberger, ein liberaler Politiker der katholischen Zentrumspartei, unterzeichnet im französischen Compiègne für das Deutsche Reich das Waffenstillstandsabkommen.

Buchhinweise

Volker Berghahn: »Der Erste Weltkrieg«. Verlag C. H. Beck, München, 2003.
Schlaglichtartig vermittelt der Historiker einen soliden Abriss zu Ursachen und Verlauf des Krieges. Knapp und anschaulich erläutert er den Forschungsstand.

Klaus-Jürgen Bremm: »Propaganda im Ersten Weltkrieg«. Konrad Theiss Verlag, Darmstadt, 2013.
Gräuelberichte, Durchhalteparolen, Chauvinismus und Fanatismus wurden im Propagandakampf durch Filme und Druckwerke erstmals zu massenwirksamen Waffen.

Roger Chickering: »Freiburg im Ersten Weltkrieg. Totaler Krieg und städtischer Alltag 1914–1918«. Ferdinand Schöningh Verlag, Paderborn, 2009.
Kein anderer Autor beschreibt den Alltag in einer deutschen Stadt zwischen 1914 und 1918 so facettenreich wie der amerikanische Historiker am Beispiel von Freiburg. Die Erkenntnis: Jeder einzelne Mensch war von diesem Krieg betroffen.

Christopher Clark: »Die Schlafwandler. Wie Europa in den Ersten Weltkrieg zog«. Deutsche Verlags-Anstalt, München, 2013.
In seiner brillanten Studie nimmt der in Cambridge lehrende Historiker alle europäischen Akteure in den Blick und beschreibt ihren Weg in die Katastrophe als Hasardeure ohne Verstand für die Folgen ihres Tuns.

Buchhinweise

Gerhard Hirschfeld und Gerd Krumeich: »Deutschland im Ersten Weltkrieg«. S. Fischer Verlag, Frankfurt a. M., 2013.
Mit Hilfe von Briefen, Tagebuchnotizen, Zeitzeugenberichten und offiziellen Dokumenten zeichnen die Autoren ein authentisches Bild davon, wie der Krieg sich ausweitete und radikalisierte.

Herfried Münkler: »Der große Krieg. Die Welt 1914–1918«. Rowohlt, Berlin, 2013.
Mit detailreicher Schärfe beschreibt der Politologe Ursachen und Folgen des Krieges und das Ende der alten Imperien.

Sönke Neitzel: »Blut und Eisen. Deutschland und der Erste Weltkrieg«. Pendo Verlag, Zürich, 2003.
Der Experte für militärhistorische Themen schildert den Kriegsverlauf und die deutsche Außenpolitik. Scharfsinnig benennt er die Fehler.

Manfried Rauchensteiner: »Der Erste Weltkrieg und das Ende der Habsburgermonarchie, 1914–1918«. Böhlau Verlag, Wien, 2013.
Ein epochales Werk, nicht nur der Länge wegen. Der langjährige Direktor des Heeresgeschichtlichen Museums Wien interpretiert manche Quelle neu. Fesselnd beschreibt er das besondere Verhältnis Wiens zu Deutschland.

Frank Schumann (Hg.): »Was tun wir hier? Soldatenpost und Heimatbriefe aus zwei Weltkriegen«. Verlag Neues Leben, Berlin, 2013.
Briefe von der Front und aus der Heimat von einfachen Arbeitern und Bauern geben einen Eindruck vom Denken und Fühlen des Volkes in der Katastrophe und zeigen das Heranreifen der Revolution 1918.

Autorenverzeichnis

Georg Bönisch ist Autor des SPIEGEL.

Dr. Thomas Darnstädt ist Autor im Deutschlandressort des SPIEGEL.

Dr. Erich Follath ist diplomatischer Korrespondent im Auslandsressort des SPIEGEL.

Annette Großbongardt ist stellvertretende Leiterin der Reihen SPIEGEL GESCHICHTE und SPIEGEL WISSEN.

Christoph Gunkel ist Autor bei SPIEGEL ONLINE.

Hans Hoyng ist SPIEGEL-Autor und war langjähriger Leiter des SPIEGEL-Auslandsressorts.

Uwe Klußmann ist Redakteur bei SPIEGEL GESCHICHTE und SPIEGEL WISSEN.

Dr. Romain Leick ist Autor im Kulturressort des SPIEGEL.

Kristina Maroldt war Mitarbeiterin in der Redaktion von SPIEGEL GESCHICHTE und SPIEGEL WISSEN.

Matthias Matussek war Autor im Kulturressort des SPIEGEL.

Joachim Mohr ist Redakteur bei SPIEGEL GESCHICHTE und SPIEGEL WISSEN.

Prof. Dr. Herfried Münkler ist Politikwissenschaftler an der Humboldt-Universität zu Berlin.

Bettina Musall ist Redakteurin bei SPIEGEL GESCHICHTE und SPIEGEL WISSEN.

Dr. Christian Neef ist Autor im Auslandsressort des SPIEGEL.

Autorenverzeichnis

Thorsten Oltmer ist Dokumentationsjournalist beim SPIEGEL.

Norbert F. Pötzl war stellvertretender Leiter der Reihen SPIEGEL GESCHICHTE und SPIEGEL WISSEN.

Simone Salden ist Redakteurin in der SPIEGEL-Redaktionsvertretung Frankfurt am Main.

Hubertus J. Schwarz ist freier Journalist.

Michael Sontheimer ist Autor beim SPIEGEL in Berlin.

Dr. Gerhard Spörl ist Autor des SPIEGEL.

Hans-Ulrich Stoldt ist Ressortleiter im Deutschlandressort des SPIEGEL.

Thilo Thielke war SPIEGEL-Korrespondent in Afrika und Bangkok.

Dr. Rainer Traub ist Redakteur bei SPIEGEL GESCHICHTE und SPIEGEL WISSEN.

Andreas Wassermann ist Redakteur im Deutschlandressort des SPIEGEL in Berlin.

Dank

Entstehen konnte dieser Band nur, weil viele kluge und sorgsame Kollegen die Autoren unterstützt haben. Koordiniert von Thorsten Oltmer prüfte die SPIEGEL-Dokumentation alle Beiträge sicher und umsichtig auf sachliche Richtigkeit; beteiligt waren Jörg-Hinrich Ahrens, Ulrich Booms, Viola Broecker, Dr. Helmut Bott, Johannes Eltzschig, Johannes Erasmus, Klaus Falkenberg, Cordelia Freiwald, Dr. André Geicke, Silke Geister, Bertolt Hunger, Joachim Immisch-Wendt, Tobias Kaiser, Renate Kemper-Gussek, Ulrich Klötzer, Anna Kovac, Dr. Walter Lehmann-Wiesner, Michael Lindner, Rainer Lübbert, Sonja Maaß, Tobias Mulot, Claudia Niesen, Malte Nohrn, Sandra Öfner, Thomas Riedel, Marko Scharlow, Rolf G. Schierhorn, Dr. Regina Schlüter-Ahrens, Dr. Claudia Stodte, Stefan Storz, Rainer Szimm, Dr. Eckart Teichert, Ursula Wamser und Karl-Henning Windelbandt. Schnell und findig besorgten die Bibliothekare Johanna Bartikowski und Heiko Paulsen die umfangreiche Fachliteratur.

Karten und Grafiken gestalteten Gernot Matzke, Cornelia Pfauter und Michael Walter; Thomas Hammer bereitete sie für dieses Buch auf. Claus-Dieter Schmidt besorgte die Bildauswahl, Britta Krüger kümmerte sich um die Bildrechte.

In der Schlussredaktion prüften Lutz Diedrichs, Reimer Nagel und Tapio Sirkka den Text auf letzte Korrekturen. Meike Rietscher und Petra Schwenke im Sekretariat sorgten für einen reibungslosen Ablauf der Textproduktion.

Professor Alexander Vatlin von der Historischen Fakultät der Lomonossow-Universität in Moskau und Andrej Fursow, Moskau, gaben den Autoren hilfreiche Hinweise.

Dank

Angelika Mette und Eva Profousová beim SPIEGEL sowie Karen Guddas bei der DVA betreuten das gesamte Buchprojekt; für die Herstellung war Brigitte Müller verantwortlich. Ihnen allen gilt unser herzlicher Dank für die hervorragende Zusammenarbeit.

Annette Großbongardt, Uwe Klußmann, Joachim Mohr

Personenregister

Albert, König von Belgien 82
Albrecht, Franz 107
Alexandra Fjodorowna, Zarin von Russland 244
Andrejew, Leonid 202
Aron, Raymond 167
Asquith, Herbert Henry 116, 121, 184, 192

Barrie, James M. 185
Battenberg, Louis von 119
Bauer, Gustav 248, 261
Bean, Charles 188
Bebel, August 214 ff.
Benjamin, Walter 149, 198 ff.
Bentinck, Godard Graf von 268
Berchtold, Graf Leopold 34
Bethmann Hollweg, Theobald von 19, 28, 41, 44–46, 142 f., 148, 162, 215, 239–246, 259, 288
Bihl, Wolfdieter 131 ff.
Biliński, Leon 39
Bismarck, Otto von 218, 276
Blixen, Karen *siehe* Dinesen, Karen
Bloch, Marc 79

Borchardt, Rudolf 150
Bosch, Carl 133
Bottomley, Horatio 120
Bremm, Klaus-Jürgen 181
Brockdorff-Rantzau, Ulrich Graf von 252–261
Brodersen, Momme 198 f.
Brussilow, Alexej 201, 204–210, 213, 287
Buchan, John 184 f.

Čabrinović, Nedeljko 36 f.
Cambon, Paul 117
Carranza, Venustiano 164
Chaplin, Charles (Charlie) 186
Chickering, Roger 170
Christian X., König von Dänemark 243
Churchill, Winston 95, 116–118, 123, 125, 190–194, 196
Ciganović, Milan 36
Clark, Christopher 20
Clemenceau, Georges 93, 253, 258, 260, 264 f.
Conrad von Hötzendorf, Freiherr Franz 55

Personenregister

Crowe, Eyre Sir 119
Čurčić, Fehim 35, 37

Dehmel, Richard 150
Dinesen, Karen 234
Disraeli, Benjamin 119
Drans, Maurice 109
Dulles, John Foster 262
Dupierreux, Robert 97
Durnowo, Pjotr 203

Ebert, Friedrich 221, 250, 261
Edward VII., König von Großbritannien und Irland 114f.
Eisner, Kurt 197, 250
Engels, Friedrich 12f., 75, 128
Ernst Ludwig, Großherzog von Hessen-Darmstadt 243
Erzberger, Matthias 261, 290

Fairbanks, Douglas 186
Falkenhayn, Erich von 26, 44, 86, 89, 113, 127f., 136, 139–142
Fawcett, Millicent 124
Feldman, Gerald 218
Ferguson, Niall 92
Fiebig-von Hase, Ragnhild 160f., 164f.
Fischer, Fritz 11, 21, 127

Foch, Ferdinand 83, 92, 258
Franz Ferdinand, Erzherzog von Österreich 32–40, 42, 52, 285
Franz Joseph I., Kaiser von Österreich 43, 48f., 51, 55
French, John 83
Fried, Alfred Hermann 52

Gallieni, Joseph 83
George V., König von England 114f.
Gladstone, William 118
Goebbels, Joseph 271, 273
Goethe, Johann Wolfgang von 147
Goltz, Freiherr Colmar von der 279
Göring, Hermann 272
Götting, Georg 106
Grabež, Trifko 36
Graefe, Albrecht von 240
Grenfell, Julian 122
Grey, Edward Sir 46, 50, 116–118, 126
Groener, Wilhelm 142
Gutmann, Hugo 196

Haase, Hugo 285
Haber, Fritz 130, 133
Haldane, Richard Burdon, 1. Viscount 119

Personenregister

Hanisch, Ernst 55
Hardy, Thomas 184
Harmsworth, Alfred 185
Hart, Julius 150
Hašek, Jaroslav 53
Hassel, Kai-Uwe von 235
Hauptmann, Gerhart 152
Helfferich, Karl 129
Hemingway, Ernest 234
Hesse, Hermann 149, 152
Himmler, Heinrich 271
Hindenburg, Paul von 13, 26, 57, 73, 90, 91, 136, 138, 142f., 204
Hirschfeld, Gerhard 153
Hitler, Adolf 15, 26f., 144, 190–197, 271–273, 277
Hoddis, Jakob van 151
Hofmannsthal, Hugo von 52
Hohenberg, Herzogin Sophie von 32–39
Holzer, Anton 188f.
House, Edward 157
Hurley, Frank 187f.

Ilsemann, Sigurd von 268, 270, 272

Jagow, Gottlieb von 45
Joffre, Joseph 81–86
Jünger, Ernst 30, 150, 152
Jürgs, Michael 112f.

Kann, Robert A. 55
Kautsky, Karl 220
Kennedy, John F. 39
Kennedy, Ross 166
Kerenski, Alexander 196, 210, 212
Kerr, Alfred 145–147
Ketterl, Eugen 47
Kipling, Rudyard 152
Kitchener, Horatio Herbert 121f.
Kluge, Ulrich 249
Klußmann, Carl 68–75
Kohl, Helmut 14, 102
Kokoschka, Oskar 52
Kraus, Karl 52
Krupp, Gustav von Bohlen und Halbach 44
Külz, Wilhelm 75

Laemmle, Carl 185f.
Lange, Helene 177
Ledebour, Georg 219
Lenin (Wladimir Iljitsch Uljanow) 26, 75, 190, 195f., 203, 207f., 211–213
Lettow-Vorbeck, Paul von 227–234
Leutwein, Theodor 232
Lichnowsky, Fürst Karl Max von 117

Liebknecht, Karl 217f., 220, 224f., 250f., 286f., 290
Liebknecht, Wilhelm 214
Lindenberg, Paul 204
Linke, Horst Günther 204
Lloyd George, David 117, 125, 183, 185, 194, 253f.
Loch, Hans 75
Löns, Hermann 150
Lotz, Ernst Wilhelm 150
Ludendorff, Erich 13, 26, 42, 91f., 135f., 138, 142–144, 163, 204, 223, 247, 287
Luise von Baden, Großherzogin 243
Luxemburg, Rosa 217, 219f., 224–226

Mackensen, August von 71
Mader, Friedrich Wilhelm 228
Maginot, André 79, 93
Mahan, Alfred 159f.
Maharero, Samuel 232
Mann, Heinrich 147
Mann, Thomas 145–152
Marinetti, Fillippo Tommaso 151
Martens, Hans 110
Marx, Karl 12, 75
Masterman, Charles 184f.

Max von Baden, Prinz 248, 250, 267, 290
May, Karl 70
Meinecke, Friedrich 143
Mendelssohn, Robert von 242
Meyer, Werner 106
Miquel, Pierre 87, 89
Mitterrand, François 14, 101f.
Mohr, Maximilian 58–67
Moltke, Helmuth Johannes Ludwig von 137
Moltke, Helmuth Karl Bernhard von 24, 44f., 82, 85f., 136f., 139
Mommsen, Wolfgang 263
Müller, Hermann 265
Musil, Robert 146

Nietzsche, Friedrich 147
Nikolai II., Zar von Russland 43, 195, 206, 209, 243, 288
Nikolai Nikolajewitsch, Großfürst 206
Nipperdey, Thomas 143

Oppenheim, Max von 183
Owen, Wilfred 91

Pacelli, Eugenio 246
Paléologue, Maurice 202, 208f.

Parker, Gilbert 185
Pershing, John 166
Pétain, Philippe 89, 92
Planck, Max 152
Poincaré, Raymond 202
Pokrowski, Nikolai 241
Potiorek, Oskar, 33, 35
Princip, Gavrilo 36, 38 ff.

Radax, Felix 131
Rathenau, Walther 127 f.
Rauchensteiner, Manfred 48, 50, 53, 57
Reinhardt, Max 152
Rodsjanko, Michail 202, 209
Röhl, John 271, 273
Röntgen, Wilhelm 152
Roosevelt, Franklin D. 164, 167
Roosevelt, Theodore 115
Rößler, Otto 108 f.

Sasonow, Sergej 202
Scheidemann, Philipp 221, 248, 251, 253, 261, 290
Schiele, Egon 223
Schivelbusch, Wolfgang 98
Schlieffen, Alfred von 85, 131, 137 f.
Schnitzler, Arthur 40
Schoen, Wilhelm von 82

Schopenhauer, Arthur 147
Schröter, Alfred 134
Schulte-Varendorff, Uwe 230, 233
Schwarte, Max 133
Schwieger, Walther 95
Seils, Ernst-Albert 246
Seyß-Inquart, Arthur 273
Shackleton, Ernest 188
Sidow, Erich 105
Smuts, Jan Christiaan 230
Snessarjow, Andrej 204, 206, 208, 210, 213
Stalin, Josef Wissarionowitsch 75, 190 f., 195 f.
Stramm, August 148, 151
Stürmer, Boris 244
Suchumlinow, Wladimir 206
Südekum, Albert 215
Suttner, Berta von 52

Tilley, Oswald 113
Tirpitz, Alfred von 159–162, 278, 289
Trotha, Lothar von 231 f.
Tschirschky, Heinrich von 42, 45
Tucholsky, Kurt 269
Turner, William 94

Uljanow, Wladimir Iljitsch *siehe* Lenin

Personenregister

Vachell, Horace 122

Warburg, Fritz 244
Weber, Max 142, 147, 196f., 223
Weber, Thomas 196f.
Wehler, Hans-Ulrich 129, 134, 143
Wells, Herbert G. 184
Whitehead, Robert 132
Wilhelm II., Kaiser des Deutschen Reiches 11, 19, 22, 42–44, 48, 50f., 59, 71f., 82, 114f., 135, *137*, 139, 148, 159, 164, 183, 215f., 220, 231f., 240, 245, 250, 266–273, 285, 287, 290
Wilson, Woodrow 27f. 95, 157f., 161f., 164–167, 241, 246, 248, 256f., 262–264, 287–289
Wirsching, Andreas 153
Witte Sergej 242f.

Zech, Paul 149
Zweig, Stefan 52